《走向2049的国家发展战略研究》丛书

中国现代金融体系战略研究
从"十三五"到2049

刘薇 著

ZHONGGUO XIANDAI JINRONG TIXI
ZHANLUE YANJIU
CONG SHISANWU DAO 2049

企业管理出版社
ENTERPRISE MANAGEMENT PUBLISHING HOUSE

图书在版编目（CIP）数据

中国现代金融体系战略研究：从"十三五"到2049/刘薇著.
—北京：企业管理出版社，2019.12
（走向2049的国家发展战略研究/洪崎，贾康，黄剑辉主编）
ISBN 978-7-5164-2080-5

Ⅰ.①中… Ⅱ.①刘… Ⅲ.①金融体系—研究—中国
Ⅳ.①F832.1

中国版本图书馆CIP数据核字（2019）第275700号

书　　名：	中国现代金融体系战略研究：从"十三五"到2049
作　　者：	刘　薇
责任编辑：	郑　亮　　黄　爽
书　　号：	ISBN 978-7-5164-2080-5
出版发行：	企业管理出版社
地　　址：	北京市海淀区紫竹院南路17号　邮编：100048
网　　址：	http://www.emph.cn
电　　话：	编辑部（010）68701638　发行部（010）68701816
电子信箱：	qyglcbs@emph.cn
印　　刷：	北京环球画中画印刷有限公司
经　　销：	新华书店
规　　格：	170毫米×240毫米　16开本　15.5印张　241千字
版　　次：	2019年12月第1版　2019年12月第1次印刷
定　　价：	88.00元

版权所有　翻印必究・印装错误　负责调换

《走向2049的国家发展战略研究》丛书

丛书顾问

刘明康　刘世锦

丛书编委会
主编

洪　崎　贾　康　黄剑辉

编委（按姓氏笔画为序）

王　庆	王　诚	王广宇	白重恩	冯俏彬	刘　薇	许元荣
李　波	李万寿	宋　泓	张　瑾	张茉楠	张影强	金海年
洪　崎	姚余栋	姚枝仲	贾　康	夏　斌	徐以升	黄　锟
盛　磊	黄剑辉	董克用	管益忻	樊　纲	樊继达	魏　杰

《走向2049的国家发展战略研究》丛书

序

新供给经济学推进研究创新，是回应时代诉求和挑战的自觉努力行为。在创始初期，新供给研究团队就特别强调，不是为创新而创新，在世界金融危机冲击之下，主流经济学总体上必须进行反思，而反思应该有理性的高水平创新；在现实生活方面，在和平发展对接伟大民族复兴和现代化中国梦的关键时期，我们必须在转轨期间得到理论之光的烛照引领，要把理论密切联系实际取向下，新供给群体形成的"融汇古今、贯通中西"的现实努力，对接到我们站在前人肩膀上的研究成果之上，集大成地推进锐意创新，促进理性认识升华。这是研究者立身时代潮流当中的应有作为。

作为新供给经济学研究的重大研究项目，本丛书发布的面对中华人民共和国成立100周年的"中国2049战略"研究成果，反映了我们新供给经济学研究团队创立初期就确立的、在研究中必须明确"五年规划与四十年规划并重"的基本考虑，以引出制定基于全球视野的国家中长期发展战略，以及在前所未有的长期概念之下超越30年眼界并对接到实现"中国梦"时间段的综合发展战略。

新供给研究群体内的，以及帮助、支持新供给研究的专家，在国内研究界具有很大影响力。2014—2017年历经四年，大家共同致力于这项课题的研究：短中期而言，该研究形成的认识和成果正在对接即将具体化的"十三五"规划，以及2020年既定的全面小康目标的实现；长期而言，该研究要对接伟大民族复兴和现代化中国梦。中国正处于和平发展、和平崛起的关键时期，从现在到2020年，除了全面小康目标的实现以外，攻坚克难的改革必须力争按中央要求取得决定性成果，同时还必须实现全面的法治化与全面的从严治党。在经济转轨过程中，对攻坚克难的复杂性和任务的艰巨性已具共识的前提下，面对这一必经过程，我们更应努力提供理论供给的有力支持。

就目前学界相关研究现状来看，国内尚无 30 年以上大跨度的系统化专业课题和专项研究，国外 30 年以上视界的国家战略规划研究也极为鲜见。然而，我们已经从一系列值得称道的长期研究框架中得到重要启示，比如中国辛亥革命以后孙中山先生就通盘考虑过的"建国方略""建国大纲"，又比如"二战"后一些欧洲有远见的政治家注重考虑，最后引到现实生活，目前在整个世界格局里非常有影响力的欧洲货币联盟。中国改革开放的过程中，可以越来越清晰地看到，我们实际上就是按照邓小平 70 年眼界"三步走"的伟大战略构想，在一步步地往前运行。这些都给了我们非常宝贵的启示和激励。鉴于此，我们更应力求做好这一在具体形态上有首次特征的、超越 30 年眼界的规划性战略研究。

新供给经济学研究团队的长期发展战略研究，以具有优化顶层规划、助益科学发展、形成促进国家现代化治理的有效供给功能为目标，怀揣国人一直以来就推崇的全面长远的心胸和眼界，在所谓"不谋全局者，不足以谋一域；不谋万世者，不足以谋一时"的共识下，充分认识当下"四个全面"新时期，走向"强起来"新时代迫切需要顶层规划与底层创业创新两个层面的良性互动，深知从规划视角考虑有效供给，绝不能坐等微观、局部试错过程。新供给 2049 战略研究，正是力图从学理和实证综合上支持顶层规划，同时注意服务于基层民间的创新创业。

从智力视角分析，我们高度认同"智库"的重要性。习近平总书记特别强调，智库关联着各个国家在国际合作和竞争中打造软实力的供给竞争。民间独立智库，也是华夏新供给经济学研究院的定位，具有现代社会竞争发展、合作、供给进程中一定的不可替代性。新供给经济学相关研究的导向，既不是"官场规则"，也不是"反对派规则"，而是具有独立、公正、专业的学术严谨性诉求，把握创新中的规范性，努力形成全面、深刻、务实的导向，以战略高度上的洞察力对接具备建设性、策略性、可操作性的研究成果。

新供给2049的战略研究，致力于服务党的十八大、十九大提出的方针和战略部署的实施，以长期、超长期的视角，支持从当下到中长期、大纵深的科学决策，进一步聚焦进入中等收入、中高收入阶段的最关键时期，一直联通至前瞻中华人民共和国成立100周年。中国目前面临如何跨越"中等收入陷阱""福利陷阱""转轨陷阱""塔西佗陷阱"等一系列历史性的综合考验。"中等收入陷阱"概念在当下讨论中已引起轩然大波，虽然这个概念本身有其边界量化的一定"模糊性"，但我们还是愿意强调：基于全球范围的统计现象与中国发展中的矛盾凸显来判断，这是一个无可回避的"真问题"，而且对于"中国梦"来说是顶级性质的"真问题"。"中国2049战略"研究成果，愿与各方交流、互动，以期产生启发、促进功能和决策参考作用，催化全盘思维、工作要领和重点方案的合理优化，由此联系和助益天下苍生、民生社稷、国家前途、民族命运及世界未来。

面对时代的客观需要，新供给经济学研究群体作为有担当、有社会责任感的中国知识分子和研究者，志在把握"天下家国"情怀具象化的时代定位，为党的十九大提出的"全面建成小康社会，夺取新时代中国特色社会主义伟大胜利，实现中华民族伟大复兴"宏伟目标，做出应有贡献。

洪崎　贾康
2018年春

《走向2049的国家发展战略研究》丛书

前言

从当下展望2049年，还有30年的时间。2049年已经被历史赋予了特殊的意义，这个中华人民共和国成立100周年的时点，也将是中国改革开放战略决策的总设计师邓小平当年所规划的以约70年的时间段（1980—2050年）经过"三步走"实现中华民族伟大复兴——习近平总书记生动表述的"中国梦"梦想成真的"除夕之夜"，是自工业革命落伍、落后的这个文明古国，终于凤凰涅槃般浴火重生、和平崛起的见证之年。

从"十三五"前瞻到2049年，做国家发展战略的系列化研究，是我们研究群体于"十三五"开局之前的自觉选择。经过骨干成员反复研讨，形成了一个主报告和十余个专题报告的通盘设计。在全体研究者的高度重视、共同努力下，终于在2016年年底使文稿初具规模，又经过几轮补充完善、反复修改打磨，最终将全部成果合成丛书，付梓奉献给读者。

面向2049年的国家长期发展战略研究，具有不寻常的背景：

一是伟大民族复兴愿景的召唤。中国这一人类历史上唯一古老文明没有中断的多民族大国，自以1840年鸦片战争为标志拉开近现代史帷幕后，曾一路积贫积弱，内忧外患，经甲午海战惨败、戊戌变法夭折之后，在20世纪陆续展开辛亥革命推翻两千年帝制，1949年成立中华人民共和国以及1978年后实行改革开放三件大事，终于在"千年之交"之后，站在现代化前两步目标提前实现的新的历史起点上，继续大踏步地跟上时代，一直推进到2012年中国共产党的第十八次全国代表大会开启经济、政治、社会、文化、生态"五位一体"全面布局的发展新阶段，经济总量已经跃升为全球第二位，并有望在未来不太长的历史时期之内上行至世界第一。2017年党的十九大，进一步指出了在"强起来"历史新时代，新的"两步走"现代化奋斗目标：如能在人均国民收入提高进程中成功跨越"中等收入陷阱"，并继续提升硬实力、软实力而和平崛起，就将于2035年基本建成社会主义现代化，并把中国现代化的宏观蓝图在2049年的时点上作为竣工大成之品，以现代化强国之姿展现于世界民族之林——"我们从未如此接近伟大民族复兴的愿景"，这个愿景鼓舞和呼唤着我们以集体合作的方式，提供服务于"梦想成真"的战略思维和科研成果。

二是"行百里者半九十"艰巨任务的挑战。在改革开放之后成功地实现了超常规高速发展和经济起飞而进入中等收入经济体之后，中国的经济运行虽然在总体上仍然具有巨大的发展潜力、成长性和"黄金发展期"特征，但"矛盾凸显期"的特征接踵而来，各种制约因素的叠加，形成了自2011年以来告别了高速发展阶段并向必须认识、适应还要引领的"新常态"阶段转换，同时改革进入深水区，"好吃的肉吃光了，剩下的都是硬骨头"，必须攻坚克难冲破利益的藩篱，以实质性的国家治理现代化进程解放生产力，对冲下行压力，才能形成旧动能衰退后新动能的转换升级，使发展方式加快转变，使增长过程维护其可持续性与长远的后劲，避免重蹈世界上绝大多数经济体已有前车之鉴的"中等收入陷阱"覆辙，完成中国古语譬喻的"行百里者半九十"的现代化长征。未来30余年征程中的一系列艰巨的改革发展任务，形成了历史性的挑战和考验，为应对好这种挑战，经受住这种考验，必须有尽可能高水平的战略层面的系统化研究设计，对决策和相关政策的优化给予有力支撑。

三是以知识创新工程式的智力支持，助推冲破"历史三峡"的迫切要求。在党的十八大以来，最高决策层经三中、四中、五中和六中全会，将治国施政的核心理念和大政方针一步步清晰化的过程中，高度重视哲学社会科学的创新、中国特色社会主义政治经济学的发展和智库建议，继现代化国家治理、"四个全面"战略布局以及以创新发展引领协调、绿色、开放、发展而落实于共享发展的现代化发展理念得到清晰明确的表述之后，又提出了供给侧结构性改革的战略方针，认定供给侧是矛盾主要方面，而以有效制度供给纲举目张地要求将改革进行到底，冲破最终实现中国梦的"历史三峡",这客观地产生了对于"知识创新工程"式的智力支持的迫切需要,亟须以走向2049伟大民族复兴的长期视野、战略研究,助推中国经济社会的巨轮涉险滩、闯激流,克服一切艰难与风险,达于现代化的计日程功。

在此背景下,新供给智库"中国2049战略"研究成果出版发布的时代意义,便呼之欲出了。

第一,这一系列丛书反映的研究创新是回应时代诉求和现实生活挑战的自觉努力行为。智库的创始与工作,并不是为创新而创新,而首先是基于全球视野——在世界金融危机冲击之下,对主流经济学总体上的反思与创新势在必行,而反思中应该有对应于中国道路、中国方案的理性的高水平创新成果。在以和平发展对接伟大民族复兴和现代化中国梦的关键时期,我们必须在转轨中得到理论之光的烛照引领,把理论密切联系实际取向下新供给群体形成的"融汇古今、贯通中西"的共识对接我们经过努力"站在前人的肩膀上"的研究成果,集大成式地推进改革,促成发展升级,这是研究者立身时代潮流当中的应有作为。

第二,面对中华人民共和国成立100周年的"中国2049战略"研究成果,反映了我们早期就确立的新供给研究中必须明确地把"五年规划与四十年规划并重"的基本考量。努力实施研究而来的这项成果,要引出制定基于全球视野的国家中长期发展战略,这是在前所未有的长期概念之下,超越30年眼界,对接到实现中国梦时间段的发展战略,即从具体化的"十三五"规划,以及2020年既定的全面小康目标的实现,进一步延伸至伟大民族复兴和现代化中国梦的实现。中华民族正处在和平发展、和平崛起的关键时期,到2020年,中央要求除了全面小康目标的实现以外,攻坚克难的改革必须取得决定性成果,同时必须实现全面的法治化和全面的从严治党——攻坚克难的复杂性和任务的艰巨性,催促理论与智力供给的有力支持。虽然在国内还没有出现过30年以上时间跨度的类似课题的系统化专项研究,也没有检索到国外30年以上视界的国家战略规划研究,但是我们可以从一系列值得称道的研究框架中得到重要启示:比如,中国辛亥革命前后孙中山先生就考虑过"建国方略""建国大纲";"二战"后一些欧洲有远见的政治家早已积极考虑,最后引到现实生活而在整个世界格局里产生重大影响力的欧洲货币同盟。在中国40年改革开放的过程中，越来越清晰地看到，我们实际上就是按照邓小平的 70 年眼界"三步走"伟大战略构想，在一步步前行，这些都可以给智库的长期战略研究以非常宝贵的启示和激励。2017 年党的十九大进一步做出了 2035 年基本实现社会主义现代化，到 2049 年前后把我国建设成为现代化强国的战略规划。正是基于这种认知，我们以极大的热情投入并完成了这一在具体形态上有首次特征、超越 30 年眼界的规划性战略研究。

第三，这项长期发展战略研究具有优化顶层规划、助益科学发展、促进国家现代化治理的有效供给功能。从规划视角分析，中国人一向推崇有全面、长远的心胸和眼界，研究者都认同这样一种取向，所谓"不谋全局者，不足以谋一域；不谋万世者，不足以谋一时"。在十八大迈向十九大的新时期和十九大后的新时代，迫切需要顶层设计与市场微观主体两个层面的良性互动。"中国 2049 战略"研究力求从学理和实证方面支持顶层规划，同时注重呼应基层民间的创新创业。从智力支持视角分析，我们高度认同"智库"的重要性。习近平总书记特别强调智库建设，这关联着各个国家在国际合作和竞争中打造软实力供给的竞争。民间独立智库，也是新供给经济学研究群体的定位，具有现代社会竞争发展、合作、供应进程中的不可替代性。我们研究中的导向既不是"官场规则"，也不是"反对派规则"，而是具有独立、公正、专业的学术严谨性，把握创新中的规范性，力求形成全面、深刻、务实的导向，以战略高度的洞察力对接具备建设性、策略性、可操作性的研究成果。

第四，新供给智库关于"中国 2049 战略"的研究是各方共同应对时代挑战和中国现代化决定性历史考验的一项认知、交流和催化的基础工作。从"十三五"规划时期开始，"中国 2049 战略"研究具有"对应、涵盖但不限于"的特点，是把这些时点目标放在自己研究范围之内，再往前衔接，以长期、超前期的视角支持从当下到中长期的科学决策，聚焦进入中等收入阶段、中高收入阶段的最关键时期，是前瞻中华人民共和国成立百年而启动的系统工程式研究。我们内含的命题是如何应对"中等收入陷阱""福利陷阱""转轨陷阱""塔西佗陷阱"等一系列历史性的综合考验。"中等收入陷阱"概念屡屡引起争议，虽然这个概念本身有边界量化的"模糊性"，但是我们愿意强调，它是世界范围的一种统计现象的比喻式表述，是无可回避的"真问题",而且对于"中国梦"来说是顶级性质的"真问题"。研究的成果需要与各个方面交流和互动,以期待实现启发、促进功能和决策参考作用。我们愿以基础认识催化全盘思维、要领和重点方案的合理优化。各方面在启发、促进、交流的互动中,共同的努力也就关联了天下苍生、民生社稷、国家前途、民族命运及世界未来。

总之,我们从事这项研究、推出这套丛书的立场,确实是面对时代的客观需要,以智库研究成果与所有愿为中华民族伟大复兴做出贡献的人们互动,力求再接再厉,共同努力做好与"中国梦"相关联的研究和各项工作,以不负伟大的新时代。

贾 康

2018年春

目录

绪论　走向 2049 的中国金融体系改革 / 001

第一章　现代金融市场体系改革 / 004

　第一节　利率、汇率市场化改革 / 005

　　一、稳步推进利率市场化改革 / 006

　　二、进一步完善汇率市场化改革 / 015

　　三、汇率市场化深化改革路径 / 019

　　专栏一　LPR 的国际经验 / 020

　第二节　股票市场改革 / 023

　　一、股票市场的发展历程与现状 / 026

　　二、股票市场现存的问题 / 028

　　三、深化金融供给侧改革，完善股票市场改革路径 / 031

　　四、私募股权基金的积极探索 / 032

　第三节　进一步发展债券市场 / 039

　　一、债券市场改革与发展历程 / 041

　　二、债券市场发展存在的问题 / 046

　　三、完善债券市场发展的方向和路径 / 049

第四节 非公开定向债务融资工具及其发展 / 051

一、非公开定向债务融资工具发展历程 / 052

二、非公开定向债务融资工具优势 / 055

三、非公开定向债务融资工具的未来发展 / 057

第五节 现代金融市场体系构建路径 / 058

第二章 金融机构体系市场化改革 / 061

第一节 金融机构去行政化改革 / 061

一、金融机构市场化改革必然性 / 062

二、金融机构管理存在的问题 / 063

三、金融机构去行政化改革主要障碍 / 065

四、金融机构去行政化改革创新 / 066

专栏二 银行业改革的试验田——民生银行的市场化运营经验 / 068

第二节 中国银行业商业化改革 / 072

一、银行业转型发展的三个阶段 / 072

二、银行业商业化面临的八大挑战 / 075

三、中国银行业商业化改革深化路径 / 082

第三节 非银行业金融机构的发展 / 089

一、非银行金融机构发展历程及现状 / 089

二、非银行金融机构的创新与风险管理 / 095

第四节 新型金融的迅猛发展与挑战 / 099

一、我国新型金融的迅猛发展 / 099

专栏三 阿里小贷 / 102

二、我国新型金融发展面临的挑战 / 113

三、我国新型金融未来发展战略 / 117

第三章　政策性金融体系发展战略 / 119

第一节　中国政策性金融体系的发展路径 / 119

一、当前我国政策性金融体系涉及的领域及业务范围 / 120

二、政策性金融领域和业务范围的未来发展路径 / 125

第二节　各类政策性金融业务的实现方式 / 126

一、政策性金融业务的可能实现方式 / 126

二、我国各类政策性金融业务的实现方式 / 129

第三节　我国政策性金融机构的发展 / 130

一、我国政策性金融机构的类型 / 130

二、构建我国政策性金融机构的途径 / 133

第四节　政策性金融与开发性金融关系 / 134

一、政策性金融与开发性金融关系的主要理论观点 / 134

二、对开发性金融与政策性金融关系的基本认识 / 135

三、开发性金融不是政策性金融的唯一必然归宿 / 136

第五节　可持续的政策性金融体系发展战略目标 / 138

第四章　国际视野中建设现代金融体系的经验与展望 / 140

第一节　金融危机的国际经验和教训 / 140

一、国际金融危机分类 / 141

二、国际金融危机爆发的共性特征 / 144

三、重大金融危机的经验教训 / 145

四、金融危机对中国金融改革的启示 / 147

专栏四　美国联邦储备系统的股权结构 / 149

第二节　全球流动性与金融市场发展态势 / 156

一、全球流动性现状 / 156

二、中国应对全球流动性变化的政策反应 / 160

三、国际金融市场发展态势 / 161

第三节　市场导向型金融体系建设的国际经验 / 166

一、美国市场导向型金融体系的经验 / 166

二、日本市场导向型金融体系的经验 / 168

三、美、日经验的启示 / 170

第五章　走向 2049 的金融监管与调控 / 171

第一节　构建与现代金融体系匹配的金融监管模式 / 172

一、金融监管模式分析 / 172

二、我国金融监管发展历程回顾 / 175

三、构建与现代金融体系相匹配的金融监管模式 / 186

第二节　稳步构建现代金融调控体系 / 190

一、发挥货币政策在维护金融稳定中的重要作用 / 190

二、完善市场基准利率在货币政策调控中的基础作用 / 192

三、促进货币政策与金融监管政策的有机协调 / 193

四、进一步加强宏观经济政策之间的协调配合 / 194

第三节　万物互联背景下金融风险防范与安全建设 / 195

一、我国金融业的风险概述 / 195

二、万物互联背景下的金融风险变化 / 196

三、万物互联背景下的金融风险识别 / 197

四、万物互联背景下金融风险防范与安全建设 / 198

第四节　完善适应现代金融发展的法律体系 / 204

一、我国金融法律体系框架及法律体系现状 / 204

二、我国金融法律体系存在的缺陷 / 209

三、完善我国金融法律体系的政策建议 / 212

第六章　开放的市场导向型金融体系改革路径 / 217

第一节　市场导向型金融体系的缘起和基本理念 / 217

第二节　市场导向型金融体系改革路径 / 219

一、建立市场发挥决定作用的金融资源配置机制 / 220

二、积极发展功能健全的资本市场 / 220

三、加快推进银行业的商业化改革 / 221

四、货币政策要从数量型向价格型框架转变 / 222

五、金融监管必须守住不发生系统性金融风险的底线 / 223

参考文献 / 224

后　记 / 228

绪 论

走向 2049 的中国金融体系改革

中国经济已由高速增长阶段转向高质量发展阶段，经济增长模式正在由要素驱动转向创新驱动，需要培育和发展一批新的有竞争力的产业支持新阶段的创新与增长，亟待与之相适应的现代金融体系发力，提升实体经济发展能力，支持经济长期可持续发展，跨越"中等收入陷阱"的历史考验。未来 30 年，是中国进入中高收入阶段、实现"两个一百年"奋斗目标的关键时期，完善的现代市场经济体系是建设现代化强国的关键，构建服务于现代化强国的现代金融体系势在必行。中国金融体系框架形成于 20 世纪 90 年代，是以间接融资为主的银行主导型金融体系。20 多年来，中国金融体系建设取得显著成绩，市场规模已经跃居世界前列，但发展质量明显不高。突出问题表现在：金融体系无法满足实体经济的新需求；政府与市场的边界不清晰，政府干预市场资源配置，市场机制无法有效进行风险定价并合理配置资源；金融市场存在市场分割、刚性兑付和定价扭曲，直接融资比重仍然较低；优胜劣汰的市场化退出机制尚未真正建立；金融监管体系与现代金融市场发展不适应；金融法律的体系滞后于现代金融发展；宏观调控效率有待提高。

本书在 40 年金融改革成就基础上，立足中国面临"百年未有之大变局"的复杂内外部环境、万物互联的信息时代、中等偏上收入国家行列的现实背景，围绕中央提出的"构建现代金融体系"战略目标，试图勾画面向 2049 的中国现代金融体系框架，立足理顺政府与市场的关系，从优化资源配置、建设现代金融市场、改革金融机构体系、健全金融监管与调控、完善金融立法等方面，探讨如何构建现代金融体系框架及其实施路径。以期从战略视角为改革深化和相关政策优化提供线索，助力创新发展战略实施，为实现"两个100年"奋斗目标夯实基础经济制度。

中国目前的金融体系框架是在20世纪90年代确立的，具有比较明显的银行导向和政府干预的色彩。第一，在金融资产的构成中，资本市场的占比相对较低；第二，近年来债券市场有较大的发展，但债券市场中占主导地位的银行间市场，仍然具有较强的间接融资的特性；第三，虽然商业银行的数量十分庞大，四大国有商业银行的比重也在不断下降，但绝大部分银行中的国家持股或控股大大影响了市场竞争；第四，政府对中国金融体系有一定程度上的干预。

当前和未来一段时期，我国现代金融体系的构建应坚持发挥市场对金融资源配置的决定作用，坚持金融服务于经济结构调整和经济动能体系转换，加大竞争，促进金融创新，提高金融体系运作效率，以满足实体经济对金融结构的内在要求。同时，政府要积极主动制定并维护顺应市场机制发展的金融监管和金融法律体系，加强国内金融监管协调和国际金融监管合作，发挥中国在世界经济可持续发展的金融体系中的应有作用。中国经济的结构性转型必然要求与之相匹配的现代金融体系构建。金融体系"现代性"的核心含义是发挥市场机制的作用，即提高资本市场在金融交易中的比重；实现市场化的资金定价，充分反映风险偏好和市场供求，形成各类期限的金融市场基准收益率曲线；守住不发生系统性金融风险的底线，维护金融稳定。"开放"的核心含义是对内和对外同时放开金融业的准入限制，并逐步放开对资本金融账户的管制。"市场导向"的核心含义是改革由政府主导的金融资源配置机制，发挥市场在金融资源配置中的决定性作用。一方面，把政府的功能限制在宏观调控、维持秩序、支持稳定和弥补市场失灵等方面；另一方面，发展资本市场及与资本市场发展休戚与共的机构投资者。

此外，在构建现代金融市场体系的过程中，需要考虑中国国情所面临的制度与市场约束：一是国家掌控金融体系的根本要求；二是设置局部或额外的规则制度来约束一些经济主体的非市场行为，控制风险；三是发展多层次的资本市场是一个长期的过程，银行主导地位的弱化和转型不是一蹴而就的。

创新是引领发展的第一动力,构建现代金融体系应注重完善宏观调控方式,加快金融改革,加快健全商业性金融、政策性金融、合作性金融,以及分工合理、相互补充的金融机构体系,更好地发挥金融在促增长、调结构方面的作用。商业性金融体系是现代经济中金融的主体,但如作严格的实际考察,可以发现各主要经济体都不可避免地在商业性金融之外,存在政策性金融体系。中国经济社会转轨中,发展与完善商业性金融体系意义重大、任务艰巨,同时,构建和改进政策性金融体系,也不可或缺。

前瞻 2049 年,创新与监管伴生将是金融行业面临的常态局面,也是决策者直面的平衡创新与监管的现实问题。当前金融业综合经营步伐不断加快,金融机构整体实力继续提高,新生的金融服务形式不断涌现,这不但对创新空间提出了期望,也对金融监管体制提出了要求。从世界范围看,金融业的发展总体上经历了一个由综合到分业、再由分业到综合的过程,推动这种变迁的是金融市场的不断深化和金融业分工的不断推进。构建与现代金融体系相适应的监管模式,需要加强跨部门金融监管的协调机制,形成统一、协调、高效的金融监管体系,未来在更高层次上参与全球经济治理,建设性地推进全球经济金融领域发展与改革。

未来一段时期,在中国金融市场发展到一定阶段后,金融监管体制应当考虑更加根本性的改革,实现监管模式转变,从分业监管转为混业监管。考虑到金融监管体系的路径依赖及中国金融市场未来的发展,中国金融监管体制改革的目标可设定为双峰(目标)监管模式,并同时构建三个层次的监管机构。三个层次是指顶层为国务院金融稳定发展委员会,中间层为具体的金融监管机构,基层为相应的地方监管部门;双峰(目标)则是指在中间层内部,将具体的监管职能分为审慎监管机构和行为监管机构。

法治是现代金融体系的核心前提,金融体系的运行必须受到法律法规的约束和规范。适应金融业发展的金融立法是建设面向 2049 年的现代金融体系的重要保障。应进一步提高科学立法、民主立法水平,努力使各项法律制度反映和符合金融市场规律,增强针对性,为提升证券金融市场服务实体经济功能,深化金融领域改革开放,提供充分的法律保障,也为构建完善的现代金融体系提供保障。

第一章

现代金融市场体系改革

发达的金融市场是现代金融体系的鲜明特征。构建现代金融市场体系是现代金融体系建设的关键，也是中国进入经济高质量发展阶段制度建设的内在要求。第一，建设现代金融市场体系是实现金融体系对标高质量发展的必然要求。与银行间接融资相比，金融市场在完善公司治理、增强信息披露和加强风险监管等方面优势显著。第二，建设现代金融市场体系是贯彻新发展理念的内在要求。新发展理念强调"创新"，当金融市场形成比较完备的资本投资机制和相配套的中介服务体系之时，才能加速科技创新成果向现实生产力转化，推动科技创新企业壮大，并形成新的经济增长点。第三，建设现代金融市场体系是发展股权投资的重要途径。通过大力发展股权融资补充实体经济资本金，完善储蓄转化为股权投资的长效机制。第四，建设现代金融市场体系是货币政策转向价格型调控为主的重要前提。价格型调控为主的货币政策传导以金融市场为基础，实现资金价格联动和传导。第五，建设现代金融市场体系是金融业对外开放的必然要求。第六，有弹性的人民币汇率制度需要有广度和深度的外汇市场。有弹性的人民币汇率是有效抵御外部冲击，保持本国货币政策自主性的重要保障。

改革开放以来，我国金融市场从无到有，蓬勃发展，至今已初步建立起门类齐全、功能完备的市场体系，包括股票市场、债券市场、外汇市场、票据市场等，其中的一些市场也具备相当大的规模和影响力。2018年年底，中国债券市场的余额达 86 万亿元（约合 12.6 万亿美元），在全球排第三位；2018 年在全球绿色债券发行量达 309 亿美元，仅次于美国列第二位。保险业方面，保险资产规模扩大，保费收入快速增长。截至 2018 年年底，保险业资产总量 18.3 万亿元，较 2017 年年底增加 9.5%。除此之外，国内信托公司、基金公司、资产管理公司等不同类型的金融机构也有了蓬勃发展。

但是，我国金融市场体系仍存在诸多结构性问题。亟待从现实出发，坚持战略视角的长远考虑，构建规则统一、功能齐全、信息透明、具有广度和深度的现代金融市场体系。

第一节 利率、汇率市场化改革

利率、汇率市场化改革作为放松价格管制，促进资产定价市场化进程的核心内容，一直是金融改革的重中之重。自 1978 年改革开放以来，利率汇率的改革经历了不同的发展阶段，在特定领域和改革方向已取得积极进展。具体可分为三个阶段：① 1979—1993 年，伴随改革开放，中国加大了对外开放的步伐，金融改革主要体现在汇率改革和资本账户开放（建立特区和吸引外商直接投资等）上。中国试行汇率双轨制改革，并且同时尝试放开资本账户（在此期间又可以把时间划分为 1979—1984 年，人民币由单一汇率转变为双重汇率；1985—1993 年，人民币存在官方挂牌与外汇调剂价格并行的双重汇率制度）。② 1994—2004 年，金融市场化改革重心向内，汇率和利率的市场化都取得重要进展。1994 年，国务院推出了自改革开放以来最为综合的一篮子汇率改革方案，中国开始实行单一的有管理的浮动汇率制。在新的汇率制度下，中国改变了以行政决定调节汇率的做法，汇率形成以市场供求为基础。中国取消了外汇留成和上缴，实行银行结售汇制。利率方面，2003 年中国人民银行公布的《2002 年中国货币政策执行报告》阐述了中国利率市场化改革的目标：逐步建立由市场供求决定金融机构存、贷款利率水平的利率形成机制，中央银行通过运用货币政策工具调控和引导市场利率，使市场机制在金融资源配置中发挥主导作用。报告中，我国利率市场化改革的总体思路确定为先外币，后本币；先贷款，后存款；先长期、大额，后短期、小额。③2005年至今，中国金融改革重点依然是利率改革，培育市场化定价机制。2005年，人民银行宣布实行以市场供求为基础、参考一篮子货币进行调节、有管理的浮动汇率制度。①2012年放宽人民币贷款利率管制后，利率、汇率市场化改革与资本账户开放同步加快推进。2019年8月17日，央行宣布改善LPR机制，利率"并轨"迈出关键一步。

一、稳步推进利率市场化改革

利率体系包括货币市场利率和金融机构存、贷款利率两个层级。按照利率体系的不同层级，市场化改革的时间以及完成进程有所不同。

（一）货币市场化改革进程

1996年以前，我国银行间同业拆借业务有区域分割，中国人民银行作为国家管理利率的唯一机关，对拆借利率实行上限严格管控，金融机构完全没有定价权，无法依照市场供求状况调整利率，因此利率的变动相对市场总是有所滞后。1996年全国统一的银行同业拆借市场建立起来，银行间同业拆借利率限制被取消，我国正式启动利率市场化改革。1997年银行间债券市场债券回购利率和现券交易利率市场化开始实行。2007年推出上海银行间同业拆借利率（以下简称SHIBOR），发展至今，从最初18家银行报价发展到融合利率互换、票据贴现、远期利率合约与回购等金融衍生品利率后的综合报价。2014年存款类机构以利率债质押的七天回购利率DR007开始发布。央行在《2016年第三季度中国货币政策执行报告》中称，DR007对培育市场基准利率有着积极作用，它可降低交易对手信用风险和抵押品质量对利率定价的扰动，能够更好地反映银行体系流动性松紧状况。因此这个目标利率，可作为市

---

① 盛松成，刘西. 金融改革协调推进论——论中国利率、汇率改革与资本账户开放[M]. 北京：中信出版集团，2015：103.

场观察流动性松紧程度的重要参照，可作为基准利率的重要参考。① 货币利率市场化关键节点如表 1-1 所示。

表1-1 货币利率市场化关键节点

时间	货币利率市场化进程
1996 年以前	同业拆借市场形成于 20 世纪 80 年代初，因为 1993 年的乱拆借而一度暂停，1996 年 1 月正式恢复，商业银行总行及其授权分行、城市商业银行等金融机构成为全国银行间拆借市场成员，直接通过全国银行间同业拆借中心提供的电子交易系统交易
1996 年	取消对拆借利率的上限限制，利率由资金供需方决定
1997 年 6 月	银行间同业市场开办债券回购业务，回购利率由双方确定，并在中国外汇交易市场网络上正式展开
1998 年 9 月	两家政策性银行通过央行债券发行系统市场化发行金融债券。央行批准符合要求的证券公司和财务公司加入全国银行间同业拆借市场交易成员和银行间债券市场
2007 年 1 月	上海银行间拆借利率（SHIBOR）正式上线

（二）存、贷款利率的逐步放开

随着货币利率市场化的进程加快，金融机构存、贷款利率按照"先外币，后本币；先贷款，后存款；先长期、大额，后短期、小额"的原则逐步改革。1996 年，贷款利率允许在基准利率的基础上上浮 10%，之后浮动范围逐渐放宽，2004 年基本取消上限，然而 2004 年人民币存款利率上限受到严格限制。人民币存款利率直接影响商业银行资金成本，影响贷款利率、同业拆借利率、债券利率、SHIBOR 报价等，因此限制存款利率即压低整体利率水平。2012 年央行连续两次降低存、贷款利率，并增加贷款利率下浮幅度，年底全面放开贷款利率管制。2015 年，随着《存款保险条例》的实施，央行进一步推动存款利率市场化，当年货币市场流动性

---

① 资料来源：中国人民银行网站。

较为宽松，央行多次扩大浮动上限，最终 10 月全面放开存款利率上限管制。2019年正式确定贷款基础利率（LPR）集中报价和发布机制，至此，贷款利率市场化进入改革的"深水区"。存、贷款利率市场化关键节点如表 1-2 所示。

表1-2　存、贷款利率市场化关键节点

	时间	存贷款利率市场化进程
存款利率市场化	2004 年	放开存款利率下限，保持上限为存款基准利率
	2012 年	允许金融机构将存款利率上浮 10%
	2015 年	连续三年货币政策宽松，存款利率上限上浮 30%
		大额存单以及一年期以上的定期存款浮动上限利率都开始放开
贷款利率市场化	1990—1996 年	允许流动资金贷款利率浮动，从 1990 年的最高上浮 30%，经过收窄到 20%，最终又变为可上浮 30%
	2004 年	商业银行、城市信用社的贷款利率区间上限扩大到贷款基准利率的 1.7 倍，农村信用社贷款利率浮动区间上限扩大到贷款基准利率的 2 倍。同年年底，人民银行决定不再设置金融机构（除农村信用社）贷款利率上限，同时允许贷款利率下浮 10%
	2012 年	贷款利率下浮幅度扩大到 30%
	2013 年	全面放开金融机构贷款利率管制，除个人住房贷款外，取消金融机构贷款利率 0.7 倍下限。金融机构原则上自主确定利率水平
	2019 年	确定贷款基础利率（LPR）集中报价和发布机制

（三）LPR 机制的意义——开启利率"两轨制"并轨新时代

尽管我国对存贷款利率的直接管制放开，但实际上并不是完全自由决定。2013年利率定价自律机制建立，在央行的窗口指导下，自律机制对金融机构自主确定的货币市场、信贷市场等金融市场利率进行自律管理。因而存贷款利率管制放开后，实际的存贷款利率浮动幅度依然有限，并不是完全市场化的利率。事实上，我国利率体系"两轨并存","两轨"即货币市场利率与信贷利率。央行公布贷款基准利率,金融机构在报价时根据市场供需情况决定放款利率,但是需要以央行公布的贷款利率为重要参考,因此市场化金融利率与官方存、贷款基准利率并行存在,造成贷款基准利率长期与货币市场利率脱轨,如图1-1所示。

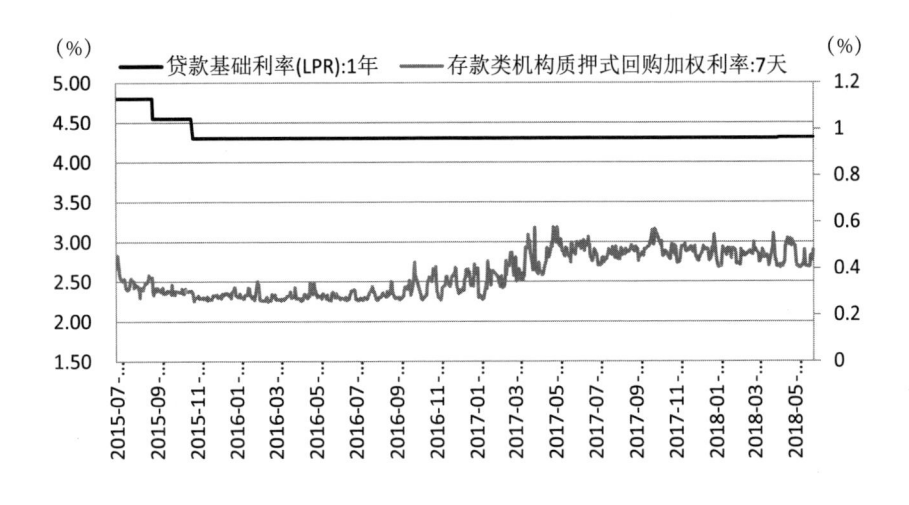

图1-1 货币市场利率与贷款基础利率长期脱轨

数据来源:wind资讯。

利率的传导路径是政策利率到货币市场利率,再到存款利率和贷款利率。在完善的利率市场化机制下,央行制定政策利率再到金融机构间调整,银行进行负债管理时权衡同业负债和居民存款利率,实现利率从政策利率传导到居民存款。在货币政策框架形成过程中,我国在2013年以后构建了利率走廊的方式:上限是常备借贷便利利率,下限是超额存款准备金利率。在执行过程中,一级交易商通过央行逆回购融入低成本资金,非一级交易商获取资金成本高于逆回购利率。在实际运行中,利率走廊的传导机制因为两轨并存而并不通顺。由图1-2可见,2018年以来,人民银行多次降准为市场提供充裕资金,引导基准利率DR007中枢从2018年一季度的2.8%以上回落到利率走廊下限2.55%附近,银行间和债券利率明显下行,但同期的一般贷款利率(金融机构人民币贷款加权平均利率)的变化却明显滞后。我国融资体系依然是以银行信贷等间接融资为主,因而贷款利率传导不足其实也就阻碍了实际融资成本的降低。

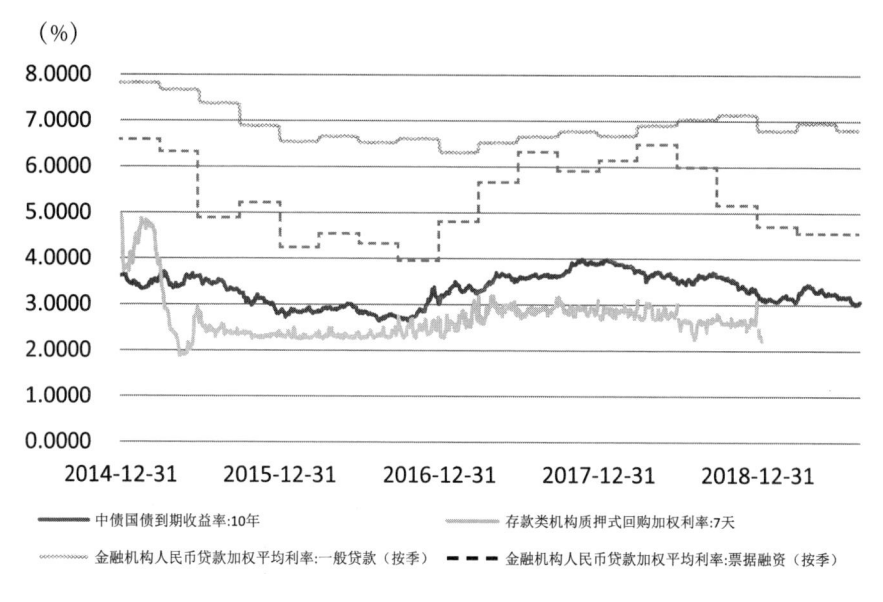

图 1-2 贷款利率传导受阻

数据来源:wind 资讯。

因此,推进利率并轨来加强利率传导机制的效率就尤为必要。

2018 年以来推进利率"并轨"的声音越来越多。2018 年一季度开始,央行《2018 年第一季度中国货币政策执行报告》以专栏的形式提出推进贷款利率"两轨合一轨",从此每一期都将深化利率市场化改革作为重要内容。2019 年 3 月,李克强总理在《政府工作报告》中关于利率改革明确提出"深化利率市场化改革,降低实际利率水平"。2019 年 5 月,央行发布《2019 年第一季度中国货币政策执行报告》中提出:推动贷款利率"两轨合一轨",这有利于增强市场竞争,促使金融机构更准确地进行风险定价,降低风险溢价,并进一步疏通货币市场利率向贷款利率的传导,促进降低小微企业融资成本。利率"并轨"进程如表 1-3 所示。

表1-3 利率"并轨"进程

时间	利率"并轨"内容
2018年5月	《2018年第一季度中国货币政策执行报告》指出,继续稳步推进利率市场化改革。推动利率"两轨"并"一轨",趋向市场化的方向,健全银行内部转移定价机制
2018年8月	《2018年第二季度中国货币政策执行报告》指出,进一步推进大额存单发展,促进金融机构自主合理定价,完善市场化的利率形成、调控和传导机制,推动利率逐步"两轨合一轨"
2018年11月	《2018年第三季度中国货币政策执行报告》指出,进一步疏通央行政策利率向金融市场及实体经济的传导,推动利率体系逐步"两轨合一轨"
2019年1月	2019年央行工作会议及央行答记者问,利率"并轨"的关键在于发挥央行政策利率的传导机制,不论是市场利率还是贷款利率,需要与政策利率建立更紧密的关系,可以进一步发挥LPR市场参考作用
2019年2月	《2018年第四季度中国货币政策执行报告》指出,进一步深化利率市场化和人民币汇率形成机制改革,提高金融机构资源配置效率,稳妥推进利率"并轨",完善市场化的利率形成、调控和传导机制
2019年8月	人民银行发布〔2019〕第15号公告,为深化利率市场化改革,提高利率传导效率,推动降低实体经济融资成本,中国人民银行决定改革完善贷款市场报价利率(LPR)形成机制

利率市场化的关键一步是利率"并轨",一是需要加强货币市场利率与信贷利率的联动来疏通传导机制,二是需要信贷利率下行向货币利率靠近,降低实体经济的融资成本。贷款端相比存款端,对银行业的冲击相对温和,因此贷款端利率改革也是"并轨"的第一步。

借鉴国际成熟经验,发达经济体往往实行的是贷款基础利率(LPR)的报价机制。我国央行于2013年10月启动了LPR集中报价和发布机制,由全国银行间同业拆借中心为指定发布人,由工、农、中、建、交五大行及招商、中信、兴业、浦发、民生五家股份行报价,每个交易日剔除最高、最低各1家报价,对其余报价加权平均计算,得出平均利率并对外发布,目前也已成为金融机构贷款利率定价的重要参考。

2019年8月17日,央行宣布改善LPR机制,利率"并轨"迈出关键一步。新的报价机制自每月8月20日9点30分公布贷款基础利率(LPR),按照公开市场操作利率(MLF)加点方式形成LPR的方式报价。1年期MLF反映银行平均边际资金成本,加点反映市场资金供需情况,与资金成本密切相关。改革后的贷款市场报价利率,将实质性降低金融机构信贷利率水平并且提升其风险偏好。首先,原有1年期品种基础上,新增了5年期以上的品种并增加了期限溢价。其次,LPR形成机制,将由央行公开市场操作利率加18家代表银行的报价来综合形成,最终去掉最高和最低,全国银行间同业拆借中心定期公布贷款市场利率。

从市场化目标来看,我国当前的LPR运行仍存在一些不足。一方面,目前LPR与市场化利率的联动程度依然较低,不能反映真实市场价格,适用期限也受到束缚,推进利率"并轨"其实是要银行调整LPR报价时参考的利率。央行最初是将LPR定位于SHIBOR机制在信贷市场的进一步拓展和扩充,应当跟市场利率更为贴近,但在实际的运行中,LPR却是与央行贷款基准利率亦步亦趋,LPR自发布至今,与央行短期贷款基准利率的利差逐渐收窄并稳定,2018年4月以来稳定在4BP。相反,LPR与SHIBOR的联动性很弱,说明对市场的敏感度较为迟钝,尚不能反映真实的市场价格,如果央行不再公布贷款基准利率,那么LPR就要寻找新的参考利率,国际经验可供借鉴。利率"并轨"背后还需要商业银行、金融监管等其他方面的配套完善。另一方面,LPR的定价适用期限也受到束缚。即便不考虑市场化程度的问题,由于目前LPR只公布1年期利率,因而LPR也主要是用于短期贷款利率的定价,而要由此延伸到中长期贷款,则或者需要公布更多期限的LPR,或者参考其他的市场利率,或者借助完整成熟的国债、国开债等无风险收益率曲线进行定价,而这几个方面都尚有不少可以完善的空间。LPR报价成员组成如表1-4所示。

表1-4 LPR报价成员组成

银行属性	银行名称
全国性银行 （原报价银行）	中国工商银行、中国农业银行、中国银行、中国建设银行、交通银行、中信银行、招商银行、兴业银行、浦东发展银行、中国民生银行
城商行 （2019LPR机制新增城商行）	西安银行、台州银行
农商行（新增）	上海农村商业银行、广东顺德农村商业银行
外资银行（新增）	渣打银行、花旗银行
民营银行（新增）	微众银行、网商银行

（四）利率市场化改革重点

发达经济体的银行机构用LPR作为贷款基准利率参考，因为在其融资体系中，直接融资渠道的资金出让方处于充分竞争状态，并且银行渠道作为间接融资方式在信贷市场整体占比并不高，因此银行贷款利率更倾向于向市场利率看齐，企业融资便利，贷款利率和市场利率得以充分联动。LPR的机制是"并轨"的第一步，未来的最终目的是将贷款利率和货币市场利率完全对接，推进利率市场化深化需从以下三方面入手。

第一，减少公开市场操作的规模和频率，加强超额准备金的利率和SLF利率的调控作用，收窄利率走廊上下限，让基准利率在利率走廊内波动。市场利率低于储备金利率（利率走廊下限）时，超额储备金回流央行，收紧流动性，提升调节利率。若市场利率高于SLF利率（利率走廊上限），金融机构从央行处获得SLF，降低市场利率。建立利率走廊市场化调控机制，降低央行操作频率，将利率走廊收窄，有效控制基础利率指标的波动率，增强货币利率向信贷利率的传导效率。利率走廊并未发挥实际作用如图1-3所示。

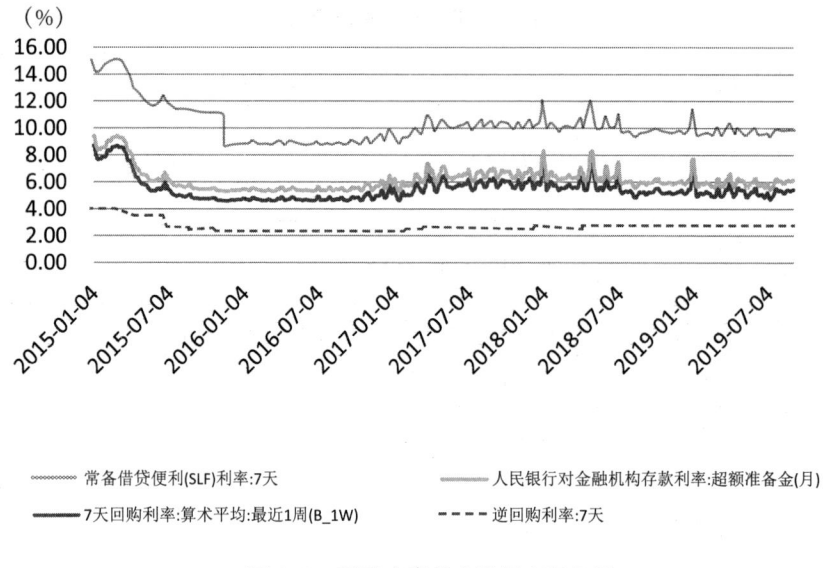

图 1-3 利率走廊并未发挥实际作用

数据来源：wind 资讯。

第二，理顺货币利率到信贷利率的传导渠道。首先，需要放松央行对存、贷款的约束，银行资产负债比例需要适度。受存贷比等指标约束，目前银行的资产端和负债端处于分置状态，因此货币市场利率到信贷利率在银行内部就难以理顺统一，堵塞了利率疏通的效果。其次，完善 FTP 定价机制。目前银行存款端到贷款端依然定价扭曲。在利率双规的制度下，FTP 定价曲线偏离实际资金成本，FTP 机制本身具有控制银行信贷利率风险的功能，在利率市场化后，银行的资产收益和资金成本也会开始波动，FTP 的完善将有利于银行有效控制风险。

第三，改革配套的金融机构监管和退出制度，完善存款保险制度，推进存款利率市场化。在金融监管领域，一方面，淡化存、贷款的数量约束，有助于商业银行对资产负债进行综合决策，提高货币政策传导效率；另一方面，由于金融机构定价能力尚待提高，为防止金融机构在市场化过程中出现非理性竞争，必要的监管底线也不可或缺。美、日等国家在利率市场化过程中，都出现了小型银行倒闭的问题，为了将这一担忧降低到最小，金融机构退出机制和存款保险制度的建立与完善也需配套进行，及时防范和化解金融风险。在贷款端逐步实现利率市场化后，因为存款端对银行的冲击很大，所以利率市场化最后一步是存款的市场化。虽然 2015 年就已经全部放开了存款利率上限，实际在银行内部，依然受存款利率上浮上限的限制。为了减缓存款端利率改革的冲击，可参考利率改革的总方针，进行从大额到小额，从长期到短期，从大额存单到活期的过渡，实际上，发达国家经济体在存款利率市场化改革时，也经历了分阶段的过程。例如，美国 1970 年存款利率市场化改革，1973 年取消大额存单和 5 年期定期存款的利率上限，1982—1983 年放开了短期存款的利率上限，1987 年全部放开。

二、进一步完善汇率市场化改革

汇率是国际金融领域的重要变量，汇率制度也是一个主权国家重要的经济制度和资产定价参照，我国改革开放以来，经济高速发展，在金融领域内体现为企业的投融资规模日渐提高，对外贸易开放程度增加，与外部经济体的贸易总额也在增大。在经济发展的过程中，人民币汇率改革也发挥了很重要的作用，人民币汇率制度围绕着市场化和国家化在近 40 年经过了多次改革，从最早固定的汇率制度转变为现在的浮动汇率制，如表 1-5 所示。

表 1-5 汇率制度演化过程

时间	对应汇率制度
1978—1984 年	官方汇率与贸易内部结算汇率并存的双轨制汇率制度
1985—1993 年	官方汇率与外汇调节市场汇率并存的双轨制汇率制度
1994—2005 年	以市场供求为基础的、单一、有管理的浮动汇率制度
2005—2009 年	2005 年开始实行以市场供求为基础、参考一篮子货币进行调节、有管理的浮动汇率制度。2007 年即期外汇市场人民币兑美元交易价浮动幅度由 0.3% 扩大至 0.5%。2008 年国际金融危机，人民币紧钉美元
2010 年以后	2010 年人民币重新有管理浮动。2012 年人民币兑美元浮动幅度由 0.5% 扩大到 1%。2014 年人民币对美元浮动幅度由 1% 扩大至 2%

(一) 汇率改革进程

1. 1978—1993年双轨汇率制度

改革开放初期,我国的汇率制度是单一汇率制。1981年开始,实行了有利于出口贸易的内部结算价,汇率制度从单一的汇率制度变为内部结算价与官方汇率并行的双规制。在这期间,1978—1984年实行的是官方汇率与贸易内部结算汇率并轨的汇率制度,1985—1993年实行的是官方汇率与外汇调剂市场汇率并存的双轨汇率制度。总体上,这一阶段的双轨制的实行符合中国国情。双轨汇率制不仅更有效配置资源,削弱国际资本流动性对汇率造成的冲击,还可以通过不同汇率的差额观察市场动态变化。在此期间的汇率机制变化,受外贸体制的变化而变动,如为补偿出口亏损,促进进口增长等。1985年正式在深圳成立第一个外汇调剂中心,1988年中国外贸企业开始推行承包责任制。随着外贸改革体制的深化,人民币也相应成为调节进出口贸易的主要手段。1991年起,中国政府对官方的汇率调整由以前大幅度、一次性调整的方式转变为逐步缓慢调整的方式,实行有管理的浮动汇率制度。

2. 1994—2004年钉住汇率制度

1994—1997年,人民币汇率开始"并轨"。1994年国务院推出了自改革开放以来最为综合的一篮子汇率改革方案,使得官方汇率与外汇调剂价格并存的双轨制实现并轨,初步形成统一外汇市场,实行以市场供求关系为基础的、单一的、有管理的汇率制度。在新的汇率制度下,中国改变了以行政决定调节汇率的做法,汇率形成以市场供求为基础。中国取消国内企业的外汇调剂业务,建立统一的银行间外汇市场,人民银行以银行间外汇市场形成的汇率作为人民币汇率的基础,这项改革的结果是人民币结束了16年的贬值,进入上升区间。

1998年为应对东南亚金融危机,人民银行加强了对外汇的干预,使人民币不贬值。央行的干预使得汇率机制偏离了最初设计的"有管理的汇率制度"。1999年,国际货币基金组织将人民币汇率制度认定为"事实上钉住美元的汇率制度"。2000—2004年,人民币贬值压力逐渐消失,人民银行加大外汇购买力度,人民币汇率保持稳定。

3. 2005 年汇改：浮动汇率制

2001 年加入世界贸易组织后，中国廉价的劳动力、政府对于企业的各种优惠补贴，以及金融危机之后，大量外国资本进入中国，中国的经常性账户和资本性账户存在巨大顺差，外汇储备不断增加。2005 年中国人民银行宣布引入询价交易制度，实行以市场供求为基础、参考一篮子货币进行调节、有管理的浮动汇率制度。人民币汇率不再钉住单一美元，定价机制更有弹性。改革成功后释放人民币升值的压力，渡过了入世后的难关。

4. 2015 年汇改以后：完善中间报价机制

2015 年 8 月 11 日实施了新一轮的汇率机制政策以加快人民币"入篮"的步伐，从而提高人民币国际化水平。2015 年的汇改调整了中间报价机制，人民币兑美元的中间报价要参考上一交易日外汇市场收盘汇率，汇率仍旧以市场供求为基础。2016 年人民币对美元"收盘汇率＋一篮子汇率变化"的中间定价机制形成。2017 年年初，央行将 CFETS 篮子中的货币数量从 13 种增加至 24 种。经过 20 年的发展，人民币汇率市场化机制不断完善，市场在外汇资源配置中作用越来越强。

（二）汇率改革取得成就

1. 人民币汇率市场化程度不断加深

早期央行对汇率严格管理，当时的政府根据特殊时期中国经济发展情况以及国外经济环境来确定汇率，从汇率双轨制到单轨，又从钉住美元到现在一篮子货币，在市场化改革方面取得了成就。随着每一次汇改，中国对外贸易规模越来越大，贸易顺差、外汇储备与日俱增，同时人民币也面临巨大升值压力，给货币政策造成影响。2016 年通过做市商制度缓解了升值压力，将汇率定价权交给市场。

2. 人民币国际化程度不断加深

人民币国际化进程可以说伴随着每一次汇率改革在扎实地稳步迈进。1993 年起，中国为扩大人民币在国际上的使用，与朝鲜、越南等邻国协定将人民币作为经济贸易和金融交易中的流通货币，并签订双边贸易本币结算的协议。在 1996 年 12 月，中国签订 IMF 第八条款宣布人民币在经常项目下可以兑换。1997 年人民币汇率机制发生了一个重大转折，即亚洲金融危机后，柬埔寨宣部把人民币作为其国储备货币，标志着人民币国际化进入一个新阶段。2001年加入世贸组织后，汇率机制更加对外开放，2002年中国放开部分资本市场，实行合格境外机构投资者（QFII）机制。人民币国际化进程在2008年加速，2009—2011年，中国落实了在全国各省市进行跨境贸易的人民币结算，同时与一些国家签订货币互换协议以防止贬值风险。2011年，人民币QFII制度的颁布再次提升了人民币国际化水平。2012—2015年，中国努力开拓人民币离岸市场以弥补中国资本项目没能全部自由兑换的缺陷。人民币跨境支付系统（CIPS）于2015年10月8日在上海正式启动，该制度在很大程度上降低了跨境交易和离岸交易资金结算的成本。

在人民币汇率市场化机制不断加深的过程中，随着我国金融市场的改革深化，金融市场市场化、自由化程度不断提高，国际与国内金融市场联系加深，国内市场受国际金融市场的波动影响越来越多，国内金融市场面临的环境也越来越复杂，外汇市场是连接国际与国内金融市场之间的重要桥梁。中国已经成为全球第二大经济体，频繁地与其他国家进行贸易往来，在经济全球化背景之下，人民币被纳入SDR使得其国际地位越来越重要。

3. 人民币汇率弹性增强

将1981年1月2日—2019年9月6日美元对人民币的即期汇率走势进行统计，人民币对美元整体处于贬值趋势，如图1-4所示，趋势在2005年7月21日人民币汇率改革后有缓和，除2008—2009年保持稳定外，整体波动升值。人民币汇率弹性明显增强。自2012年4月人民银行扩大人民币兑美元交易价幅度后，不少交易日市场汇率较中间价的波动幅度超过0.5%，部分交易日人民币兑美元汇率涨停。2014年3月央行再次扩大人民币兑换美元交易价幅度后，多数交易日市场汇率较中间价波动幅度超过1%。随着汇率浮动区间扩大，汇率灵活性提高，外汇市场消化和吸收供求冲击的能力增强。2018年9月，中美贸易摩擦影响下，汇率波动幅度增加，2019年9月相比2018年9月，人民币波动幅度7%。

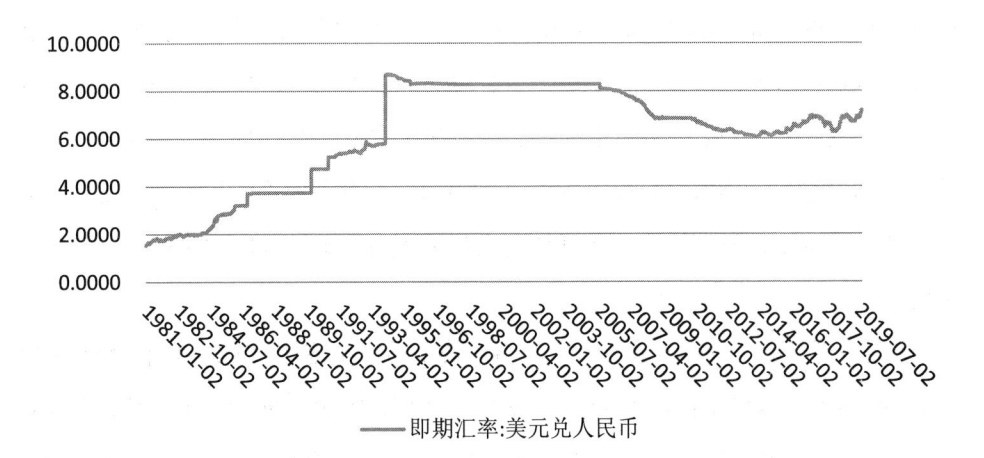

图 1-4 美元对人民币汇率变化

数据来源：wind 资讯。

三、汇率市场化深化改革路径

中国的渐进性改革路径为社会主义市场经济体制的建立与完善创造了实现的机会，但存在着改革不彻底、不到位的问题。未来 30 年，要在健全货币政策和宏观审慎双支柱的同时，深化利率、汇率市场化改革，让市场在金融要素价格形成中真正起到决定性作用，切实加大经济的弹性和韧性，更好地抵御风险。

人民币汇率制度改革是中国经济不断开放的结果，也是推进资本项目进一步开放，人民币国际化、汇率制度市场化的重要环节。我国当前基本形成了以市场供求为基础、参考一篮子货币进行调节、有管理的浮动汇率制度。

遵循《"十三五"现代金融体系规划》的要求，深化人民币汇率形成机制改革。进一步完善以市场供求为基础、参考一篮子货币进行调节、有管理的浮动汇率制度，加大市场决定汇率的力度，逐步退出外汇市场常态式干预，增强汇率弹性，保持人民币汇率在合理均衡水平上的基本稳定，促进国际收支基本平衡。

首先，稳步推进金融开放政策，丰富人民币外汇市场。2017 年年底，国家外汇管理局放开对非银行金融机构的限制，允许其进入外汇市场交易。2018 年 4 月，央行行长易纲在博鳌亚洲论坛上宣布了年度内超10项金融开放重磅措施。其中包括取消银行和金融资产管理公司的外资持股比例限制等6项措施。一系列超预期的金融开放政策，向国际社会和外资机构发出了强烈的开放信号。开放使得交易品种更加多样性，丰富了人民币外汇市场的同时也有利于币值的稳定，提高资金跨境流动性水平，资本的进一步开放也会迫使人民币汇率制度加快市场化改革的步伐。

其次，继续完善中间价报价机制，逐渐降低对汇率波动水平的限制，增强人民币汇率的弹性。人民币自从2008年以来10多年间，首次在2019年8月后，美元对人民币的即期汇率"破7"，无论汇率升值还是贬值，都有其有利的一面，所以应该在市场风险可控的情况下，尽可能放权给市场，发挥市场主体作用，增强汇率弹性。

最后，处理好国际收支中资本项目与汇率改革之间的关系。人民币国际化、汇率市场化改革、资本项目的进一步开放三者密切相关，三者关系处理得当，可以达到互相促进的效果。在国际形势日趋复杂的背景下，国际化进程需要谨慎地推进。对于经常性项目可以完全放开交易限制，而资本账户的管制则必须有计划地放松，需要对跨境资本的监管予以规范和加强，以防止系统性风险的出现。

专栏一　LPR的国际经验

从各国经验看，LPR通常扮演了贷款利率从官方管制到完全市场化的一个过渡角色。人民银行《2019年第一季度中国货币政策执行报告》举例美国、日本、印度等经济体都曾建立起类似贷款基础利率（LPR）的报价机制，因而也是我们重点考察的对象。

• 美国LPR的起源与机制改革

贷款基础利率（Loan Prime Rate，LPR）是指商业银行对其最优质的客户收取的贷款利率，起源于美国的最优贷款利率（Prime Rate）。1929—1933年大萧条，美国经济衰退、需求不足，资金供给相对过剩，部分银行压低信贷标准、降低贷款利率，引发恶性竞争，于是美国开始进行利率管制。1933年《华尔街日报》根据美国最大的30家银行上报的对最优质客户的贷款利率计算出最优贷款利率并定期公布。最优贷款利率也与约束存款利率上限的Q条例一起形成利差保护。从诞生背景看，LPR其实是介于管制利率和市场化利率中间的产物。

美国经历了利率从放任自由到受管制再到市场化的过程，最优贷款利率扮演的角色也有不同。20世纪70年代之前的利率管制时期，最优贷款利率的定价机制几乎应用于美国所有商业贷款。20世纪70年代随着金融市场的发展和利率市场化开启，美国货币市场共同基金和商业票据市场对存、贷款市场形成部分替代，不少银行开始将最优贷款利率钉住90天商业票据利率。利率市场化深入之后，最优贷款利率作为基准利率的地位被动摇，越来越多的金融机构使用伦敦同业拆借利率（以下简称LIBOR）作为信贷基准利率，最优贷款利率也逐渐与联邦基金目标利率挂钩，1994年之后最优贷款利率就基本固定在联邦基金目标利率加300BP的水平。

随着利率市场化的完成、金融市场的发展，美国的LPR也完成了过渡的角色，银行使用LPR定价的贷款占比已呈下降趋势。目前美国最优贷款利率主要用于中小企业贷款及零售客户的消费贷款、信用卡透支等领域。而大型企业客户在金融市场获得信贷的能力更强，可以将其间接融资成本与金融市场直接融资成本相比较，要求其贷款利率钉住市场利率。

如今LPR主要对中小规模贷款定价发挥作用。从金额看，LPR主要是在100万美元以下规模的贷款中起到定价作用，贷款规模越小，用LPR定价的占比越高，10万美元以下的贷款用LPR定价的接近一半；从银行类型看，到2017年5月，美国大型银行中仅17.6%的贷款使用LPR定价，更多的是使用LIBOR、联邦基金利率等其他货币市场利率，而采用LPR比例较高的是议价能力弱、资金规模小的小型银行，接近60%的贷款使用LPR定价。[1]

---

[1] 资料来源：郭栋. 中美LPR机制对比与思考 [J]. 中国金融, 2019 (15).

- **日本 LPR 的机制改革**

1959 年日本设立最优惠利率，与再贴现利率挂钩，本质上仍是官定利率。日本借鉴美国贷款基础利率的机制，设立最优惠贷款利率，最初与官方的再贴现利率同步变动，作为企业贷款利率的下限。最优惠利率分为短期贷款优惠利率和长期贷款优惠利率。前者早期主要适用于高等级的票据贴现及贷款，20 世纪 70 年代后扩大至更多企业，后者最初是长期信用银行和信托银行对电力等优良企业 1 年以上的贷款利率，曾作为长期贷款利率的下限。但 1991 年开始，日本银行业的长期贷款已基本不使用长期最优惠利率，而是直接在短期最优惠利率基础上加点，形成"新长期最优惠利率"。

1989 年，日本对贷款利率机制进行改革，将定价权交给各大银行。1989 年 1 月，日本短期贷款优惠利率从钉住官方利率转为由各大商业银行根据平均资金成本决定。具体而言，将流动性存款、定期存款、可转让大额定期存单、同业拆借资金的代表性利率按资金构成比加权算出基础利率，再加上 1 个百分点的银行费用，形成新的短期优惠贷款利率。由于上面的后两种资金已经是市场化的利率，随着这部分资金比重的持续增大，日本贷款利率的市场化程度也就逐渐提高，该利率成为日本商行短期贷款利率的下限。

与美国类似，在完成利率市场化之后，最优惠利率的作用对大企业贷款逐渐淡出，主要面向小企业和零售业务定价。随着利率市场化和金融市场发展，企业对银行间接融资依赖下降、直接融资占比增加，最优惠贷款利率作为基准利率的性质逐渐降低，对大企业贷款的定价转向参考 TIBOR、LIBOR 等货币市场利率。目前，日本的最优惠利率主要是在中小企业贷款、个人住房贷款以及消费贷款定价方面发挥重要作用。

- **印度 LPR 的定价探索**

印度在探索市场利率的过程中也设立了最优惠贷款利率。1992 年印度不再统一规定优先领域贷款的利率，1994 年放开 20 万卢比以上的贷款利率，1998 年放开 20 万卢比以下的小额贷款利率但保留上限管制，2010 年取消小额贷款的上限管制。这个过程中，印度的基准利率经历了四个阶段：1994年使用最优惠贷款利率（Prime Lending Rate，PLR）作为贷款基准利率，2003年转为基准最优惠贷款利率（BPLR），2010年变为基础贷款利率（Base Rate），2016年开始使用基于资金边际成本的贷款利率（MCLR）。

印度贷款基准利率均采用成本定价方法。最优惠贷款利率（PLR）为商行向最优质客户收取的最低贷款利率，基于资金成本和运营费用进行定价。相比PLR，基准最优惠贷款利率（BPLR）的构建更为复杂，综合考虑了资金成本、运营费用、拨备比例以及利润率。基础贷款利率（Base Rate）包含了借入资金成本、现金准备率（CRR）和法定流动比率（SLR）成本、未分配的间接成本及利润率。MCLR的构建考虑了资金的边际成本、现金准备率成本、运营成本及期限溢价。

印度央行在MCLR的计算方法中将存款利率作为资金成本的组成部分，因而存款利率的市场化也影响MCLR对市场的敏感度。印度20世纪90年代陆续放开定期存款利率的管制，2011年放开储蓄存款利率，2011—2013年又放开非居民本币存款利率。其存款利率的基本市场化也提高了贷款定价的市场化程度。但印度采用的成本定价在银行计算时可能会选取不同的方法，因而带来了定价不透明和操纵空间的问题。

第二节　股票市场改革

如图1-5所示，截至2018年年底，我国存量社会融资总规模200.75万亿元，间接融资比重高达83%，其中银行贷款136.9万亿元，占社会融资比例70%，相比之下直接融资占17%，其中债券和股票融资比例分别为10%和3.5%，若剔除地方政府专项债券，直接融资比例不足20%。

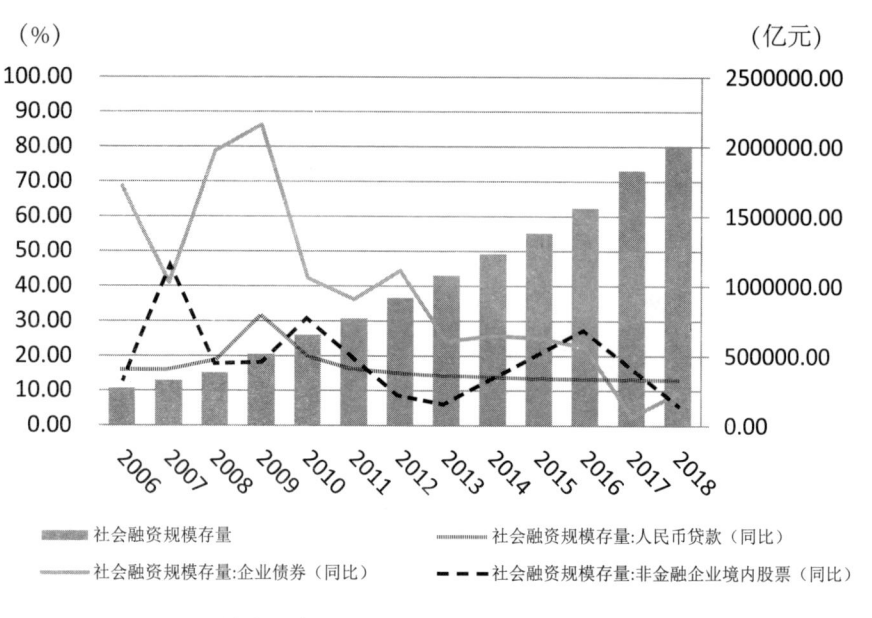

图 1-5 社会融资规模存量总规模及不同融资方式同比增长

数据来源：wind 资讯。

增量融资方面也说明了同样的问题，2018 年，在社会融资规模增量的 19.26 万亿元中，直接融资规模增量仅为 2.85 万亿元，占比仅为 14.73%，非金融企业境内股票融资同比降低 2 个百分点。间接融资不仅规模大，增速也同样在不同融资方式里最快，非金融企业直接融资能力在下降，并且受证券市场繁荣与否影响很大，受债券市场规模扩大和股票市场牛市推动，2015 年直接融资比例比重达到 24%，但是其后受股票市场震荡及资金面中性偏紧导致债券市场收缩，直接融资比重有所下降。不同的融资方式占总社会融资比例变动如图 1-6 所示。

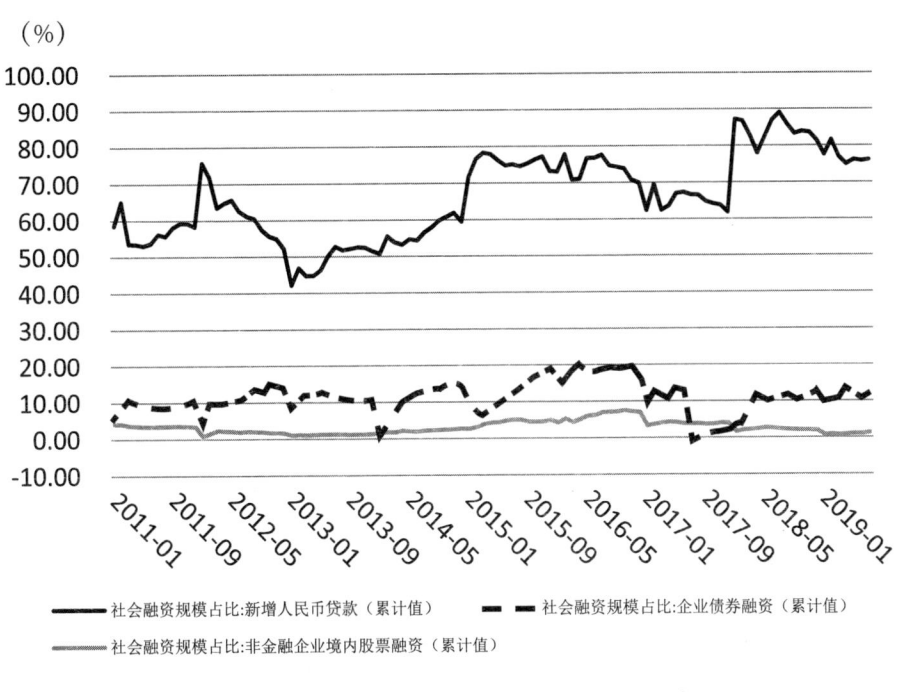

图 1-6 不同的融资方式占总社会融资比例变动

数据来源：wind 资讯。

因此，深化金融供给侧改革，要从战略高度谋划多层次资本市场的长期建设。2012 年 9 月，由中国人民银行、中国证券监督管理委员会、中国银行保险监督管理委员会、国家外汇管理局共同编制的《金融业发展和改革"十二五"规划》，明确提出"鼓励创新，加快建设多层次金融市场体系"；2017 年 10 月，党的十九大报告首次提出"现代金融"概念，把实体经济、科技创新、现代金融、人力资源并提，并用八句话阐述了今后金融工作的指导思想及核心内容，其中强调"深化金融体制改革，增强金融服务实体经济能力，提高直接融资比重，促进多层次资本市场健康发展。"今后和未来一段时期，要把发展直接融资放在重要位置，形成融资功能完备、基础制度扎实、市场监管有效、投资者合法权益得到有效保护的多层次资本市场体系；大力发展完善主板（含中小板）、创业板和全国中小企业股份转让系统（俗称新三板）、区域性股权交易市场、证券公司主导的柜台市场；同时要大力发展债券市场、产权市场、并购市场和要素市场等；进一步完善市场配置资源的机制。2018年5月发布的《"十三五"现代金融体系规划》，目标包括显著提高直接融资特别是股权融资比重；提出到2020年年末债券市场余额占GDP比重提高到100%左右。2019年2月，面对国际形势的日趋复杂，中央政治局会议强调深化金融供给侧结构性改革，金融业深化改革迈进新阶段。2019年《政府工作报告》进一步强调"促进多层次资本市场健康稳定发展，提高直接融资特别是股权融资比重"。

实体经济的发展离不开要素的流动和资源的有效配置，作为直接金融体系极为重要的一部分，股票市场能通过促进主导产业发展进而影响产业结构升级。股市具有健全的价值发现功能，因此具备较为完善的主导产业鉴别机制。早在1958年赫尔希曼通过不平衡增长理论解释了股票对于价值发现的功能：在资源有限的情况下，选择有战略意义的公司和行业进行投资，通过外部经济带动其他产业的发展。股市所具备的价值发现功能通过市场化机制实现对新兴重要产业的发展方向判断。在资本的逐利性驱使下，资本将自发从利润低、效率低的落后产能行业和公司向技术先进、生产效率高的新行业或公司流动。股市因为流动性好，更容易实现短时间内资金的迅速聚集。从实践经验上看，产业结构的升级依靠主导产业的蓬勃健康发展，主导产业在自我革新、技术进步的同时，受制于信息的不对称性以及交易成本存在，需要借助股市作为媒介，迅速汇集注入资金，分散风险，完成资本在研发上的有效投入。因为流动性相对充足，且交易机制设置合理，股票市场的资本配置功能比较显著，资本是稀缺资源，股市在对于经济发展核心和高增长的行业进行全面资源配置的同时，缺乏成长性的产业因得不到资金而被淘汰。

一、股票市场的发展历程与现状

中国股票市场经过30年的发展，从创立到趋于成熟，形成了与我国经济发展相适应的特色道路，规模不断扩大，上市公司数量不断增加，投资者积极性不断提高，制度性建设日趋完善。回顾中国股市发展历程，大致可分为三个阶段。

第一，初始探索阶段（1984—1991年）。在中国建立证券市场这一构想是1984

年提出的，飞乐音响作为第一个公开发行的股票引发了国内外的广泛关注。

1984—1986年，北京、上海等地集体和国有企业纷纷着手股份制改革。股票发行后面临流通问题，由于缺乏公开交易所，私下交易广泛地存在于公开柜台交易之前的沪深两地，信息成本和交易成本都较高，因此1988年创立了深圳股票交易柜台，1989年又成立了3家信托投资公司证券部，从事代理发行、股票转让等业务。1990年上海和深圳共有12个股票交易柜台。柜台交易存在制度设计的不足，设定的涨停板限制导致不同柜台之间差异巨大，为解决这个问题，1990年设立了上海证券交易所，1991年设立了深圳证券交易所。两家交易所都不以盈利为目的，都是实行会员制的事业法人，同年中国证券业协会正式在北京成立。

第二，初步发展阶段（1992—1999年）。1992年尝试全面放开上海股市股票价格。5月21日成了历史性的一天，先前受涨幅控制的股票爆发上涨行情，股指一路飙升，创单日涨幅之最。股市的表现超出了管理层的预计，为防止过热发展、抑制投机行为，于是进行了行政扩容，导致8月10日估值大幅度下跌，股指从400点跌到360点。[①]国务院不得不成立专门的证券监管机构，成立了中国证监会。发布了《股票发行与交易管理暂行条例》《公开发行股票公司信息披露实施细则》《禁止证券欺诈行为暂行办法》等一系列法律法规。1996—1999年业绩好的公司纷纷以比较高的价格发行上市，再一次带动了上涨行情。1999年《中华人民共和国证券法》正式实施，标志着集中统一的监管体制建立，也标志着我国证券市场法制化建设步入新阶段。

第三，发展完善阶段（2000年以后）。2001年国务院颁布《减持国有股筹集社会保障资金管理暂行办法》，社保基金正式入市。2002年《合格境外机构投资者境内证券投资管理暂行办法》的发布标志QFII制度正式实施。2005年中国证监会发布了《关于上市公司股权分置改革试点有关问题的通知》，股权分置改革试点工作正式启动，全面股改进入加速阶段。股权分置改革顺利推进，使国有股、法人股、流通股利分置、价格分置的问题得以解决，可实现证券市场真实的供求关系和定价机制。

---

① 数据来源：wind资讯。

2007年证券公司综合治理工作结束,证券交易实行客户交易结算资金第三方存管制度,改革国债回购、资产管理、自营等基本业务制度,建立证券公司财务信息披露和基本信息公示制度,完善以净资本为核心的风险监控和预警制度;严格市场准入,加强并规范对证券公司高管人员和股东的监管。至此,证券市场的运行机制和配套法律法规基本完善,运行至今,使得中国股票市场上市公司从1991年的14家,市值规模1048亿元,发展到2018年年底,沪深两市上市公司总数达3567家,沪深两市总市值为48.67万亿元。①我国已经成为仅次于美国的全球第二大股票市场。与此同时,新三板、区域性股权市场挂牌公司和证券期货经营机构数量保持较快增速。国有控股或参股的重要骨干企业基本都已成为上市公司,国有资产增值效应明显,国有经济的活力、控制力和影响力显著增强;在中小企业板和创业板的上市公司中,民营企业占比超过80%,有力推动民营企业按公众公司的要求建立现代企业制度;借助资本市场的平台,大量代表经济未来发展方向的科技型、创新型企业脱颖而出,为推动我国产业结构调整、支持自主创新提供了重要支持。

资本市场的发展进一步完善了我国现代金融体系,提升了我国经济运行的质量和效率。资本市场的建立和发展,推动了我国金融业向现代金融体系的转变。资本市场集聚社会资金,充实企业资本,为国家经济发展筹集了数万亿元的长期资金,增强了我国经济发展的内生动力。此外,资本市场为中小企业和创新型企业的发展提供更加完善的风险补偿、资本增值和退出机制,通过市场化的方式,加速了各类创业资源和资本资源的有机融合。

二、股票市场现存的问题

(一)融资效率依然不高

股票市场配置效率比较低,一方面IPO平均溢价率超过200%,再融资折价率超过80%,远高于发达国家市场;另一方面新股发行后2~3年破发率居高不下,早在

---

① 数据来源:wind资讯。

1990年股市初创时期，就出现过新股破发的情况，不过并不常见，2010年后，出现了新股首日破发的情况，2010—2012年期间多达164只股票新股首日出现破发，同期IPO上市公司数量为784只，破发率高达20.92%。运行效率容易受到股市极端波动的影响，仍存在大量信息不对称的成本。又由于股票融资的资金成本高、容易分散股权的固有缺陷，加剧了融资首选方式是银行贷款为代表的间接融资。然而银行的风险偏好导致其信贷决策有着明显的"重大轻小"的规模歧视和"重公轻私"的所有制歧视，处于初创期的科技公司风险高，没有利润和现金流，因此融资成本高，获取资金难，如此造成负反馈的循环。

信息披露不充分，交易成本高。由于交易制度、监管制度等不够完善以及投资者投资理念不够成熟。上市公司信息披露不够充分，内部交易、操纵市场等非法违规行为频出。以近三年为例，2016年证监会做出处罚决定218起，罚没款金额42.83亿元；2017年证监会做出处罚决定224起，罚没款金额74亿元；2018年证监会做出处罚决定310件，罚没款逾106亿元[①]，呈现件数逐年增加，金额逐年增加的趋势。因为内幕交易受处罚的公司数占上市公司数量比平均为1.67%，明显高于发达经济体股票市场，如伦敦市场、东京市场和纽约市场的内幕交易占比平均值分别为0.0617%、0.0594%和0.0515%。[②]

（二）制度设计缺陷制约市场运行效率

股市的运行通过一套完整的交易规则、惯例和组织安排来规范，交易制度是股市运作机制的"地基"。股市的制度安排是一种系统的制度安排，由微观部分和宏观部分组成。微观部分包括有关上市公司的制度安排（发行制度、信息披露制度、分红制度、再融资制度、退市制度等）、有关投资者行为和投资者保护的制度安排及规范中介机构的制度安排。宏观部分主要泛指股市监管体系。证券交易制度通过直接影响证券交易的成本、交易价格的透明性和稳定性、证券交易的效率从而影响市场的流动性。

---

① 资料来源：证监会网站。
② 徐音音. 股票市场直接融资促进实体经济发展[J]. 经济论坛，2019 (4).

准入和退市机制的不合理拉低了股市运行效率。公司上市发行股票准入属于审批制,排队的时间长,审批的过程复杂且冗长。审批制度下,有关部门出于自身责任承担的考虑,更倾向大型国有企业,中小企业除收入利润指标"硬门槛"外,还要面临因资金规模和所有制原因而产生的额外的严格审核问题。过去很多年,受益于经济高增长的一大批优秀国内公司由于种种制度限制,未能在A股上市,不得不远走海外,如因为达不到业绩标准而不得不赴港股和美股上市的"BAT"等科技巨头;与此同时,"退出机制"同样也存在一系列问题,A股市场因为机制的不健全导致一批应该退市的公司长期在资本市场"炒概念",严重脱离公司的基本面,甚至直接进行"卖壳炒壳"等不正常现象。尽管2014年证监会出台了《关于改革完善并严格实施上市公司退市制度的若干意见》,并在2018年进行了完善修改,A股主要看重公司信息披露的真实度和合法性,包括会计师审计意见、按时真实披露公司合法信息等,退市制度较宽泛以及执行力度较弱,导致A股低成交个股不断增加。因此保证A股市场的优胜劣汰机制,依然任重道远。因此,需要通过推动金融结构性改革促进金融结构的优化,加快过剩产能、落后低效企业特别是"僵尸企业"的退出,改善挤占金融资源、扭曲市场信号的问题。

(三)交易制度的安排对投资者保护不足,削弱股市价值发现功能

股市投资功能的体现不仅仅在于投资者持有股票价格的上涨,更重要的是能够依据所持有的股票而获得分红。美国上市公司现金红利占公司净收入的比例占税后净利润的50%。分红制度的完善,让美国股市的融资和投资功能得以有效发挥。从我国股市的实践经验看,监管层在分红制度安排上较为滞后。《公司法》规定公司税后利润在支付优先股股利前还要弥补前期亏损,计提10%的法定盈余公积金,再计提5%~10%的法定公益金,经股东会决议,还可以提取任意盈余公积金。经过这样的程序后能分给投资者的利润所剩无几。因此在这样的制度安排下,没有红利回报,只能依靠持有股票赚差价。选择经营稳健、盈利水平优良的公司,通过短期内借助题材的炒作,更可能获得超额收益。所以说分红制度的不合理,削弱了股市的价值发现功能。

三、深化金融供给侧改革，完善股票市场改革路径

（一）加强市场准入和退市机制建设

提高市场类量化指标（股价、股东人数、市值及市场流动性指标）的应用。在退市制度中，参与度及市场类指标最能反映市场本身对于公司的判断，高频有效且不易操控，能够体现上市公司的资质。应加大此类量化标准的应用，而不单单使用财务类指标。完善上市公司股权结构，扩大公众股在首发中的占比，引入外部监督机制。公众持股比例低会加大信息不对称造成的风险。控股股东一家独大，对企业的信息优势以及追求自身利益最大化的诉求，可能引发控股股东侵占中小股东的利益，比如通过定价不够公允的收购实现将现金从上市公司转移到控股股东手里，择时减持甚至为了套现而联合机构炒作股票。

（二）加快资本市场上市制度改革

上市制度改革由审核制向注册制改革，可谓是起始环节的关键一环，既影响发行制度，也由此决定上市公司的质量从而影响投资者行为以及退市的难易。2019年7月开设的"科创板"是注册制探索的重要成果。科创板的核心定位是用资本给技术定价，基于科创板所探索出的市场化定价模式，将有利于以技术升级为主要依托的企业得到更高质量的发展。科创板的正式规则中，不盈利的、同股不同权的科创企业可以上市。通过注册制打破原有的核准制，将更加有利于还原市场属性，提高市场配置资源的效率。注册制在科创板先行先试之后，先探索出一条成功路径，取得经验以后再向全市场推广，从"增量改革"到"存量改革"的系列改革，可扭转中国资本市场长期以来积累的一些根本性矛盾，建立长期健康的向好预期，为资本市场提供新的发展动能，构建创新型资本形成的金融资源配置体系，让更多能承担风险的资本投入创新。

（三）完善多层次资本市场结构

建立"梯级"转板机制。目前我国虽然已有沪深主板、中小板、创业板、新三板等多层级市场，新三板还进一步划分为基础层和创新层，但实质上主板市场一板独大，其他市场也未完全发挥其功能性及特色性。应建立灵活的"梯级"转板机制，实现各层次市场间的升降互通和有效衔接。

（四）完善资本市场的法治建设

健全保护投资者制度。首先，切实保护投资者利益。其次，引入集体诉讼制度，为投资者在遭遇欺诈行为后集体申诉提供一种渠道，增加投资者对股市的信心，引导股市进入价值发现的良性循环。

四、私募股权基金的积极探索

私募股权作为近年来在中国市场上迅速兴起的一种新型金融中介，正随着中国资本市场的发展，发挥着越来越重要的作用。私募股权投资（Private Equity，PE）是以非公开的方式，在特定范围内向特定投资者募集资金而设立的基金，其投资对象主要是当前非上市交易但未来可能上市交易的权益性资产。

私募股权和创业投资基金行业在中国资本市场中发挥着基础性、战略性作用。根据投资阶段的不同，私募股权投资又包括风险投资（Venture Capital）和并购基金（Buy-outs）两类，主要有四个特征：①私募股权是一个金融中介，从特定投资者获得资金来源，并进行投资；②投资对象是非公开交易的私人公司，因此一旦进行投资，无法通过公开市场进行即刻交易；③私募股权在监督管理和帮助公司发展方面发挥积极作用；④私募股权的投资目的并非战略投资而是最终通过退出获得财务增值。私募股权投资基金作为资本市场不可或缺的金融产品，能使处于不同发展阶段，具有不同融资能力的企业有机地与多层次资本市场对接，从而提高金融市场的资源配置能力。同时，私募股权基金凭借其丰富的行业经验和专业的管理团队，可以整合优质资产，使目标企业优化结构，降低成本，推动目标企业战略调整，在细分市场实现产业延伸和优势互补，可以加速新技术的扩散和转移，创造交易双方都无法单独拥有的附加价值，推动生产要素提质增效，是实体经济转型升级的重要推动者。

（一）我国私募股权基金的历史发展及现状

从发展历程追溯，我国的私募股权基金起步于 20 世纪 80 年代中期，后续大致经历了三个历史阶段。

第一阶段（1985—1997 年），是我国私募股权基金的探索发展阶段。1985 年在《中共中央关于科学技术体制改革的决定》的大背景下，国内第一批开展政策性创业投资业务的国有投资机构先后设立，是我国私募股权基金业务的前身。第二阶段（1998—2004 年），是我国私募股权基金行业的大发展与大调整的波动阶段。在这个阶段国家相继推出多项鼓励风险投资的政策措施，各地纷纷成立国资背景及民营的创业投资公司，并且涌入了一些外资投资公司。现今的互联网巨头很多就是当时发展壮大的，如百度、腾讯、新浪、搜狐、网易等被投资企业纷纷在海外上市，2004 年中小板的推出，扩大了私募行业的发展空间。第三阶段（2005 年至今），是我国私募股权基金行业进入规范发展阶段。2005 年，国家发改委等十部委出台《创业投资企业管理暂行办法》，对创业投资企业的设立与管理提出了规范要求。2007 年开始，伴随着股权分置改革基本完成及 2010 年创业板的设立，私募股权基金演变成全民 PE 的热潮。2013 年，国家明确由证监会行使私募基金监管职责。2014 年证监会发布《私募投资基金监督管理暂行办法》，对基金的设立、运作和管理进行了规范。同时，私募股权基金行业的募集渠道得到了极大拓展，政府、银行、保险、大型企业等机构均成为重要资金来源。2015 年"大众创业、万众创新"和国家各项经济战略的深入实施及投融资体制改革的加快推进，各类基金数量增加迅猛，2017 年的十九大报告及 2018 年的《"十三五"现代金融体系规划》都将建立多层次资本市场作为重要任务。

截至 2019 年 7 月 31 日，全国共有私募股权基金 14719 家，资金管理规模为 93215 亿元（包含创投在内），市场规模较 10 年前有质的飞跃。私募股权行业发展现状具有以下特点：募资规模不断扩大；投资者渐渐专业化、多元化，银行、保险、社保基金等大型机构投资者，在国家逐步放松管制的情况下，投资力度越来越大；投资阶段逐渐前移，定位于创业投资的基金数量增加迅速，投资于种子期、中早期的案例数量快速增长；投资热点聚焦在先进制造业、IT、生物医疗、互联网等领域，通过统计2011年至2019年8月31日期间私募股权基金投资各个行业的案例，可以发现数量前三名被投资行业分别为互联网、IT行业、生物技术/医疗健康，与第三名数量相近的是电信及增值业务和金融行业，按照增长率进行统计，2018年相比2011年数量增长最快的是IT行业，投资数量增长28倍，其次是教育与培训、娱乐传媒、生物技术/医疗健康，这与近年鼓励中国制造和创新行业发展的路径相符合，如表1-6所示。

截至2019年8月31日，私募股权基金投资按照行业分类进行数量统计显示，投资案例数量最多的依然是IT行业和互联网，第三名是生物技术/医疗健康，前三个行业数量远高于其他行业，如图1-7所示。

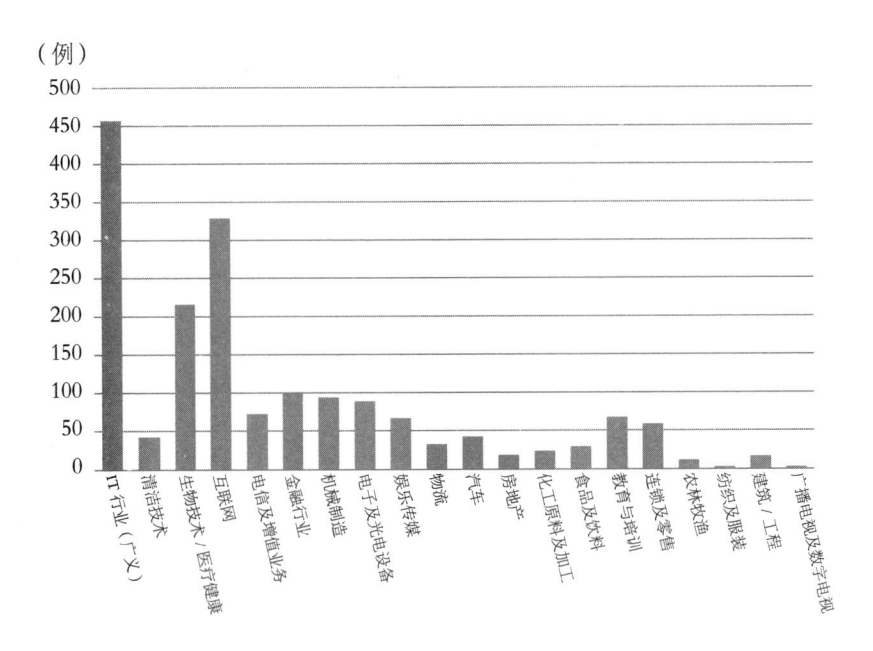

图1-7 截至2019年8月31日私募基金投资行业数量统计

数据来源：wind资讯。

表1-6　2011—2019年8月私募股权基金投资行业数量

单位：例

指标名称	IT行业（广义）	清洁技术	生物技术/医疗健康	互联网	电信及增值业务	金融行业	机械制造	电子及光电设备	娱乐传媒	物流	汽车	房地产	化工原料及加工	食品及饮料	教育与培训	连锁及零售	农林牧渔	纺织及服装	建筑/工程	广播电视及数字电视
2011	35	58	37	120	41	18	41	27	14	4	11	9	26	14	9	16	22	11	20	3
2012	22	21	43	91	37	6	28	19	16	1	9	8	18	9	5	20	13	6	14	5
2013	45	26	44	160	111	8	25	32	29	6	7	31	20	12	3	10	14	8	9	2
2014	104	8	65	389	223	98	40	34	38	16	7	25	13	12	11	16	14	8	12	1
2015	313	65	102	802	366	160	144	83	55	17	31	16	53	19	7	21	29	7	37	10
2016	489	54	237	999	162	266	155	105	237	39	72	61	77	34	66	66	32	25	39	4
2017	795	105	381	884	220	269	277	191	320	75	145	56	112	56	162	159	38	33	79	2
2018	980	92	482	919	280	261	184	120	287	67	109	44	86	41	194	133	31	21	64	1
2019.8.31	457	42	216	329	72	100	94	89	66	32	42	18	23	29	67	58	11	2	16	2
增长率	2700%	59%	1203%	666%	583%	1350%	349%	344%	1950%	1575%	891%	389%	231%	193%	2056%	731%	41%	91%	220%	-67%

数据来源：wind资讯。

（二）私募股权基金意义及特点

私募股权基金为初创期企业发展及企业并购重组提供资金渠道。作为初创期企业，由于缺乏稳定现金流、透明的财务报表及可以用于担保的资产，股票价值难以评估，因此银行等传统金融机构不愿意也无法为其提供融资。而相比之下 PE 较为适合，因为 PE 资金来自专业的投资者，对行业等方面投资前景判断能力较强，PE 为初创企业融资，也能够对企业整个投融资过程进行较好的控制，且一般在具体融资过程中以多轮融资方式来支持企业发展。相比通过购买股票方式直接投资上市公司、买入或者变现一笔私有投资，PE 需要耗费更多的精力和时间来进行公司价值分析。这个过程中，团队具有不同于公开市场交易的专业知识与技能，甚至需要参与企业运营管理中，帮助企业完善内部控制系统和治理结构等。由于风险厌恶，在没有私募股权资本支持的情况下，私人企业的管理团队可能并不适合进行这类投资。而且由于公司重组或投资过程中的巨大不确定性，管理团队还可能需要来自 PE 公司的建议与技能指导来应对相关风险。初创期企业的管理团队主要专注于公司运营本身，不擅长进行风险管理和控制，而 PE 则专注于风险管理，为私人企业提供风险转移和风险减少的技术，通过对冲等方式将企业风险转移出去。同时 PE 通过引入新的管理团队，实现团队和公司治理的重构，降低企业运营风险。另外 PE 通过引入新的股东，拓宽关系网、降低企业风险。此外，在具体的投融资过程中，PE 通过一轮一轮的方式全程控制风险，并借助设置看跌期权等方式来降低风险。

帮助企业实现跨期、跨地区和跨行业的资源优化配置。PE 可以帮助企业实现行业整合重组，在这个过程中 PE 全程参与，充当专业顾问，帮助一家私人公司购买另一家私人公司，从而实现资源的跨地区、跨行业优化配置。在企业重组或引入新投资的过程中，公开市场投资者无法面对和处理这一过程中的巨大不确定性，原因在于行业分析师或其他公开市场投资者习惯渐进演化模式而非重组模式。所谓"演化模式"，是指企业经营产生现金流，并进一步利用部分现金流进行投资的行为模式；而所谓"重组模式"，是指企业主要通过外部融资进行投资，并通过更新管理层推动企业向前。相比公开市场投资者，PE投资者具有相应的能力和耐心进行重组模式的投资，从而来改变企业的性质并最终优化资源配置。因此，总体来说不同性质的信息不对称导致市场分割，使得PE投资者集中于非上市企业重组模式的投资，而使得公开市场投资者集中于上市企业演化模式的投资。

（三）私募股权投资基金改革方向

伴随着私募股权行业的兴起，私募股权转让平台的建立日趋必要。当前，各行业协会、区域性股权投资市场、互联网交易平台都在纷纷尝试建立私募股权转让平台，私募股权转让平台作为投资方实现投资退出的新渠道，为私募股权投资基金提供流动性。私募股权转让平台作为私募股权投资基金的退出渠道，市场建设有助于优化行业生态、提高资金配置效率；我国私募股权投资行业受公开市场环境以及股票公开发行政策影响比较大，根据清科数据中心统计，超过一半的投资项目退出依赖于通过公开市场退出，高于全球17%的平均值。私募股权转让平台可以作为多层次资本市场的补充，目前我国私募股权转让平台主要是区域性股权交易市场，全国中小企业股份转让系统的运行及证监会配套政策对全国中小企业股份转让系统发展的推动，区域性股权交易市场企业挂牌业务受到冲击，标准化、公开化的信息披露制度也导致优质非上市公司、拟挂牌新三板公司、拟上市公司、并购标的公司极少选择在区域性股权交易市场挂牌，建设服务于初创期直至拟上市期企业的私募股权转让平台、配套信息披露私密性的市场制度，可以进一步夯实我国多层次资本市场的塔基。

强化风险防控系统，汇聚专业化人才。私募股权基金行业对风险的防范和把握能力是其管理机构的核心竞争力和价值的集中体现。应更加注重自身风控体系建设，密切关注行业的整体风险情况，从投前尽调、投资方案、投后管理等进行更加周密的安排，从外部应更加规范管理与相关服务机构的业务往来，注重内控机制、合规管理和风险管理机制建设。同时要积极探索各种激励约束手段，对被投企业形成良好的激励与约束，最大限度地防范和化解风险。私募股权基金要更加强化"专业人员从事专业投资"。随着私募基金数量的增长，行业对合格人才的需求更加迫切。没有足够的研判市场趋势能力、投资项目选择能力、投后增值服务能力和风险防控能力，就不能积极应对来自市场的竞争压力，也不能满足投资人的需求。培养一支真正合格的人才队伍是私募股权基金管理机构生存发展的关键。

创新管理模式，投顾模式和投资银行模式并行。投顾模式是指在企业发展过程中，PE在提供资金支持的同时，还充当可以信赖的顾问，伴随企业成长和发展，这其中最核心的内涵就是"信任"，只有取得企业信任，才能全面和充分担当起上述金融功能。在这一模式下，PE首先需要筹集资金来成立专门的基金，并收取相应的管理费来维持正常的运营，然后再寻找合适的项目机会进行投资，而且这个投资过程往往是通过多轮来完成的，在这个过程中PE主要通过其金融资本和金融技能为企业提供支持。

投资规范化，团队专业化。私募股权基金的运营将越来越专业化，发掘长线投资价值而非短期交易机会将成为未来重要的投资风格。私募股权基金的投资策略向专业化转变，投资领域的专注性加强。天使投资、创业投资、PE投资等关注投资阶段的分化日益明显，以投资对象的成长阶段划分，凸显自身专业化能力的重要性。私募股权基金结合行业的特性，根据人员的专业能力和知识领域成立众多垂直行业的主题投资公司，提高基金的专业化竞争力，以产业链为主线，打通上下游，打造基金生态圈，以"互联网+"为路径、以信息技术为手段结合产业和行业领域，向"专业+综合"的投资模式不断演变。同时，被投资企业更加关注基金管理机构是否具备丰富的行业资源、较强的专业能力与市场认可度。被投资企业与投资公司在融资服务、上市服务、产业资源整合等方面全面合作。

多元化退出渠道，为私募基金发展提供更广阔空间。新三板、科创板的开设和发展，以及香港股票交易所放宽对创新型公司收入和利润的上市要求，多层次的股票市场为私募基金退出投资提供了重要的平台。而随着国家关于供给侧改革和国企混合所有制改革一系列措施的出台，上市公司拉开了并购重组的序幕，其中，互联网、IT、机械制造、生物技术、医疗健康、电子及光电设备是并购最活跃的领域，在这其中，私募股权基金近些年的重点投资领域就是上述行业，自然会出现投资基金参与的并购案例比例持续增长。私募股权基金通过并购实现退出的项目数量和规模超过 IPO，成为最主要的退出渠道。此外，随着未来多层次资本市场的逐步完善，私募股权基金的退出方式将更加多元化。

第三节　进一步发展债券市场

中国债券市场的历史可以追溯到 1981 年国债的发行，经过近 40 年的发展历程，形成了完整的债券市场体系，品种不断丰富、发债主体不断增加、市场规模不断扩张。目前，我国债券市场包括银行间债券市场、交易所债券市场和商业银行柜台债券市场三个子市场。中国银行间债券市场是主体及核心，占据债券存量和交易量的绝大部分。银行间债券市场属于机构投资者市场，实行双边谈判成交、逐笔结算的大宗交易制度。银行间债券市场交易方式包括债券买卖、质押式回购、远期结算、买断式回购四种形式。交易所债券市场相比银行间债券市场，主要投资者都是除银行以外的各类社会投资者，交易制度是净额结算，属于集中撮合交易的零售市场。银行柜台债券交易属于银行间债券市场的延伸，作为债券零售市场的补充。

按照发行主体以及属性划分，债券可分为政府债券、中央银行债券、金融债券、企业债券、短期融资券、资产支持证券、可转换债券等。政府债券可分为记账式国债和储蓄式国债。中央银行债券由中央人民银行发行，作为央行票据存续期从 3 个月到 3 年，以 1 年期以下的短期票据为主。金融债券包括政策性金融债券、商业银行债券、特种金融债券、非银行金融债券、证券公司债、证券公司短期融资券等，其中商业银行债券又分为商业银行次级债券和商业银行普通债券。企业债券包括中央企业债券和地方企业债券，目前企业债券的主体多是各级政府机构。

据央行发布数据显示[①]，2018 年全国债券市场现券交易量 156.7 万亿元，同比增长 44.6%。其中，银行间债券市场现券交易量 150.7 万亿元，日均成交 6029 亿元，

---

① 数据来源：央行网站。

同比增长47.2%；交易所债券市场现券交易量5.9万亿元，日均成交244亿元，同比增长7.1%。2018年银行间市场信用拆借、回购交易总成交量862万亿元，同比增长24%。其中，同业拆借累计成交139.3万亿元，同比增长76%；质押式回购累计成交708.7万亿元，同比增长20.5%；买断式回购累计成交14万亿元，同比减少50.2%。

据wind数据统计，中国债券市场在2018年年底债券存量已经达到85.75万亿元，如表1-7所示。政府债券32.95万亿元，金融债券存量20.31万亿元，同业存单9.8万亿元，位居前三名。从2010年起，债券的存量呈现连续增长趋势，并且占GDP比重逐年上升，2018年债券存量占当年GDP的95%，如图1-8所示，处于历史新高，可见债券市场在经济体中的重要性越来越突出。

表1-7　中国债券市场债券存量

类别	债券余额/亿元
国债	148803.67
地方政府债券	180699.54
同业存单	98826.70
金融债券	203117.96
企业债	25692.22
公司债	58243.96
中期票据	56402.23
短期融资券	19281.10
定向工具	19505.38
国际机构债	224.60
政府支持机构债	16095.00
资产支持证券	26713.77
可转债	1905.56
可交换债	1975.52
合计	857487.20

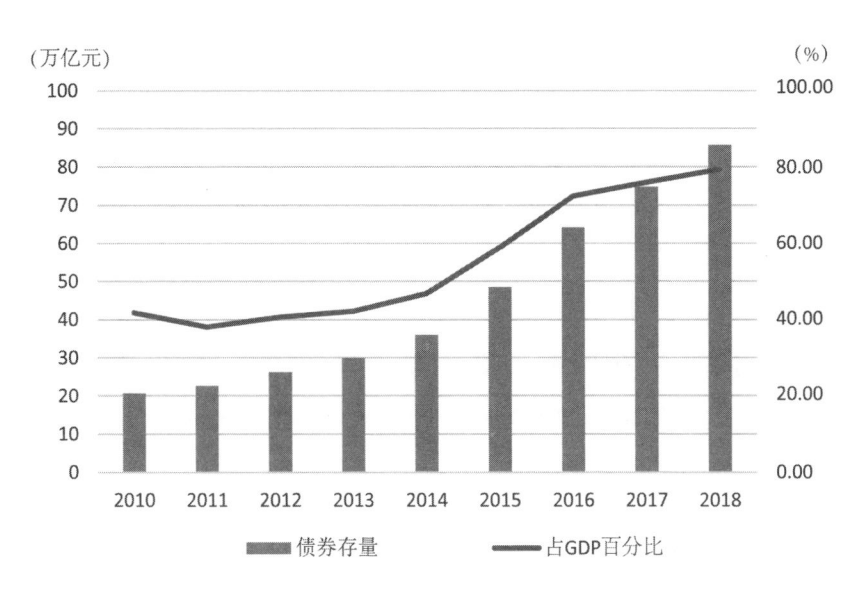

图 1-8　债券存量及债券占 GDP 比重

数据来源：wind 资讯。

一、债券市场改革与发展历程

（一）国债市场的发展历程

20 世纪 70 年代改革开放伊始，中央政府因为连年大规模的财政支出造成了持续赤字，为弥补赤字缺口，国务院颁布了《1981 年国库券条例》恢复国库券的发行。初始阶段，采用行政摊派的发行方式，国库券禁止在二级市场流通和转让。1985 年引入了市场机制，发布了《证券柜台交易暂行规定》，明确政府债券、金融债券、公司债券经过认定后可以在金融机构柜台交易，柜台交易阶段中介机构由财政部门经办的国债服务部、财政证券服务公司和银行经办的证券公司为主。国债的交易方式在 1990 年上海、深圳证券交易所和一些城市成立证券交易中心后，取得市场化进程的突破，债券可在集中性市场进行托管，并以托单为依据转为记账式债券流转交易。我国 1990 年建立起自动报价系统，可进行国债集中撮合，形成场内场外并存的债券市场格局，报价系统运行一年后，上交所的国债达到了较大的规模，场内交易也逐步变成了全国价格的基准。1992年财政部试行了国债的竞争招标发行，1993年财政部进一步推出了国债一级自营商制度，标志着国债市场化进程的开始。1994年财政部在国债期限品种多样化和品种无纸化两方面进行了实践，首次发行了期限为半年的短期国债和记账式国债。1996年，国债市场实现了由承购报销向公开招标的过渡，并且成立了中央国债登记结算有限公司作为中国债券市场的中央托管机构。2000年以后中国国债市场以创新和完善为主，2005年11月，中央债券综合业务系统接入中国人民银行支付系统，债券的发行、登记、托管和结算实现一体化。2007年，为缓解流动性过剩问题，提高国家外汇储备经营收益，特别国债被再次启用。具体做法是财政部发行人民币1.55万亿元特别国债后注资国家外汇投资公司，再由国家外汇投资公司用人民币向央行购买等值外汇储备充实资本金，这种发债行为将会对中央银行的资产负债表及金融机构的资金来源和运用同时产生影响，进而对流动性产生紧缩。特别国债的发行补充了央行货币政策操作工具，且能有效减轻央行政策操作的财务成本，体现了财政政策与货币政策在加强流动性管理、外汇管理体制改革等方面的协调与配合。2002年12月1日，上海证券交易所发布《合格境外机构投资者证券交易实施细则》。2002年12月1日，深圳证券交易所发布《合格境外机构投资者证券交易实施细则》。2013年3月10日，中国人民银行发布《关于合格境外机构投资者投资银行间债券市场有关事项的通知》，获得中国证券监督管理委员会核发合格投资者资格及国家外汇管理局核批投资额度的合格投资者，可以向中国人民银行申请进入银行间债券市场。据证监会统计，到2019年6月，经批准的合格境外机构投资者已达310家[1]。

经过40多年的持续推进，我国国债市场总体实现了较快发展，国债市场在投资筹资、宏观调控等方面发挥越来越重要的作用。具体成就可以总结为：第一，改善国债投资者的结构，如允许所有金融机构能够自主成为银行间债券市场的成员，非金融机构可以通过代理银行进入银行间债券市场；第二，降低债券交易的成本，免除交易税；第三，打破债券市场分割，增强各层次债券市场流动性；第四，丰富债

---

[1] 资料来源：中国证券监督管理委员会网站。

券品种，完善基准利率国债；第五，创新国债发行方式，主要包括混合式竞争性招标发行和续发。但与发达国家相比，我国国债市场在市场机制、配套措施、市场结构、市场效应等方面仍存在差距。党的十九大提出要健全货币政策和宏观审慎政策"双支柱"调控框架，国债公开市场操作作为货币政策工具的重要内容之一，对我国国债市场的进一步完善和发展提出了更高要求。

（二）金融债券的发展历程

金融债券又可分为政策性金融债券和金融机构债券，政策性金融债券为主要构成。从国际上成熟的债券市场看，准政府信用的债券是市场上的重要品种。我国银行间市场，政策性金融债券正是发挥这一职能。政策性金融债券的投资人由最初的邮储、四大行，扩大到商业银行、农信社、保险公司、证券公司、财务公司等银行间债券市场中几乎所有的成员。政策性金融债券也已经成为央行公开市场操作和商业银行、保险公司等金融机构资产负债管理的重要工具。政策性金融债券的发行和创新不仅有效解决了资金来源问题，还通过制度建设和市场建设的方式提升了我国银行中介体系的综合能力，成为推动我国银行间债券市场发展，以及推动我国金融体系由"银行中介主导型"向"资本市场主导型"转变的重要力量。

1994年，我国政策性金融机构和商业性金融机构分立，开始允许以国家开发银行、中国进出口银行和中国农业发展银行为代表的政策性银行面向其他金融机构发行政策性金融债券，以获得政策性信贷资金。国家开发银行发行的政策性金融债券占据着主导地位。中国进出口银行也于1999年开始尝试市场化发行业务，中国农业发展银行自2004年开始发行第一笔人民币债券。政策性金融债1998年进行市场化招标发行，政策性银行在银行间市场不断推出创新产品。从品种看，在过去的20年里，国家开发银行先后推出了长期浮动利率债券、20年期和30年期长期固定利率债券、投资人选择权债券、发行人选择权债券、本息分离债券、新型浮动利率债券、含利率掉期期权债券、远期利率债券、可互换债券，以及7天回购利率和利率为基准的浮动债、境内美元债、次级债、资产支持证券等，并采用增发方式、滚动发行等创新的发行方式对债券进行合理定价。结构性的产品推出为银行间市场发

043

展提供了一种新鲜的思路，也为随后的债券市场品种创新与二级市场交易的活跃奠定了基础。目前，政策性金融债在银行间债券市场发展过程中，实现了从 3 个月到 30 年各期限标准债券的覆盖，有效弥补了国债和央票期限品种不足的问题。

中国商业银行普通债发行时间很早。中国自 1985 年就开始由专业银行发行金融债券，所筹集的资金主要用于发放特种贷款，支持收益好的企业发展生产。2004 年以来，中国商业银行再次掀起发债高潮。与商业银行次级债相比，普通金融债券可以作为长期稳定的资金来源，能够有效解决资产负债期限错配问题，防范金融风险，促进金融体系的健康发展。预计今后随着银行间市场的不断发展和完善，中国商业银行普通债券的市场份额会大大增加。截至 2018 年年底，金融债券存量一共是 20.31 万亿元，其中政策性金融债 14.38 万亿元，商业银行债以及商业银行次级债合计 3.81 万亿元，如图 1-9 所示。

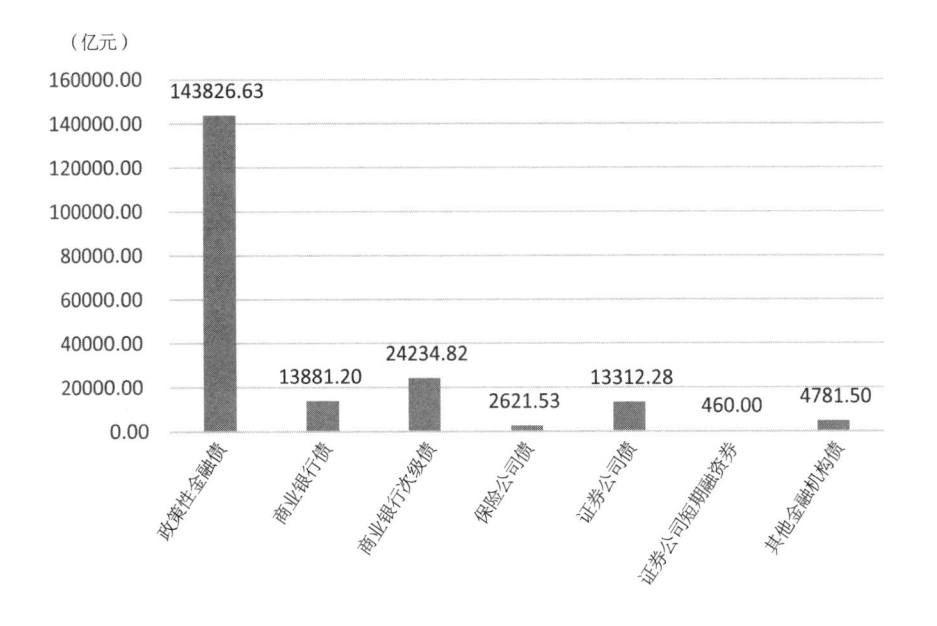

图 1-9　金融债券 2018 年分类存量

数据来源：wind 资讯。

（三）企业债券的发展历程

为便于比较分析，本书中将具有债券性质的债务契约，即信用债范畴的公司债券、企业债券、中期票据、短期融资券都纳入企业债券的概念范围。中国企业债券的发行与交易，是同多种所有制形式的发展及与之相应的社会集资密切联系在一起的。1985年，沈阳市房地产开发公司向社会公开发行5年期企业债券，这是改革开放后发行的有记载的第一只企业债券。1987年，国务院颁布《企业债券管理暂行条例》，该条例是我国企业债券领域的第一部专项法规，标志着国家对企业债券开始实行法制化的集中管理，为企业债券发行规模快速扩大奠定了法制基础。1990年，国家计委与中国人民银行联合制定了企业债券额度审批制度及管理办法，并规定企业债券的资金用途仅限于国家计划内且符合国家产业政策的续建项目，而且企业债券发行工作被首次纳入国民经济和社会发展计划管理，成为全社会固定资产投资的正式来源之一。至此，企业债券的管理不仅在运作制度和程序上更为切实可行，而且在宏观调控层次上得到国家的进一步重视。为加强社会集资管理，规范企业集资行为，1993年国务院修订颁布了《企业债券管理条例》，将发行主体扩大到中国境内具有法人资格的企业，对发行主体的经营规模、财会制度、偿债能力、经济效益和资金用途，以及承销商资格提出了严格要求，并增加了有关债券信用评级的条款，细化法律责任。同年国务院又颁布实施了《公司法》，其中公司债券一章对发行公司净资产额、累计债券额占净资产额的比重、偿债能力等做了更为具体的指标规定。1998年颁布《证券法》，发行公司债券须依照《证券法》报经国务院授权的部门审批，而债券上市需经国务院证券监督管理机构批准，自此中国企业债券市场基本形成国家计委审批额度、中国人民银行审批发行、中国证监会监管流通市场的模式。2002年政府管理层提出"加快发展企业债券，促进统一债券市场的形成"，之后企业债券市场迎来了新一轮快速增长。2005年短期融资券试水，并且在发审上实行注册制而非审批制（即企业需要到中国银行间市场交易商协会办理注册，获取注册通知书），这为企业债券的市场化加速发行奠定了基础，也是信用债市场迅猛发展的原点。2005年为促进金融市场产品创新，改变金融市场发展不均衡的局面，完善货币政策传导机制，中国人民银行又发布《短期融资券管理办法》，规定具有法人资格的非金融企业可以在银行间市场面向机构投资者发行短期融资券。2007年，第一只公司债"07长电"面世交易所，发行不超过人民币80亿元的公司债，标志着我国公司债的正式启航。2008年中期票据正式发行问世，在发审上实行注册制，《银行间债券市场非金融企业债务融资工具管理办法》及《非金融企业中期票据业务指引》等一系列规章制度的出台强化了银行间债券市场管理方式的重大转变。中期票据这一新型债务融资工具的出现，一方面使得我国中期直接企业债务融资工具残缺现状终结，另一方面也是对企业融资方式的重要补充。2015年我国债券市场实施《公司债券发行与交易管理办法》至今，债券市场的发行量不断攀升，存量逐年扩大，企业债券已经成为我国实体企业满足其直接融资需求的重要渠道。《公司债券发行与交易管理办法》充分激活了债券市场的发展潜力，促使企业债券市场进入创新发展阶段，中资企业海外发行债券兴起。可交换债、永续中票、优先股、资产证券化、项目收益债等创新产品不断涌现，创新势头有助于适应金融对外开放、分散信贷风险，推动企业债券市场创新发展。2016年开始我国企业债券市场又表现出了迅猛发展的趋势。

我国企业债券市场在迅猛发展的同时，各项相关制度及配套设施都得到了进一步的完善，逐渐为各类企业融资提供了重要渠道。市场主体的多元化发展、市场制度体系发展逐渐完备、市场规模的日益扩大、市场创新的层出不穷，稳步提升了市场开放程度。据wind数据显示，2018年年底企业债券存续量为2.56万亿元，公司债券存续量为5.82万亿元，中期票据为5.64万亿元，短期融资券为1.92万亿元。

二、债券市场发展存在的问题

债券市场是直接融资非常重要的组成部分，我国债券市场在举借外债、国债适应市场经济发展的制度建设，建立具有中国特色的金融债体系以及多年的地方债反复探索经验都有值得肯定的成就。但同时债券市场仍存在一些不足，怎样进一步完善债券市场发展是不可回避的问题。

（一）债券市场的品种不够多样化

无论是国债、金融债券，还是地方债券、企业债券，从发展社会主义市场经济的客观要求来说，它们的种类和期限品种都还不够丰富。例如地方债券，历经重重困难终于由《预算法》给出相关框架，且分为一般地方债和专项地方债，但是从市场经济的国际经验来说，这种粗线条的划分，实际上能形成的品种还相当单一。多年前中国在研究市场经济发展时，就注意到国际经验是在地方债券层面上有较多可选择的品种，这是与实际经济不同层面需求相对应的。

（二）债券发行机制还存在缺陷和制约

比如地方债券，虽然现在已经纳入新预算法框架，但仍然是由中央政府牵头，每个年度把全国地方债券总体发行规模分配到各个省级行政区，规定省级行政区有权根据需要代市、县级地方政府发行。尽管已经取得了立法进步，但同时也必须承认有诸多需要完善之处。地方债券的发行要披露地方政府的资产负债表信息，然后还要接受有资质机构尽可能公正的地方政府信用评级，重复的信用评级意义何在？按现行框架，评级结果逻辑上只能影响中国地方债券形成的债券利率水平，而完全不涉及举债能力与规模。我国的公债发行机制还有待进一步向成熟市场靠拢。在风险制约方面，国债和地方债券还需由健全的发行机制和市场运行机制区分出不同的风险等级。企业债券方面，不得不承认"刚性兑付"问题还没有完全打破。一些企业发债之后，一旦出现风险就可能演变为"经济问题政治化"，这就限制了企业债券的发行空间。对应这种制约，应从长计议，努力加以化解，但解决这个机制方面的问题显然需要相应的配套改革。

（三）市场管理不统一，市场基础设施不适用

受分业经营、分业监管理念和市场发育程度的影响，加上部门之间权力的平衡，我国证券市场形成了分券种管理、交易的格局；可转换债券归证监会、国债归财政

部、企业债券归发改委、其他债和债券市场归央行管理；从二级市场来看，企业债券发行、上市、交易管理分散，企业债券缺乏一个主要的交易场所而且流动性很难提高。债券交易系统、托管清算系统近几年已有多次升级，但目前仍不能充分满足市场交易主体获取信息和防范违约风险的需要。银行间债券市场实行的交易与结算系统、机构的分离也不适宜场外交易市场的特点，妨碍市场效率的提高；由于交易规则未能国际化，导致技术系统建设不能与国际市场接轨；信息系统和统计分析系统的滞后，不能为市场提供及时、准确、完整的信息服务，这些在一定程度上影响了债券市场的发展。

（四）交易场所"平台"分散而且互不联通，法律法规不完善

我国的债券市场主要分为银行间市场和交易所市场，这两个市场目前是分隔的，这就制约了债券一级市场的发行和二级市场的流通，分割了投资者和发行人，无形中制造了交易障碍、提高了交易成本，也使债券的定价出现扭曲，直接导致同一债券在不同市场价差较大等现象。当然，银行间市场与交易所市场功能、券种主体不同，适当分工是必要的，而且国外也是这样，但两个市场如果没有有效联通，则不利于市场充分发挥作用，容易造成市场混乱无序。法律是保证债券市场规范运行和健康发展的基石，即使我国已经出台《证券法》，但债券市场上的许多问题仍然没有在法律上得到确定，使我国债券市场的规范化失去准绳和标尺，政府只能借助《国债条例》《企业债券条例》等法规、政策和行政手段对债券市场进行监管。明确、稳定和具有连续性的政策对弥补我国债券立法滞后所产生的不足是非常有利的，但政策的特点就是具有相对灵活性，它既不及法律稳定，也不及法律具有威慑力，加之执行政策中难免存在主观判断的时候，投资者往往用对政策变动的猜测替代了对市场变化的合理预期，以致每次政策的颁布都不同程度地引起市场波动，使政策在弥补法律不足、解决市场问题的同时又给债券市场带来新的不确定因素和风险。而且，政策的实施仍以行政管理为主要手段，并且政府直接面对市场、面对企业、面对投资者，一旦出现问题使政府组织处于被动境地。

三、完善债券市场发展的方向和路径

（一）健全市场运行机制，完善债券配套建设

与发达国家相比，我国债券市场制度建设尚不完善，国债市场运行效率不高。国债市场要在"双支柱"调控框架中发挥作用，必须尽快扭转当前市场分割的现状，加快整合银行间市场、证券交易所和场外市场，健全市场间的登记、托管、交易等机制，形成统一的债券交易市场或交易机制，降低债券市场的制度成本，提升市场的运行效率。加快整合部门规章法则，加快立法进程，提升立法层次，适时推出法律层面文件，健全国债市场的债券发行、登记、托管、交易、结算等制度设计，明确市场的管理程序、监督职责，建立健全符合中国国情的协同监管模式。加强债券市场的监管，提高债券市场行业自律意识，强化市场行为自律管理，构建起以政府监管为主、自律规范为辅的高效监管体系。完善债券产品发行制度，适当延长预发行时间，为债券市场参与主体提供充分的反应时间，增强预发行机制的价格发现和预期引导作用。

（二）推出高收益债券注册制度，实施精准服务

针对中小企业需求规模普遍较小、信用资质较弱、风险相对较大，以及不具有传统债权融资优势的特点，可考虑建立高收益债券注册制度。可根据细分行业要求、技术研发要求、创新引导要求等，降低中小企业尤其是科创企业的发债门槛。放宽债券发行条件，不再对发行主体的盈利能力、负债比例、成立时间等直接设定相应条件，而是更加关注企业的成长性和前景。灵活运用公开发行和私募发行方式，探索制定符合中小企业尤其是科创企业特点的限制性条款，如转股条款、分红限制条款、分级条款、债务优先顺序限制条款、控制权约束条款等，实施精准服务。

（三）加快金融改革开放，优化债券市场环境

我国债券市场尚未发挥其应有的作用，这与我国金融领域的改革开放大环境密切相关。我国金融市场化改革总体推进较慢，其中宏观的市场化改革始于 2011 年，通过差别存款准备金的动态调整逐步建立起具有市场导向性、市场适应性的调控机制，2016 年升级为宏观审慎评估体系（MPA）。利率市场化改革随着 2015 年 10 月全面放开存款利率上限进入新的阶段，但深层次的利率市场化形成机制建设任重道远。目前，我国汇率改革尚未完成资本项目可兑换。国债市场要发挥利率形成、调控传导等方面的重要作用，必须进一步加快我国宏观调控改革步伐，不断健全货币政策和宏观审慎"双支柱"调控框架，推动金融宏观调控由直接调控向间接调控、由数量型调控向价格型调控转变，提升国债市场对调控政策、调控意图的传导效果。加快我国金融对外开放步伐，继续推行"人民币走出去"战略，推动汇率形成机制改革和资本项目可兑换，提高我国国债市场对国际形势变化的响应能力，促进我国国债市场在世界范围发挥利率定价和政策导向作用。

（四）创新投资方式，丰富市场参与主体

允许、激励保险公司、养老基金、债券基金、纾困基金购买高收益债券，培育投资者队伍。在考核、税收、制度设计等方面，鼓励保险公司、养老基金、债券基金、纾困基金等具有风险识别能力，引导带动作用强的债券市场机构投资者加大力度购买高收益债券。进一步发展信用风险衍生品市场。推动信用风险缓释工具发展并使之发挥实际效用。目前，债券市场已聚集了一些高风险偏好投资者，可放开其与高收益债券相关的衍生品创设和投资资格限制，丰富其投资方式和风险管理方式。

（五）健全债券违约处置机制，保护高收益债券市场投资者的权益

首先，提高违约债券司法审判效率。针对债券违约处理过程中出现的司法管辖分散及各地法院判决不一的问题，可充分借助上海金融法院的专业优势来进行审理。通过上海金融法院的探索，形成对债券违约行为的高效、专业化处置路径。其次，

建立市场化违约风险化解机制。针对目前债券违约后债权人与债务人双方沟通成本高、互信不足的问题，建议由人民银行牵头成立专门的债务调解服务中心，服务于债券违约的调解、重整，并强化投资者对债券违约行为的监督。可借鉴美国经验，以入股等方式介入面临债务违约困境但主营业务仍有增长前景的企业，通过开展专业化的资产重组来帮助企业脱困，并使之回到正常经营中，最终通过出售股份获得相应的投资回报。最后，加快违约债券交易机制建设。当前中国外汇交易中心、上海证券交易所、深圳证券交易所、北京金融资产交易所已开始为发生违约的债券提供交易转让服务，允许违约债券在一定条件、一定范围内流通转让。建议进一步根据投资者适当性原则，合理设置违约债券交易市场的准入条件，并明确相关交易规则、信息披露规则等。担负市场交易、托管职能的金融基础设施要加强对违约债券交易结算的一线监测和监管，完善市场化的债券定价机制，防范利益输送、内幕交易等违法违规行为发生。

第四节　非公开定向债务融资工具及其发展

为活跃市场交易、推动市场发展、促进银行间债券市场需求的差异化、多样化，2011年中国银行间市场交易商协会发布《银行间债券市场非金融企业债务融资工具非公开定向发行规则》。在银行间债券市场以非公开定向发行方式发行的债务融资工具称为非公开定向债务融资工具（Private Placement Note，PPN，以下简称定向工具），非公开定向发行是指具有法人资格的非金融企业，向银行间市场专项机构投资人和特定机构投资人发行债务融资工具，并在专项机构投资人和特定机构投资人范围内流通转让的行为。定向工具作为城投类公司比较重要的一种融资方式，自推出以来经历过爆发式增长，现在每年都有超过3000亿元发行额。

一、非公开定向债务融资工具发展历程

2011年3月16日，中国银行间市场交易商协会推出了试点创新融资工具：非公开定向债务融资工具。所谓私募债券，是相对于公募发行而言的定向或非公开发行，是发行者向200人以下的投资者发放的债券。在银行间交易商协会发行的私募债券也就是定向工具。

2011年4月29日，银行间市场交易商协会印发了《银行间债券市场非金融企业债券融资工具非公开定向发行规则》和《银行间债券市场非金融企业债务融资工具非公开定向发行注册规程》两个配套制度。中国航天科技集团公司等6家符合国家产业政策的央企获得了首批试点单位资格，可根据实际需要在当时一段时期内注册发行私募债券。当年5月，中国银行间债券市场首批非公开定向债务融资工具推出，发行主体包括中国国电集团公司、中国五矿集团公司等三家企业，发行规模130亿元。

2017年9月19日，全国银行间同业拆借中心发布《关于进一步完善银行间市场定向债务融资工具交易流通的通知》。这是继中国银行间市场交易商协会于9月初发布PPN新规及文件后的交易配套措施，有望进一步完善市场体制，提升流动性。该通知主要内容包括：①PPN定向投资人可通过询价、点击成交、请求报价等交易方式，在投资人范围内开展现券交易；②具有银行间债券市场做市商和尝试做市机构资质的PPN定向投资人可将PPN设为做市券种，并向全市场发送做市报价；③符合报价商相关条件的PPN定向投资人可面向非金融机构合格投资人进行PPN报价；④银行间债券市场参与者可将PPN作为质押券开展质押式回购交易。这在一定程度上有利于降低实体，尤其是中小企业融资成本。

图1-10是对近三年统计的城投类公司通过定向工具融资的规模以及该存量占城投类公司债务融资规模比，可以看出每一年占比都在20%以上，可见定向工具是城投类企业非常重要的融资方式。

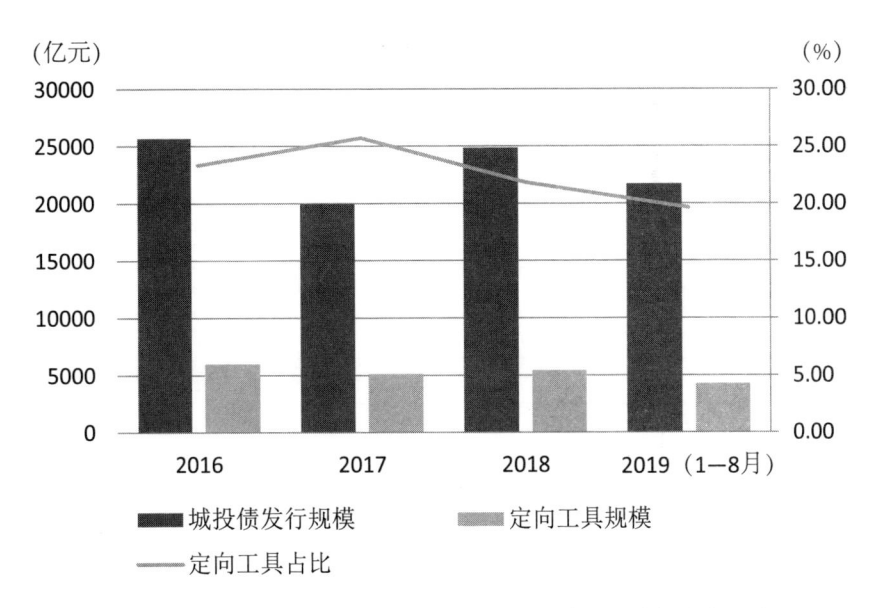

图 1-10　近三年定向工具融资规模及占城投类公司债务融资比重

数据来源：wind 资讯。

对债券市场发行债券数量和金额方面进行统计，从 2018 年 1 月 1 日至 2019 年 8 月 31 日，从各类债券累计发行的数量和规模（见表 1-8）上，可以看出定向工具对城投公司的重要性，在债券发行数量和规模方面对比可知，定向工具是仅次于短期融资券、中期票据和公司债券的第四大债务融资工具。

表1-8　债券市场中定向工具发行情况（2018年1月1日至2019年8月31日）

类别	发行只数	只数比重/%	发行额/亿元	面额比重/%
国债	266	0.40	62554.38	8.46
地方政府债	1896	2.84	81277.75	10.99
央行票据	3	0.00	90.00	0.01
同业存单	44802	67.01	325852.63	44.07
金融债券	1908	2.85	97655.60	13.21
政策银行债	1028	1.54	62403.70	8.44
商业银行债	163	0.24	7478.20	1.01
商业银行次级债券	115	0.17	11502.70	1.56

续表

类别	发行只数	只数比重/%	发行额/亿元	面额比重/%
保险公司债	15	0.02	1081.50	0.15
证券公司债	344	0.51	8297.50	1.12
证券公司短期融资券	146	0.22	3621.00	0.49
其他金融机构债	97	0.15	3271.00	0.44
企业债券	540	0.81	4667.37	0.63
一般企业债券	540	0.81	4667.37	0.63
公司债券	2950	4.41	31799.24	4.30
一般公司债券	1373	2.05	17117.20	2.32
私募债券	1577	2.36	14682.04	1.99
中期票据	2548	3.81	30687.15	4.15
一般中期票据	2548	3.81	30687.15	4.15
短期融资券	5244	7.84	55255.90	7.47
一般短期融资券	762	1.14	8204.10	1.11
超短期融资券	4482	6.70	47051.80	6.36
定向工具	1380	2.06	9745.44	1.32
国际机构债	11	0.02	179.60	0.02
政府支持机构债	33	0.05	3180.00	0.43
资产支持证券	5033	7.53	32901.84	4.45
交易商协会 ABN	652	0.98	2841.31	0.38
证监会主管 ABS	3626	5.42	15612.10	2.11
银保监会主管 ABS	755	1.13	14448.43	1.95
可转债	187	0.28	2401.21	0.32
可交换债	62	0.09	1077.89	0.15
合计	66863	100.00	739326.00	100.00

数据来源：wind 资讯。

非公开定向债务工具的推出，不仅为企业提供了新的直接融资渠道，同时也体现了银行间市场多维度创新能力的提升，为商业银行带来了新的业务增长点。非公开定向发行可以引入风险偏好高的投资者，化解中小企业因为规模小、风险大而被传统金融机构拒绝的困境，同时，为附认股权票据和结构化产品等多种创新融资品种的推出提供了平台。发展合法合规的私募债券融资渠道，举例而言，航空航天、军工企业涉及较多涉密信息，若用传统融资方式无法符合信息披露的要求，定向工具可以由发行主体和投资人协商发行细节。另外，部分城投类融资平台因为负债率较高，难以达到公开发行企业债券的财务指标要求，定向工具为这部分企业提供了较为便捷的融资渠道。

二、非公开定向债务融资工具优势

定向工具向特定数量的投资人发行并限定在特定投资人范围内流通转让，与向不特定投资人公开筹集资金的发行方式相比，非公开定向发行具有高度灵活性、程序简单、信息披露简化、发行相对便利等特点，满足了发行人个性化需求。

第一，非公开定向发行筹资更为便利且具有效率优势。发行人只需要注册而不必等待监管机构审核批准，避免耗时长久的审批文件准备，有利于快速筹集资金。第二，非公开定向发行成本及费用更具优势。对中小企业而言，非公开定向发行的利率可能低于银行贷款，节省利息成本。第三，非公开定向发行融资条款更加灵活，根据《非公开定向发行规则》，协议双方经过谈判可以自行确定利率、期限、再融资、回购等条款，设计更具有灵活性，能够满足投资者和融资者的个性化需求，不像银行贷款需要被迫接受银行提出的文本约束。第四，非公开定向发行在制度的透明性方面，不像公开发行需要强制性披露信息和外部评级，由投资者自行完成尽职调查，协议约定限制性条款。发行人与投资人在《非公开定向发行协议》中就信息披露的具体内容和方式进行约定。第五，由于私募债具有发债主体资质较低，非公开发行两大特点，出于对低流动性和高信用风险的补偿，定向工具的定价介于贷款利率和公募债券利率之间。国内银行贷款实行"存款限制上限，贷款限制下限"的利率监管政策，而私募债已经实行利率市场化，投融资双方协议利率可能低于同期贷款利率。第六，私募债的发行可以突破直接融资规模的限制。《证券法》规定累计公司债券余额不得超过最近一期末净资产额的40%。因此公开发行主体的融资规模受到严格限制，也成为很多企业债务融资的一大障碍。私募债推出后，只要投资者人数在200人以下，可以不受净资产总额40%的比例限制。

将非公开定向债务融资工具与企业债券、公司债券等债券进行对比，PPN依然具有限制少、发行期间长度具有弹性等优点，如表1-9所示。

表1-9 非公开定向债务融资工具与常见金融工具对比

	非金融企业债务融资工具		企业债券	公司债券		
	中期票据	PPN		向公众投资者公开发行	向合格投资者公开发行	非公开发行
管理机构	人民银行、银行间市场交易商协会		发改委	证监会		交易所、证券业协会
审核方式	注册制		核准制	核准制		无限制
发行时间	注册2个月内完成首期发行，可在2年内多次发行	注册后6个月内完成首期发行；可分期发行；注册有效期2年	批准文件印发之日起2个月内发行	自证监会核准发行之日起12个月内完成首期发行，剩余数量应在24个月内发行完毕		无限制
发行规模	不超过净资产的40%	无限制	不超过净资产的40%	不超过净资产的40%		无限制
投资者要求	全国银行间债券市场的机构投资者	定向投资人	全国银行间债券市场的机构投资者	公众投资者		合格投资者
发行期限	一般2～10年	一般6个月～5年	一般3～20年	一般3～10年		1年以上
发行利率	发行利率、价格、所涉费率由市场方式确定		不高于银行相同期限居民储蓄定期存款利率的40%	询价、招标		无限制
用途	应用于企业生产经营活动，并在发行文件中明确披露具体资金用途，中期票据等存续期内变更资金用途的需要提前披露		必须用于核准用途，不得用于弥补亏损和生产性支出、房地产买卖等	应当用于约定用途，除金融类企业外，募集资金不得转借他人	
交易场所	全国银行间债券市场		全国银行间债券市场、证券交易所	证券交易所、全国中小企业股份转让系统		证券交易所、全国中小企业股份转让系统、证券公司等

三、非公开定向债务融资工具的未来发展

非金融企业债务融资工具对完善债券市场具有重要意义，是促进市场创新发展的有益探索，对持续推进金融市场创新，建设多层次金融市场体系，稳步推进金融市场投资人结构优化，建立健全金融体系风险分散、分担机制，维护金融宏观审慎稳定具有积极作用。发展非公开定向发行市场，保持债务资本市场持续创新、高效发展的势头，为显著提高直接融资比重奠定了必要基础，同时也是符合"积极发展债券市场，完善发行管理体制，推进债券品种创新和多样化"要求的重要举措。

非金融企业债务融资工具还有利于丰富投资者结构，释放民间投资资源。当前我国债券市场存在较为明显的投资者结构单一、风险偏好趋同现象，不利于风险分散和债券市场流动性提升。因此，取消对投资者参与市场的机制障碍，扩大投资范围有利于提高投资意愿，进一步培育多层次投资者队伍。除此之外，定向工具还有利于丰富发行人结构，便于中小企业融资。随着我国债券市场不断扩大，公开发行方式的制约逐步体现。对企业的信用资质要求较高以及信息披露要求严格等制约，导致规模小和部门特殊行业的公司难以进行债务融资。通过非公开定向发行方式，发行人与投资人进行谈判并签署发行协议，有利于促进更多企业通过债券方式进行融资。

从本质上讲，非公开定向债务融资工具属于场外交易。银行间市场要汲取美国在金融危机爆发前忽视场外交易监管的教训，需要采取实名记账、集中登记等方式归集交易信息，掌握市场总体规模和结构，采取有效措施提升交易数据的完整性以便识别风险。在定向工具发行、交易、清算等环节需要建立完善的风险防范机制，通过专业化的人才管理和现代化手段来识别及对应可疑问题、异常交易的检测力度，提升分析水平，增强对违规交易的迅速识别和处理能力。随着我国银行间市场参与主体逐渐丰富，国家化水平逐渐加强，资金的跨境监管也成为主要的努力方向，防范债券市场境内外参与主体违法行为的发生。

作为独立的市场参与主体，以及非定向工具发行过程中的个性化特点，由于募集资金可以归集至发行人银行存款账户然后提升存款额度，承销商出于自身利益考

虑，有动力超发债券。由于承销商并不为企业发行直接债务融资工具后的偿付情况负责，因此对于承销商而言尽职调查以及评估企业的偿还能力的激励远低于推动债券成功发行。监管方应该加强对债券发行人的尽职调查，引导发行人根据实际需求和期限发行资金规模合理的债券，坚持融资周期与企业生命周期匹配。债券投资方也应该有权力监督发行人的财务状况、资金使用和占有情况，以及控股股东行为等非财务指标，督促融资主体完善协议文本，明确资金的使用用途和变更条件，清晰界定违约责任和争议解决途径。这个过程中，商业银行可以依托人民银行的征信系统监测债券发行人的实际负债及融资记录，从发行债券的源头开始统计测算企业发债融资和贷款融资两方面的授信额度。

债券最大的风险在于违约，防范定向工具的违约风险，可要求投资人、发行人、承销商在注册环节签订三方承诺函，增强市场主体的自律意识。加强参与主体对"借新还旧""断资长用""以债还贷""挪用资金""粉饰报表"等期限错配和造假行为。

第五节　现代金融市场体系构建路径

金融市场是市场经济的核心。构建稳定、包容、可持续发展的现代金融市场体系，是构建现代金融体系的基础，对于促进经济社会稳定和健康持续发展具有深远的意义。

理顺优化政府与市场的关系是建设新时代金融市场体系的核心任务，要真正让市场在资源配置中起决定性作用，避免政府对金融市场的过多直接干预，市场拥有资源配置的主导权，硬化对广义政府活动的融资约束，减少对私人部门的挤出，发挥政府作用，遵守公司治理的基本原则，完善金融国有资本管理体制和机制。

构建规则统一、功能齐全、信息透明、具有广度和深度的金融市场体系，重点是健全多层次的金融市场，加强市场统筹，打破市场分割，消除价格扭曲，打破刚性兑付。丰富金融产品，健全市场功能，培育投资机构投资者。

金融调控体系要重视货币政策在维护金融稳定中的重要作用，健全货币政策和宏观审慎政策双支柱调控框架，充分发挥中央银行在防范化解系统性金融风险中的牵头作用，推动货币政策调控方式的转型。关键是培育国债收益率等市场基准利率，提高其交易性和代表性。使其真正成为资金定价的基准，金融监管体系要与时俱进、平衡、激励相容，要适应现代金融市场的发展趋势，基于机构的公司治理水平和自身监管能力，确定综合经营的步伐和形式，守住风险底线与市场出清，鼓励创新和引导金融服务实体经济。要实现监管的激励相容，明确监管目标，分离监管规则，执行建立有效的薪酬体系和问责体系，可探索控股公司模式，完善金融机构公司治理。建立国有资本管理部门—控股公司—国有企业三层架构，政府仅仅以出资人身份管理国有资产。确保政企分开，政资分开。

加快完善适应金融业发展的金融法律体系，为构建现代金融体系提供重要保障，金融立法要与时俱进，彻底改变分业立法、机构立法模式，加强统筹协调，增强金融法规的适用性，尽快填补立法空白，提高金融立法的科学性和前瞻性。

基于当前的现实，总体来看，构建现代金融市场体系，应着重以下几个方面。

第一，健全多层次的、丰富的金融市场。随着社会主义市场经济的发展，以及居民财富的积累，对金融产品、金融服务需求的多元化、差异化，必将要求构建多层次的、丰富的金融市场，创造有效供给，实施投资者适当性原则，使投资者能够享有与其风险偏好一致的金融产品和服务。稳步推进现代金融体系改革，坚持整体性、系统化、协同性的金融体系改革，构建稳健、高效、包容式发展的现代金融体系。

第二，顶层推进统筹管理，破除市场分割。现代金融体系是密切关联的有机整体，其中任何市场都不是孤立存在的，人为分割只会降低市场效率，单个市场的扭曲极易导致其他市场出现问题。稳步构建面向2049的现代金融理论体系，创新金融改革理念，完善金融理论体系，正确和科学处理金融改革、发展和稳定的关系，构建有利于金融稳健发展的政府与市场关系。

第三，健全金融监管体系。构建现代金融监管体制机制，打击规避管制和监管套利行为，减少在现有利率水平上叠加的不合理的制度成本和非正常的风险溢价，减少行政干预，使政府债券的定价，反映市场供求，反映真实的风险水平和流动性水平。取消政府债券的税收优惠，提升国债的流动性，使国债收益率真正成为金融市场的定价基准。完善金融企业公司治理结构，进一步加强公司内部组织建设，强化治理机构履职效力；构建科学合理的激励约束机制；提升防范风险的内控能力；充分发挥党组织在公司治理中的领导作用。

第四，彻底打破刚性兑付，打破行业保障基金自我保护的幻觉，改善金融产品的信息披露，加强投资者教育。丰富金融产品，健全市场功能，要放松不必要的市场准入管制，培育和发展金融衍生品市场，实现充分的价格发现功能。并为实体经济提供充分的风险管理手段和工具。

第五，深化外汇市场发展，加快深入推进汇率形成机制改革，增强人民币汇率弹性，提高汇率波动容忍度，切实提高货币政策自主性。

第六，培育机构投资者，完善养老金制度，推动发展个人税收递延型商业养老保险。建立健全第二、第三支柱，提高养老金收益率。引导居民优化配置储蓄资金，充分发挥养老金等长期投资者稳定并促进资本市场发展的作用。

第二章

金融机构体系市场化改革

第一节 金融机构去行政化改革

党的十九大报告中明确提出:"深化机构和行政体制改革。统筹考虑各类机构设置,科学配置党政部门及内设机构权力、明确职责。统筹使用各类编制资源,形成科学合理的管理体制,完善国家机构组织法。"金融体系作为现代经济的核心,金融的运行不仅直接影响经济建设的过程,而且更大程度上关系社会发展的状况,也影响经济建设综合资源配置成效。在我国走向现代化进程中,金融行业对于实体经济的发展有着愈发突出的重要性,随着我国对外开放的进程加快,制造业的升级、"中国制造"竞争力的提升,更需要金融业发挥服务作用。

基于金融行业的重要性,我国已经做出很多引导各类金融机构建设与发展的努力,金融管理则直接影响日常成效。相比发达经济体,我国的金融体系有一些不足之处,经验积累相对单薄,与之相关的研究基础相对薄弱,因此管理机制有待完善,叠加历史原因影响,我国需要对金融管理体制进行进一步去行政化改革。为使金融管理体制更加完善,提升管理质量、助力实体经济蓬勃发展、改革金融管理体制显得十分重要。

一、金融机构市场化改革必然性

从宏观角度讲，金融机构管理体制改革有利于为我国创造良好的经济环境，借助金融因素激发市场主体的活力。改革金融机构管理体制，使其更适合中国特色社会主义事业发展的需求，进而带动中国经济与世界金融体系接轨，能在世界金融体系中构建良好的金融关系。通过管理机制的革新，打破原有体系内更多的壁垒、阻力，允许更多的经济主体参与到金融体系中，提高我国市场经济的流通性、活跃性和稳定性。从微观角度讲，金融机构管理体制直接关系微观个体的运行规则，金融机构管理的改革能加强企业能效，完善企业管理体系，提高经济效益、综合竞争能力和可持续发展实力。企业作为市场经济的最小单位，是当前建设金融管理体制的支点。良好的管理体制促使金融行业良性发展，有活力的金融体系带动实体经济发展，保障实体经济安全运作，使经济体系进入一种良好的"动态循环"状态。

我国金融机构管理体系改革稳步推进。2003年我国颁布《国务院关于印发深化农村信用社改革试点方案的通知》，促进农村基金会承担化解金融债务风险的角色，规范和保障地方金融机构的良性运作。2008年我国针对融资担保、小额贷款公司加强监控管理，将其纳入国家立法体系并在金融体系内健康运营，降低其管理风险，发挥了国家对于较为新生的金融主体的引导和扶持作用。2017年银保监会组织开展"三三四十"等一系列专项行动，并在2018年1月下发《关于进一步深化整治银行业市场乱象的通知》，接棒"三三四十"，推动银行业市场乱象的整治工作进入深水区，针对造就市场乱象更深层次原因进行梳理、纠偏和整治。中央经济工作会议强调，要打好防范化解重大风险攻坚战，重点是防控金融风险，要服务于供给侧结构性改革这条主线，促进形成金融和实体经济、金融和房地产、金融体系内部的良性循环，做好重点领域风险防范和处置，坚决打击违法违规金融活动，加强薄弱环节监管制度建设。

国家出台政策法规文件，更偏重于从外部和宏观层面引导金融管理改革，除此之外，各个金融机构主体和地方政府，为促使企业高效运营，创造更多经济收益，发挥主观能动性，也自发开始金融机构管理改革，重要的改革内容就是去行政化。例如，华夏银行建立金融管理小组以更专业化、市场化的方式负责企业内部的金融业务，设立金融管理档案，将金融业务交易归档保存，为优化管理体制提供了参考经验，在此基础上制订金融发展计划，使其符合客观发展需求，与国家在经济方面主体市场化改革主导更契合，也达到提高金融机构竞争力的效果。

二、金融机构管理存在的问题

（一）政企不分，行政垄断性强

因为法规的不完善，金融机构的组建与退出机制不够明晰，行政化色彩浓厚，因此一个机构是否能够组建，如何组建，主要取决于有关行政部门的意志，执行层面过于依赖政府部门工作人员行政指导；"退出"机制同样具有行政化色彩，由行政部门决定，尤其是小微金融机构及新兴金融业务由于监管未能及时跟上，为了淘汰劣质扰乱市场的那些机构，一旦出现问题就"一刀切"。民营企业想在金融领域大有作为依然非常困难（目前，民间资本允许进入金融市场并主导小金融机构，但是主要是参与原有的机构改制，若想新建机构则很困难），因此部分小金融机构，存在产权不清晰、政企混合的具有行政级别的预算软约束主体。举例来说，农村信用社、城商行在其经营地域范围内不允许存在第二家同类机构，垄断性相当明显，在预算软约束的情形下，政府需要被迫向这类机构倾斜资源，填补其因为经营不善导致的坏账。若这类机构倒闭，最终由当地政府承担刚性兑付，所以政府信用就变成了"超级存款保险"。同样的问题在证券市场领域更为明显，我国证券监管机构具有很强的行政色彩，证券发行靠审核，证券公司设立难度极大，以至于证券公司"金融牌照"具有稀缺性，在证券监管机构控制证券发行机会形成垄断租金的基础上，地方政府围绕证券发行机会的竞争使得垄断租金得以实现并转化成可占用性准租。

(二) 内部机构设置行政色彩浓厚

金融机构在设置内部条线方面，存在行政化问题。背后的原因来源于管理模式的变革历史，由于很多商业银行最初是国家所有，也就是行政管理由政府相关部门负责，致使商业银行延续政府部门的行政机构设置模式。其上级行政管理部门与下级行政管理部门依然是类行政事业单位管理条线，属于从属关系，即下级管理部门服从上级管理，听从上级指挥，同级部门之间不存在决定权。虽然商业银行进行了股份制改革，但是原有的内部管理条线设置与现有的发展阶段不适应。具体而言，行政机构在设置上偏冗繁，降低了银行的办事效率。商业银行亟待优化银行机构设置，在业务方面去行政化管理，是提高效率的必经之路。

(三) 重行政化管制，轻市场化监管

银行系统的金融监管部门对小金融机构的监管力度甚为不足，首先，不能及时掌握机构的经营、财务信息，不能及时发现经营风险和违法违规的行为。其次，处罚手段匮乏，措施不当，受政策制度制约，缺乏强制推出机制，导致风险只能尽可能存续而不是有效化解。刚性兑付的现状下，监管部门有时被迫充当"保姆"，替小金融机构做了其分内之事。信息披露制度与公众监督机制匮乏，金融机构向社会公开吸收存款，应该定期向其债权人披露经营、财务信息，接受社会公众监督，然而除上市银行因证监会要求定期披露财务报告外，其他银行皆以银行主管机构为首要监管方，忽略面向社会公众的信息披露。

在证券市场中，监管的政策更为明显。由于上市准入依然以审核为主，政府监管的职能除规范证券市场发展外，还承担了发展职能，同时担任"运动员"和"裁判员"，这样必然在"规范"和"公正、公平"两个原则中存在市场运行的冲突。"规范"方面，对于国有企业和民营企业在监管的执行标准上差别较大，国有企业有隐形政府信用背书，因此监管标准适当放宽，难以体现"公平、公正"原则，行政特权取代市场公平，监管越位。政府监管非常必要，但是不能过度利用行政手段来

直接干预市场的涨跌，应该多从宏观管理的角度出发关注市场的秩序与市场规范，应由市场机制自己调节市场价格的变化。

政府管理职能错位，造成整个金融行业自律的削弱和管理效率的低下。监管部门在日常工作中更多应对经常性、常规性问题，在中长期战略规划的研究和制定方面相对较弱。监管手段习惯照搬各种行政指令强制性管理，关注各类流程和审批，行政化色彩浓厚。在法律法规层面，我国的证券法框架并不完善，缺乏配套法律法规和实施细则，《证券交易法》《证券交易所法》《投资公司法》等发达经济体已经颁布的法律都未出台，无法有依据地对市场交易行为进行必要管理，这样反过来又加强了监管行政化。

三、金融机构去行政化改革主要障碍

（一）地方政府性金融管理部门职能相对分散

为保障金融业受市场经济供需关系调控，避免行政过多干预金融业，我国将地方政府性金融管理部门职能分散化，因此在金融管理方面需要多部门联动。虽然有利于权力分化，保障金融业自主灵活性，但是造成了管理效率低下的负面效应，政府部门权力有限且职能较为分散，只能将管理放在某个具体环节，无法从全局出发协调多方管理力量，遇到问题时则互相推卸责任。

（二）金融管理职责过于宽泛

为落实金融管理体制改革各项工作，设立金融管理小组等机构，然而为缩减运营成本，该机构存在肩负其他工作职能现象。例如，政府性质金融工作办公室在履行国有金融资产出资人责任的同时，还负责向社会公众提供服务，徒增政府性质金融工作办公室的工作压力，使其无法专心处理金融管理事项。有些企业则将金融管理置于财务管理体系中，财会人员在业务之余还需要负责金融管理事项，难免管理效果大打折扣。

(三) 制度惯性阻碍去行政化管理

去除管理条线的行政化进而理顺体制，涉及人员众多，阻力较大。证券行业监管行政化严重，从 20 世纪 80 年代重行政干预的方式顺延而来，并且叠加多部门重叠监管，这些都给去行政化的改革造成多重障碍。我国金融管理机构及企业实行金融管理体制时间较短，与之相关的管理经验少之又少，加之金融管理部门职能分散、缺乏管理人才等问题，增加了金融监控风险，削弱了金融管理体制改革能力。例如，部分国家属性的金融管理机构在施行相关决策时，出于地方利益的考虑用行政手段干预，事后管理和政策管理又不能到位，埋下了新的隐患。

四、金融机构去行政化改革创新

促进金融机构管理去行政化改革的方向是将"行政化"管理体制转变为"市场化、法制化"管理，遵循市场机制作用，有效控制和防范金融机构的风险。

(一) 加快完善法律法规

完善的法律法规是从制度角度推动去行政化的根本保证。小型金融机构的准入和退出条件，应逐步推进"准入"审核、登记制度，希望进入金融领域的法人与自然人，只要满足法律规定组建小金融机构的条件，如注册资本规模、股东人数、股权结构、公司治理等条件经过审核验证，应该准予组建。对于其可能存在的规模小、资本实力欠缺从而潜在风险较高的问题，可以适度提高小金融机构设立的门槛，保证投资者权益。若其经营不善或者有违法违规等情节出现，达到了法律规定的"退出"条件，就应该强制"退出"，拍卖其股权或者进入清算流程，在"准入"与"退出"的环节，设立打破刚兑，避免小金融机构，尤其避免城商行成为预算软约束的主体的法律法规和制度设计，显得尤为重要。

（二）推进金融机构市场化管理

机构设置的优化是金融机构管理去行政化改革的重要一环。只有合理高效的机构设置才能更好地利用人力资源，将有限的人力投入到合适的服务岗位，将其团队合作的优势发挥到最好。行政管理部门职能改革，重点是明确股东、员工、客户三者之间的关系，这种关系的转变，是行政化管理到市场化管理转变的最直接体现。首先，将改革的思想贯穿于业务人员的思想层面，将提升服务质量的优先级调到完成上级指令之上。其次，行政部门之间沟通也很重要，应从实际出发，及时交流进度，避免为争相赢得上级部门的肯定而做重复工作，拉低工作效率。最后，还需要规章制度的理顺，规章制度作为一个行业正常运转的关键，对于操作性严谨的金融机构而言，直接影响每一项业务的流程。应将行政管理规章制度细化到位，保证每一个环节的严谨，有规可依，每项服务项目经得起推敲，避免主观判断，能按照规定保质保量完成。

（三）丰富金融市场主体

需要大力培养作为金融市场主体的各类金融机构。我国金融行业目前银行业尤其是大型国有银行属于绝对的主体并占据主导地位。大型国有银行机制又在金融机构中最具有行政化色彩。大型国有银行的风险偏好和风控系统决定其提供金融服务偏向国有企业。通过行政手段要求大银行给中小企业贷款又是明显的计划经济思维，在市场经济下需要用市场思维解决市场经济的问题。大力发展中小金融机构，并且扶持民营中小金融机构，有利于加速金融行业整体去行政化改革。民营金融机构更能掌握民营企业实际运行情况，及时掌握资金供需之间的变化。民营金融机构的发展一是可以解决中小企业融资困境，二是民营金融机构加速金融行业的竞争，充分竞争的市场中行政化的资源配置势必不如市场化配置资源有优势。法律法规应该允许资本充足、管理先进的民营金融机构做大规模，允许同一区域存在两家甚至两家以上的同类性质的金融机构。完全竞争市场及健全的法律制度还能促使小型民营金融机构意识到，无法将风险转嫁到社会而不得不规范经营。通过优胜劣汰促进民营小型金融机构选择优秀的经营者，并且提高机构整体素质。置于严格的市场竞争约束与法律约束下的小型金融机构发展，反过来能够促进大型金融机构学习先进的市场化管理理念。

（四）培育成熟的市场理念

作为监管部门，让市场机制充分发挥，不仅要做好"守夜人"，更要做好"裁判员"，减少行政干预；需要行政化干预时要公平、公正、公开，并且专业。行业协会要积极作为，加大自律制度。银行、证券等市场中介机构应当充当客户和投资者利益保护的角色，向广大人民群众普及金融知识、刚性兑付的打破，以及证券市场指数的走势，相比寄希望于政府干预和"兜底"，不如主动了解金融知识。成熟的市场理念，能降低监管机构行政干预的动机，也能降低投资者对政府干预的期望值。

专栏二　银行业改革的试验田——民生银行的市场化运营经验

作为中国银行业改革试验田，中国民生银行从诞生那天起，就是社会主义市场经济的产物，就肩负着中国银行业商业化改革先锋的历史使命。经过23年的发展，民生银行从一家只有13.8亿元资本金的小银行发展成为资产规模将近6万亿元、股东权益超过4300亿元[①]、资产质量和资本回报水平均居国内银行业前列的一家现代商业银行。2018年，民生银行在美国《财富》"世界企业500强"中排名第251位，在英国《银行家》"全球银行1000强"中位列第30位，世界影响力与全球竞争力保持稳定。

民生银行能够取得这样的成绩，主要得益于民生银行抓住了改革开放40年，特别是1992年以来社会主义市场经济体制的逐步建立和持续完善，进行市场化、商业化运作。同时，以民营性质的身份，民生银行多年来持续不断改革创新和探索试验，一方面实现了自身的健康快速发展，另一方面也为中国银行业的市场化、商业化改

---

① 数据来源：民生银行（600016.SH）2018年年报。

革提供了重要的经验借鉴。

·民生银行成立背景

1992年党的十四大提出了建设社会主义市场经济的目标，民营经济和民营企业迎来了空前大发展的春天，开始在中国经济中扮演越来越重要的角色，民生银行作为中国首家主要由民营企业创办的银行应运而生。

1993年，在国有银行一统天下的金融环境下，民营经济要实现大发展，融资难、贷款难是最大的瓶颈。因此，1993年11月，在第七届全国工商联代表大会上，许多民营企业代表及各地工商联的负责人都向全国工商联主席经叔平提议，能不能由民营企业发起设立一家银行，这家银行给民营企业贷款，解决民营企业的融资难。随后，经叔平以全国工商联的名义向国务院及有关部门正式提出申办银行，建议成立一家主要股东由民营企业构成的股份制银行，作为银行业改革的试验田。1996年1月12日，中国首家主要由民营企业发起设立、也是首家依照《公司法》和《商业银行法》注册成立的全国性股份制商业银行——中国民生银行在北京正式成立。

·民生银行市场化运行成功经验

完善的公司治理为民生银行的运营提供了制度保障。现代商业银行首先是现代企业，现代企业的基本特征就是完善的公司治理。多年来，民生银行一直致力于建立并完善现代商业银行的公司治理。成立伊始，民生银行借鉴国际经验，并按照《公司法》和《商业银行法》的有关规定制订了《公司章程》及其配套的管理制度，确立了股东大会、董事会、监事会和经营管理层的职责分工，并且在第一届董事会中就聘请了外部董事，形成较为完善的现代公司治理架构。现在看来，最初只有32条的《公司章程》比较单薄，但是在当时，这却是一个创举。伴随着民生银行的发展，《公司章程》与时俱进，经历多次修订，主要是A股上市，《公司法》和《证券法》的出台和修订，监管部门（包括中国人民银行、银保监会、证监会、证券交易所等）关于公司治理法规的出台及其修订，适应香港上市要求的修订，等等。对于每次修订，民生银行都十分重视，董事会设有章程修改小组，并在法律顾问的配合下，力争使公司章程满足监管要求，适应自身公司治理的要求。并通过一系列的制度安排来强化董事会在全行发展和公司治理中的核心作用，具体包括：通过制订五年发展纲要，强化董事会对战略的管理；通过推行董事会风险报告制度，强化董事会对风险的管理；通过做实做强董事会专门委员会，充分发挥独立董事的作用和董事会决策的科学性；通过明确董事会议事规则，提高董事会的整体工作效率；通过建立独立董事上班制度，让独立董事有时间履职尽责……民营性质的烙印促使民生银行的一项项制度开创了中国银行业制度创新之先河。强大的董事会和良好的董事会治理为民生银行实施战略转型、实现二次腾飞奠定了坚实的治理基础。

健全的激励机制充分调动员工的积极性。1999年起，民生银行积极建立现代商业银行的激励机制，"两率挂钩""等级行制度"和"三卡工程"等都是重要的激励机制创新。民生银行董事会通过了以利润为中心的激励办法，并试行员工收入与利润增长挂钩。具体措施是：实行利润工资率与利润费用率"两率挂钩"，以"两率"推动创利，以"两率"控制成本；同时实行"等级行制度"，根据支行的利润贡献来决定支行行长的行员等级；另外还制订了以资产质量为中心内容的考核办法，防止出现短期行为和弄虚作假。"两率挂钩"办法的实施，将银行利益、股东利益和员工利益结合在一起，提高了员工创利的积极性。而"等级行制度"则避免了千军万马都想走行政职务这条独木桥，只要绩效好，支行行长的行员等级甚至会和分行行长一样高，收入甚至会比分行行长高。"三卡工程"，则是指实行全员管理的绩效卡、福利卡、培训卡，目的在于打造一个好的团队，通过绩效卡有效地解决了定岗定位问题，使有为者之为在绩效卡上充分体现，解决好员工当前的分配问题；福利卡内有养老保险、补充养老保险、补充医疗保险，能解决好员工的未来分配问题；而培训卡以培育复合型人才为目标，对各类人才进行系统的培训，拓展人才的发展空间，让各类人才在不同的平台实现自身的价值。这个保障激励机制，对民生银行核心竞争力的形成和凝聚起到了巨大的推动作用。有了这些激励保障机制，民生银行的员工保持了高度的稳定性，全身心为民生银行的事业而奋斗。

灵活的管理模式精准掌握客户需求。在传统的计划经济体制下，中国的经济结构是"块状结构"，省、市、县都是不同层级的经济主体。在计划经济体制下设立的银行，也按照行政架构采取了省分行、市分行、县支行的块状管理体制，分行和支行"麻雀虽小，五脏俱全"，什么业务都做，什么业务都不精，这与发达市场经济下按照业务单元设置机构的事业部制格格不入。随着市场经济的逐步建立和完善，全国性市场乃至全球性市场逐步形成，企业专业化、个性化的金融需求越来越多，传统管理模式下的银行不能满足客户的金融需求，这就要求银行在管理模式上进行探索和变革，以建立提升服务客户能力的组织架构基础。在管理模式的变革方面，各家银行有不同的探索，民生银行的探索就是事业部制改革。事业部是国际先进银行普遍采取的管理模式，但如何在中国银行业落地一直是重大课题。国内有的银行认识到了事业部制改革的紧迫性，但是由于缺乏改革的经验和基础工作，轻易不敢尝试。有的银行甚至认为在中国行政体制和与之对应的经济体制下，事业部制在中国银行业行不通。

2007年，民生银行决定全面启动公司业务事业部制改革。2008年年初，民生银行的地产、能源、交通和冶金四个行业金融事业部挂牌成立，把这些高风险的公司业务从"三级经营、三级管理"的体制变为"一级经营、一级管理"的体制，极大地提高了专业化服务的能力和水平，并能更好地控制风险。2008年以来，虽然这些高风险行业都经历了过山车式的大起大落，但是民生银行这些事业部一直保持着良好的资产质量，并成为民生银行贷款定价能力和综合金融服务能力不断提升的主要贡献者。民生银行用12年的经验证明，在管理信贷风险、提升专业化服务能力和综合金融服务能力等方面，事业部制都明显优于传统的总分行体制。民生银行的成功经验也被同行所借鉴，纷纷启动了公司业务集中经营改革，这就证明了民生银行在事业部制改革方面的成功探索获得了认可。

民生银行提出建设"特色银行"和"效益银行"的目标，其中，"特色银行"体现在业务特色、收入特色和客户特色三个方面，即传统商业银行业务与新兴投资银行业务并重，利息收入与非利息收入并举，民营企业、小微企业、零售高端客户为主要客户;"效益银行"指资本回报率等关键业绩指标居国际先进银行前列。民生银行始终立足于市场经济体制寻找业务开展机会,随着中国市场化进程的加快,关键要素价格的逐步放开,资金也会逐步在资源配置中发挥越来越关键的作用。

第二节　中国银行业商业化改革

1978 年中国共产党第十一届三中全会的召开,拉开了我国改革开放的序幕。从计划经济到市场经济,从国家专业银行到国有独资商业银行、再到国际公众持股公司,我国银行业经历了企业化探索、商业化改革、股份制改造,经历了亚洲金融危机、国际金融危机,经历了一轮轮体制机制改革、组织架构创新、风险化解、战略调整,经历了一次次业务、产品、流程、渠道、技术的升级,如今已脱胎换骨,实现历史性的跨越。

一、银行业转型发展的三个阶段

(一)动员储蓄、发放贷款的简单商业合约模式(1978—1992 年)

改革开放初期,我国经济总量小、增速高,改革开放释放出巨大能量使我国经济迅速摆脱短缺状态。基于商业合约的金融取代了基于国家强制力的财政和计划,并成为资源配置的重要载体。在经济快速增长过程中,银行业的主要功能是动员储蓄和发放贷款,这就决定了商业银行的主要业务是扩大再生产的资金需求。从业务模式看,这个阶段的银行发展主要体现为存贷款量的扩张。在贷款规模扩张的过程中,另一个显著变化是实现了从贷差(银行贷款大于存款)向存差(也叫信贷差额)的转变。这也是 1979—1983 年我国信贷资金管理制度中控制银行机构贷款的重要指标。20 世纪 90 年代后,随着银行财政预算赤字管理的加强、金融市场化改革的推进，银行监管由前期的行政管理转为审慎监管。

（二）银行体系向商业化转型推进（1993—2000年）

1993年中国共产党十四届三中全会《关于建立社会主义市场经济体制若干问题的决定》明确提出，中国经济体制改革的目标是建立社会主义市场经济体制，并要求加强金融法制建设，实现银行的商业化运营，从而拉开了专业银行商业化转型的序幕。随着经济体制改革，专业银行在金融市场的垄断地位被打破，1990年和1991年，上海、深圳两个证券交易所先后成立。2001年，国家颁布了《中华人民共和国外资金融机构管理条例》，明确了外资金融机构的准入标准，金融市场出现"鲶鱼效应"，增强了银行业提升竞争力的动力，金融市场环境的变化，加速了专业银行向商业银行转型的步伐。1997年11月，中共中央和国务院召开了全国金融工作会议，提出用3年左右的时间建立起与社会主义市场经济发展相适应的金融机构体系、金融市场体系和金融调控监管体系，显著提高金融业经营和管理水平，基本实现全国金融秩序明显好转，增强防范和抵御金融风险能力，为进一步全面推进改革开放和现代化建设创造良好的条件。在这个阶段，银行业业务的主要特征，是在资产和业务规模持续快速扩张的同时，产生了一些结构性的变化。一方面，贷款占总资产的比例稳步下降，存款在总负债中的占比不断提升；另一方面，银行的贷款对象逐步由企业转向居民和公共部门，服务对象更加广泛，提供的金融产品更加多样，收入结构更加多元。

（三）国有商业银行股份制改造（2001年至今）

2001年12月，中国正式成为WTO的成员，根据WTO有关协议，中国承诺在5年过渡期内逐步取消对外资银行的所有非审慎性限制，银行业的开放使国内银行在经营管理、核心业务、产品、客户服务及人才等方面的差距迅速暴露出来，对银行业，特别是国有商业银行深化改革提出了迫切的要求。改革开放以来，居民的收入迅速增加。随着财富的积累，居民对银行提供全方位、立体化、复合式的金融解决方案及专业化、综合化服务的需要日益凸显。

2002年党的十六大在总结十五大以来经济体制改革经验的基础上，进一步深化提出了中国经济体制改革的总体方略。其中，国有企业改革问题依然是重中之重。党的十六大报告指出，"除极少数必须由国家独资经营的企业外，积极推行股份制，发展混合所有制经济"。2003年10月，党的第十六届三中全会在《中共中央关于完善社会主义市场经济体制若干问题的决定》中明确提出，要使国有商业银行成为"资本充足、内控严密、运营安全、服务和效益良好的现代金融企业"，"实行股份制改造，加快处置不良资产，充实资本金，创造条件上市"。当年12月，时任国务院总理温家宝在访问美国时公开表示，"中国国有商业银行改革的目标已经确立"，半年之内就会开始。自此，国有商业银行改革全面提速。

国有商业银行股份制改革分为三个步骤：第一步是财务重组，即在国家政策的扶持下消化历史包袱，改善财务状况。财务重组是国有商业银行股份制改革的前提和基础。2003年为了补充国有银行资本金，化解不良资产，解决历史的包袱，中央汇金投资有限责任公司（以下简称中央汇金）注册成立。党中央、国务院决定，选择中国银行、中国建设银行进行股份制改革试点，动用450亿美元外汇储备注资，希望借此从根本上改革国有商业银行体制。自此，国有商业银行股份制改革正式拉开序幕。此后数年间，中央汇金又分别向交通银行注资30亿元、向工商银行注资150亿美元。改革的第二步，进行公司治理改革，即根据现代银行制度的要求并借鉴国际先进经验对银行的经营管理体制和内部运行机制进行改造。公司治理改革是国有商业银行股份制改革的核心和关键。改革的第三步是资本市场上市，即通过在境内外资本市场上市进一步改善股权结构，真正接受市场的监督和检验。立足各自股份制改造的不同特色，在国家外汇注资等系列政策支持下，通过财务结构重组、成立股份有限公司、引进战略投资者以及公开发行上市等先后几个阶段，四大国有银行相继完成了股份制改造并成功上市，掀开了改革发展的新阶段。交通银行2005年6月在香港联合交易所挂牌上市，2007年5月在上海证券交易所挂牌上市。中国建设银行2005年10月在香港上市，2006年成功回归A股市场。2006年6月和7月，中国银行也先后在香港H股和境内A股成功上市。2006年10月，中国工商银行成为在香港和内地资本市场同时上市的第一家金融企业，当时创下全球有史以来IPO最大规模。2010年7月，农业银行先后在上海和香港两地上市，至此国有银行完成了股份制改造并上市的全部任务。

在资本市场上市是国有商业银行股份制改革的深化和升华。通过公开上市，银行的融资渠道得到进一步扩大，资本金问题得到解决。并且，随着银行上市和财务状况的逐步改善，还能在证券市场向原股东配售新股及向新的投资者增发新股，吸引更多的资金参与上市银行的发展和壮大。此外，不仅仅是融资，通过公开上市，我国主要商业银行开始真正成为市场化的主体。中国大型银行通过改革后的发展成果，全部覆盖了改革成本。国有银行发生了脱胎换骨的变化，大型商业银行不良贷款率从股改前的20%左右下降至2018年的1.56%，拨备覆盖率从不到20%提升至171.5%[①]，资产质量状况极大改观，风险管理能力实现了质的飞跃。创造了盈利增长的"黄金十年"，也在国际银行发展史上书写下一段"东方奇迹"。股改以来，五家大型商业银行资本竞争力大幅提升，工农中建四行资本、盈利规模跃居世界前10强，工商银行更是连续多年独占榜首。

二、银行业商业化面临的八大挑战

随着我国经济发展进入新常态，银行业务扩展所依赖的"高储蓄、高投资、高增长"的环境不复存在。一方面，供给侧结构性改革的持续推进，经济发展从高速增长逐渐转向高质量发展，服务业和居民消费快速增长，都从需求方对银行业服务提出了更多、更高的要求；另一方面，金融市场化改革的持续推进，资管计划、P2P网贷等非银行信贷业务的快速发展，则从供给方给银行的经营发展带来了越来越大的竞争压力。总结来说，目前中国银行业面临八大冲击和挑战。

（一）利率市场化给商业银行盈利水平带来了挑战

利率市场化背景下利率水平的调整，不仅推动了商业银行的发展，也在一定程

---

① 数据来源：中国银行保险监督管理委员会官网。

度上给商业银行的盈利水平带来了挑战。利差一直是我国商业银行的主要利润来源之一，利率市场化条件下，逐渐收窄的利差必然会对银行的盈利能力产生一定的影响，单纯依赖扩大存贷利差规模的盈利模式将转变，银行不得不加快金融创新，寻找业务和产品创新的新的突破口，拓展新的业务领域，增强银行在金融市场的竞争力，强化服务意识，从而取得除利差外更加稳定的利润来源。利率市场化下，商业银行能够在浮动区间自主定价，一方面扩大自主经营权，在结合商业银行自身的资本结构、资金供求状况等情况下，商业银行可以自行决定对自身更有利的存贷利率，从而优化资源配置，降低经营成本。各行根据规定，不同程度地在基准存款利率的基础上确定各自的存款利率，但另一方面，利率市场化也给商业银行自主定价能力带来了挑战。利率市场化改革进入"深水区"，波动幅度和调整频率也在不断变化，加剧了金融市场和资本市场的不稳定性，给商业银行带来了挑战。首先，在利率变动频繁的情况下，短期利率比长期利率更加敏感，因此短期利率会变动，从而导致资产和负债的重新定价有了时间差异，短期负债利率已经调整，但相对应的长期贷款利率却没有及时调整，期限错配风险加大。其次，在利率升降频繁、各行利率出现了差异化的情况下，客户会频繁调整存款和借款的期限，选择对其最有利的方式，因而给银行利率风险管理带来了更大的挑战。由于商业银行对利率的掌控程度下降，在存贷款的期限等方面需要更加合理的配置，也需要更加注意由存、贷款利率自主定价所引发的道德风险和逆向选择风险。

（二）银行智能化、科技化进程缓慢

我国网上银行发展的历史较短，20世纪90年代末电子银行才在我国逐渐普及。1997年4月，招商银行建立了自己的网站，成为中国国内第一家"上网"的银行。中国银行、中国建设银行及中国工商银行等其他国有银行也紧随其后，分别在1999年及2000年推出了网上银行系列服务。但由于受到市场经济环境及网络普及程度等因素的影响，各银行的网上业务交易量一直未能在总业务收入中占到大的比重，直到2009年才普遍超过20%。从2013年开始，除了公募基金的货币基金外，蚂蚁金服的余额宝、阿里巴巴的娱乐宝、苏宁的零钱包、腾讯的理财通和佣金宝等"宝宝"

理财产品迅速兴起，替代储蓄的进程初露锋芒。以余额宝为例，根据天弘基金公布的《2017年第三季度余额宝资产组合》，余额宝投资组合资产金额合计达到了15604亿元，其中，银行存款和结算备付金合计达到了13592亿元，占87.11%；同时，余额宝净值收益率达到了0.9989%，而业绩比较基准收益率则为0.3456%。余额宝的规模已经超过招行吸收个人存款总和。在贷款领域，近几年，出现了各种消费信贷、微小信贷、产业链贷款。例如，阿里小贷、腾讯微粒贷、百度小贷、京东的京保贝等都纷纷加入贷款抢夺大战。2015年，蚂蚁花呗、京东白条、唯品花等的推出，给予了消费者赊购的便利。第三方支付平台借助移动互联网的迅猛发展，大力开发支付场景，由于其方便快捷，掌握了更多的客户资源，在获取客户、交叉销售、风险管理等方面占有一定的渠道和数据优势。第三方支付平台的快速发展会逐步侵蚀银行卡等中间业务，挤压银行交易费，继而挤压传统银行传统营业网点个人和中小企业业务规模，使银行实体网点的投资回报率在逐渐降低，倒逼未来银行机构更多专注咨询和投顾等业务，从而促使银行业的经营模式发生改变。

（三）国内外经济金融形势错综复杂，行业外部环境更趋严峻

2018年以来，全球主要经济体复苏动力减弱，增速出现放缓迹象，给世界经济前景蒙上阴影。全球范围内经贸摩擦骤然增多，政策风险重新上行，基于规则的多边贸易体制被削弱，成为世界经济面临的主要威胁之一。经贸摩擦一旦升级，将对世界经济造成重大冲击。面对多种变数，主要国际经济组织纷纷下调预期。国际货币基金组织最新预测2019年世界经济增长3.7%，比此前预测值下调0.2个百分点。美联储在2018年12月发布的预测数据显示，2019年美国经济增速将放缓至2.3%，明显低于2018年。2019年第1季度，受净出口和个人消费的提振，美国GDP增速超预期，净出口超过消费成为刺激美国经济增长的主要动力。第2季度以来，一系列前瞻性指标显示美国经济的内生增长动力减弱。2019年5月，美国非农就业数据远低于预期；受能源、食品、医疗等价格上涨影响，美国通货膨胀率呈现持续上升态势。外贸方面，虽贸易逆差额小幅收窄，但受贸易摩擦和市场悲观预期影响，美国外贸规模连续下滑。截至2019年6月，美国财政赤字规模难降，政府债务规模已

突破 22 万亿美元，严重挤压了特朗普施政的运筹空间。鉴于 2019 年以来美国经济自身动能减弱、外部环境不确定性增加，美联储进入降息周期。欧洲曾经的"三驾马车"齐齐陷入泥潭。目前英国"脱欧"前景不明，意大利与欧盟分歧凸显，欧洲债务问题仍无妥善解决方案。欧洲在稳定、制度和规则等方面仍然有巨大的挑战空间，经济面临多重下行风险。预计将有更多政治不确定性考验欧洲一体化，并对世界经济带来直接或间接的冲击。在全球经济深度调整的大环境下，中国经济下行压力较大，经济运行仍面临一定的不确定性和风险，如国内经济结构转型升级正处于关键时期，但经济运行的积极因素正在增多，结构趋于优化。因此，银行业发展外部环境日趋严峻。

（四）对公业务逐渐转向零售业务的考验

银行业收入主要有三个来源：对公业务、个人业务和资金业务。2008 年金融危机之前的 GDP 高速增长期，投资和出口是拉动经济增长的主动力，企业部门是经济的主角，就银行而言，对公业务也一直是营收的主要来源，因此这段时期可谓银行业的黄金时代，然而危机感也随之而来。2009 年"四万亿刺激"之后，实体经济很快回到国际金融危机的冲击余波中。2011 年前后，银行对公业务遇到了瓶颈。一方面，优质企业融资意愿不足，由于发债融资成本低，要求比信贷渠道宽松，因此成为企业的首选，即所谓的融资脱媒；另一方面，从批发零售业开始，之后是制造业、采矿业出现了存量授信的不良率的提升，于是，银行业务的转型迫在眉睫。既然对公业务遭遇了拐点，自然要向零售业务要效益，很多银行，都喊出了"大零售""强个金""以零售为核心"的转型口号。2012 年前后，政策层面开始放开资管业务的诸多限制，券商资管、基金子公司、保险资管等"选手"加速入场，使有万能牌照之称的信托公司黯然失色。资管通道开启后，银行表外理财业务迎来了春天，很多银行又喊出了"大资管""大投行"的转型口号。2015 年，继互联网相继"颠覆"零售、餐饮等传统行业之后，金融业也迎来了互联网的冲击，互联网金融强势崛起。看到"宝宝"类理财的逆袭，不少银行又发现了互联网金融的新大陆，喊出了"直销银行""e-bank"等转型口号。互联网金融的转型之路逐步与大零售转型合流，变成了以金融科技促进零售业务发展。但如何加强银行在零售业务的挖掘能力，依然是个严峻的挑战。

（五）适应资本市场，从储蓄型向交易型银行转型挑战

轻资产化转型的大背景下，银行公司业务条线向低资本消耗的交易银行转型成为趋势，已经有多家银行从提出概念到成立部门。以 2015 年作为中国交易银行的起点，时至今日，历经四年的探索，交易银行已然被证明是商业银行对公业务转型的最佳方向。一方面，外部经济环境是促进交易银行业务发展的"催化剂"。从宏观视角审视，中国经济进入"新常态"，整体经济增长节奏放缓；从银行业外部环境审视，在利率市场化、金融脱媒、竞争加剧等背景下，传统依赖利差收入的粗放式发展模式亟待改变。另一方面，内部转型诉求是促进交易银行业务发展的"原动力"。传统商业银行转型已经开始，需要从客户视角和客户需求出发，从发展路径、商业模式等宏观角度思考商业银行转型和可持续发展的问题。

（六）监管评估渐趋严格，适应新的监管形势的挑战

2013 年实施的《商业银行资本管理办法（试行）》加强了对商业银行的资本约束，银行业需要调整信贷结构；2015 年修订的《商业银行法》打破了对商业银行分业经营的限制，银行经批准可获得证券、保险等经营牌照，逐步开始混业经营。2016 年以来中国人民银行通过建立宏观审慎评估体系（MPA），重点考虑资本和杠杆情况、资产负债情况、流动性、定价行为、资产质量、外债风险、信贷政策执行七大方面，对金融机构进行框架性的监管评价。2017 年 3 月末至 4 月初，银保监会连续发布七个文件，对银行提出全面风险防控要求，规范其理财业务、同业业务，对银行业市场乱象进行整治。2018 年，多份监管文件接连而至，其中包括《关于规范进入机构资产管理业务的指导意见》《商业银行股权管理暂行办法》《商业银行委托贷款管理办法》《商业银行流动性风险管理办法》等。监管部门加大了银行业监管力度，大力补齐监管制度短板，深入整治银行业市场乱象，着力防范化解银行业风险，进一步深化银行业改革，推动银行业提高服务实体经济能力，强监管、严监管的态势基本形成。2018年也是"严监管年"执行贯彻最彻底的一年，2018年全年银保监系统对银行业金融机构开具超3800张罚单，其中涉及贷款管理问题、票据业务违规、同业投资违规、理财销售违规等多个领域。在监管格局的重塑下，监管环境定调强监管仍将继续，随着穿透式监管的逐步深入，银行的潜在风险将会有所缓解，整体杠杆率也将呈现稳中有降的趋势。因此，在当前储蓄率和投资率"双降"、多项法规政策约束管理的形势下，商业银行过去严重依赖的高存贷利差盈利模式已经难以持续下去，我国商业银行必须转变原有的盈利模式，探求新的发展道路。

（七）面临人才流失的挑战

面对内外部诸多不确定因素的影响，银行业从业人员面临严峻的考验。以2017年为例，中国四大银行的员工总数较上一年减少1.5%。尽管这个百分比看起来很小，但却涉及几千个工作岗位。在这方面，招商银行的动作最为激进，剥离的岗位占员工总数的10.2%。据相关数据显示，中国最大的8家银行同期共计减少了3万名员工。其中相当一部分属于自然减员，也有一些被剥离岗位是银行业实现流程自动化（一些银行开始启用机器人，如平安银行和交通银行），并致力于应对营业收入增长停滞的结果。考虑到中国的国有银行不能像其西方同行那样轻易地裁员，如四大国有银行，肩负着维持就业率的重任，所以实际需要精简的岗位数量可能比减少的员工数还要多，更大的问题在于薪酬。

（八）中小银行的风险防控与长期发展面临考验

中小银行是"十三五"期间走向2049发展道路上的最有发展潜力和朝气蓬勃的力量。我国有4000多家中小银行，这些银行直接服务的是4000万家中小微企业，相当于每家银行平均的服务是1万家中小微企业，贡献了大约60%的税收，而大部分就业也来自中小微企业。中小微企业一旦出现问题，会直接传导到中小银行，所以，中小银行是最接地气又承受着风险的，是降成本的核心环节之一，降成本一定要保证中小银行的健康、稳健、长期发展。第五次全国金融工作会议中强调"发展中小银行和民营金融机构"，这是中小银行发展的利好，中小银行在支持实体经济中能够发挥自身的作用，同时整体风险可控。

新经济下，中小商业银行面临诸多挑战。储蓄率和投资率降低，商业银行的传统信贷业务受到挑战。由于我国居民出于预防动机的货币需求强烈，加上我国经济发展也依赖于投资拉动，储蓄率和投资率"双高"局面使得商业银行的收入来源长期以来过度依赖存贷利差，但是近些年来随着我国经济发展进入新常态，资本市场不断完善、互联网金融飞速发展，这种"双高"局面在逐步改变。一方面，我国储蓄率逐步降低。我国央行发布的数据表明我国2017年金融机构各项存款余额同比增速为8.3%，这是自改革开放以来增速首次低于9%，并且居民储蓄存款增速下降幅度更大，从2008年的18%下降到了2017年的7%。银行储蓄存款占据家庭金融资产配置的比重为42.9%，而保险、理财、股票和基金占比分别为17%、13.4%、8.1%和3.2%。[①] 虽然银行存款在家庭资产配置中仍处于主体地位，但是占比远低于十几年前的65%以上的比例。当前对城市家庭来说，有过半的资产选择了保险、理财、股票基金和贵金属等多元化投资方式，而非银行存款。此外，在有融资需求时，很多资历规模雄厚的大企业会选择通过资本市场获取更低成本的资金，如发行股票、债券等，这使得银行信贷的优质企业客户在不断流失。另一方面，我国投资率也不再是以往的高速增长，出现了较大幅度的降低，据国家统计局2008—2018年公布数据表明，2008年消费和投资对我国GDP的贡献率分别为44.2%、53.2%，而在接下来的2009—2018年这十年间，消费对GDP增长的贡献率逐年增高，而投资对GDP的贡献率则呈现走低趋势，在2018年消费和投资对于GDP增长的贡献率变为了76.2%、36.4%，我国GDP增长的拉动因素也由投资需求占据有利地位转变为消费需求占据主要地位。

除此之外，我国中小型商业银行还面临着不同于大型商业银行的挑战。一是利润空间进一步缩小。随着我国银行准入门槛逐渐放开，银行的数量不断增加，各大银行尤其是中小银行为了应对客户的逐利性，不得不运用价格竞争策略留住客户，很多业务减收甚至免收手续费，这使部分中小商业银行出现了利润亏损。二是经营

---

① 出自广发银行、西南财经大学联合发布的《2018中国城市家庭财富健康报告》。

难度加大。我国的利率市场化改革目前已经基本完成，作为"新常态"的一种表现形式，利率市场化加剧了银行业竞争，并且，由各银行决定存、贷款利率易引发利率风险，这就加大了银行的风控难度，这让在竞争力和风控能力与大型商业银行相比本身就处于劣势地位的中小型商业银行经营难度进一步加大，稍有不慎就可能使银行面临巨大的风险。三是难以实现混业经营。现阶段我国金融脱媒现象加剧，因此大型国有商业银行在获得相关经营牌照之后积极踏足保险、证券业务，而中小银行由于受到经营规模、科技技术和专业人才的制约，其开展混业经营业务也处于劣势地位。

三、中国银行业商业化改革深化路径

银行业是资金和金融服务的供给方，实体经济部门是需求方，供需必须相伴而行。这就需要在中国经济中长期发展的宏观框架下，探讨银行业的结构调整和经营转型。为更好地促进实体经济转型发展，有效缓解银行业的经营压力，以下三个方面在推动业务结构调整和发展模式转型具有战略意义。

（一）顺应大数据时代发展，加快科技转型

金融稳定理事会于2016年首次发布了《金融科技的全景描述与分析框架报告》（FSB，2016），其中初步定义了"金融科技"（Financial Technology，简称 Fin Tech），即指利用大数据、云计算、区块链、人工智能等前沿技术进行金融创新，核心目的是通过新技术手段和方式，降低金融交易成本、减少信息不对称、提高服务效率。金融科技通过创造新的金融业务模式、应用、流程或产品，对金融市场、金融机构或金融服务的提供方式产生重大影响。2017年以来，不少对市场反应灵敏的商业银行纷纷宣布与科技公司、电商企业开展合作，建设银行与阿里巴巴和蚂蚁金服宣布进行战略合作，工商银行与京东金融签署了金融业务合作框架协议，农业银行与百度战略合作并共建金融科技联合实验室，中国银行与腾讯合作成立了金融科技联合实验室。招商银行则在业绩报中将金融科技定位为转型的"核动力"，并提出要打造

金融科技银行。银行科技转型布局如表2-1所示。

表2-1 银行科技转型布局

银行	战略、平台	互联网巨头合作	融资、信贷产品	支付
工商银行	E-ICBC3.0战略	京东	工银快贷、微贷、网贷通	云闪付、手机
农业银行	农银e管家、惠农e通	百度	E链贷	云闪付、刷脸取款、农银快e付
中国银行	云端银行易惠通	腾讯	中银E贷	长城e闪付
建设银行	E付卡、金融云	阿里巴巴	云税贷	云闪付、龙支付
交通银行	手机信用卡	苏宁	蕴通产业链	云闪付
招商银行	招商银行APP6.0	滴滴出行	E招贷、闪电贷	云闪付、一网通
中信银行	中信联盟、交易+	苏宁	税信贷	云闪付、薪金煲
民生银行	凤凰计划、E民生	奇虎360	云快贷、云抵押	云闪付、民生付

资料来源：亿欧网。

商业银行在金融科技时代必须紧跟时代需求，融合新兴技术，改变经营思路，进行转型发展。金融科技在这些合作中的核心功能往往是为传统银行提供高效率低成本的基础设施，并通过技术创新帮助银行机构不断提高交易效率、降低成本，进而在此基础上提升风险管理能力和资产配置能力。从目前的发展趋势看，互联网、生物识别、大数据、人工智能、区块链等技术的应用，将使得未来银行更加便捷、普惠、高效、安全，这是近期金融科技给银行赋能的重要领域。值得肯定的是，我国的商业银行受其业务资质完善、风险管理能力强、客户基数大等特点的影响，在融合金融科技改革时具有得天独厚的优势。商业银行具有业务资质方面的优势——我国的金融行业受到严格的监管限制，准入门槛较高，商业银行被授予的经营业务牌照通常是最全面的。同时，由于资金的来源限制和筹资渠道不畅，很多资本密集型的业务对于金融科技公司来说也是可望而不可即。

从用户的需求出发，实现服务场景化。传统银行时代，银行提供产品，等待客户上门购买和使用产品,客户经常为了办理某项业务在银行网点排队等待,浪费大量时间。随着金融科技时代的发展,客户对于科技的掌握更加熟练,银行不仅要提供金融服务,更要从客户的需求出发,把这些离散的场景串起来,提供线上线下紧密连接的金融服务体系支持。在各种场景中智能化挖掘客户个性需求,通过模块化组合研发并匹配产品,最终凭借丰富的应用场景和无处不在的银行服务入口,将支付、借贷、理财、消费等金融服务融入客户的生活和工作中,让金融服务成为日常场景的一部分。重视大数据的驱动效应——商业银行应当在丰富服务场景的基础上,全面获取客户数据,建设维护企业级数据库,提升数据处理能力。大数据时代下,对数据的处理、整合和再利用是发掘数据价值的关键所在。商业银行可以从两方面提高挖掘数据价值的能力。一是数据的海量、高维和多样化,对数据处理要求较高。这一点可以结合近几年统计学、计量经济学中经典的并且在实证上得到广泛应用的数据降维、数据压缩理论,结合商业银行客户数据的特点进行有针对性的研究。二是近几年随着计算机技术的不断创新,带动数据挖掘、机器学习等领域不断推陈出新,算法和技术都得到极大的丰富。商业银行应该及时更新知识储备,了解学习前沿算法,采用多种数据挖掘算法,如决策树、关联分析、神经网络等,结合具体研究问题,进行场景内的模型研发和拓展,进而从大数据的角度助力商业银行的金融科技转型之路。

智能营销,降低成本。通过搜集客户各种行为数据,建立智能营销解决方案,具体来说,构建客户智能系统,通过数据挖掘技术,构造客户全景画像,进行客户细分,识别潜在流失客户,判断客户提升可能性,对客户进行精细化管理,构造客户关系网络结构,分析不同客户之间的需求相关性,将客户在不同场景下的需求联动起来,针对动态需求关系进行精准营销,提高客户服务水平,同时节约营销成本。智能风控,提升风险管理能力——银行本身就是有经营风险的,信用风险评估问题正是数据挖掘应用领域之一,如通过神经网络等模型预测客户的信用风险概率。而随着客户的交易数据、信贷记录等行为数据的不断累积,利用人工智能训练大数据侦测模型,同时根据数据的变动随时更新客户的信用评级,做到对风险控制的动态管理。针对已经存在的潜在风险客户,利用数据挖掘技术,对与其偿还风险相关的因素，如贷款率、贷款期限、收入水平、信用历史、社交行为等进行分析，找出影响偿还贷款能力的关键性因素，据此调整贷款审批和发放。另外，利用数据挖掘技术中的聚类分析和偏差分析，还可以对金融欺诈行为和客户异常行为进行识别和预测，以此为基础，构建智能化风险控制体系。

结合云计算、区块链等技术，打造开放互惠的金融科技生态环境。大数据信息的不断积累对计算机硬件存储和计算能力带来了挑战，相比投入较大的传统计算模式，云计算提高了商业银行对大数据的计算能力和应用能力，让计算更加便宜、高效、快捷。区块链作为分布式账簿系统，具有去中介、去信任、不可篡改、可编程等一系列特性，可以被广泛应用到金融服务领域。目前，全球银行业都在积极探索利用区块链技术，开发数字货币平台。综合来看，数据挖掘、机器学习、自然语言处理等人工智能技术会使金融服务的模式、客户数据处理、服务模式和风险管理发生根本性变革。一方面，银行内部沟通和与客户互动的方式将会发生明显改变，提高交易和运营效率；另一方面，人工智能技术的不断扩充发展，推动商业银行迈入智能时代，进一步发挥其在金融体系的核心优势。

（二）构建差异化的银行机构体系，主动对接资本市场

当前，我国银行机构体系包括政策性银行、邮政储蓄银行、国有大型银行、全国股份制银行、城市商业银行、农村商业银行、农村合作银行、农村信用社、村镇银行、民营银行等大小不一的多种类型，但由于同质化竞争，类型的多样化并没有真正带来银行机构体系的差异化和银行业服务的层次性。对此，各类银行机构要进一步根据自身特点和比较优势，选择合理的发展战略。政策性银行因有政府信用担保，主要应通过发行长期、低价的金融债获取资金，抛弃利润最大化的运作模式，聚焦于国家战略实施、政府投资项目及难以通过市场化解决的金融服务薄弱领域，提供长期、低息债务融资。全国性商业银行因拥有较强的资金实力、广泛的服务网络、较好的管理能力等，可在健全全面风险管理体系的前提下，适度推进综合化经营（非混业经营），以更好地满足企业和居民的多元化、一站式服务需求。地方性商业银行具有较强的地区特征，但不具备跨区域、跨业务经营的资源禀赋，应该在本

地区深耕细作、回归本源、专注主业、做细做专做精传统业务，打造比较优势。各类银行机构差异化发展，微观上有助于打造适合自己的竞争力，市场长期可持续发展；宏观上有助于多层次、广覆盖、差异化的银行机构体系，更好地为不同经济群体、经济区域、不同产业，以及不同的金融投资者和消费者提供金融服务。此外，差异化和多元化的银行体系，可以显著减少"羊群效应"和市场共振，有利于维护银行业稳定运行，降低爆发系统性风险的概率。

在供给侧结构性改革持续推进和"宏观利差"趋于波动的背景下，一方面，企业债务融资的财务杠杆正效应不断减弱；另一方面，"大众创业、万众创新"战略的实施，在客观上需要借助于股权融资来对冲风险。虽然我国实行分业经营，但股票市场和债券市场发展离不开商业银行的支持。商业银行，特别是国有大型银行和全国股份制商业银行，具有显著的信息优势、资金优势、客户优势以及人才资源等，可以在有效防控风险的基础上，有选择地开展资本市场业务，包括为企业重组和并购提供融资支持，支持企业转型升级、产业链整合等；扩展资产证券化业务，为大型项目建设提供长期融资支持，缓解期限错配；适度开展投贷联动、债转股业务，降低企业杠杆率。

积极发展零售业务，高质量发展理财业务。消费对经济增长的贡献率不断上升，结合消费的转型升级，老龄化加快和储蓄率下降，居民部门的房地产贷款、消费贷款、信用卡贷款等仍将保持一定的增长速度，零售业务将取代公司业务成为商业银行业务拓展的"蓝海"。商业银行的信贷业务发展可以坚持"双轮驱动"，通过提高定价能力、风险管理水平等进一步改进对企业的信贷服务；同时，还要积极利用互联网和信息科技等，积极发展相关零售业务。

（三）中小银行改进盈利模式，服务小微经济

我国中小型商业银行在经济转型期面临着一系列困境，但同时也有其独有的优势。中小银行转型的困境主要有三点。第一，由于受到资金及技术的限制，风控体系建设较为落后；第二，高素质复合型金融人才缺乏；第三，无法实现规模经济以降低成本费用。而中小银行所独有的优势主要有以下几点。第一，中小银行与当地

中小企业建立密切的合作关系，积极响应国家"服务小微金融"这一号召时会得到国家相应的政策支持；第二，更加了解当地客户的金融需求，为客户提供更满意的金融服务；第三，由于中小银行组织结构扁平化，其对于市场需求能做出更迅速的变化，创新能力更强。中小银行在今后进行盈利模式转型升级时应该正视并尽量多地解决所面临的困境，同时利用好独有的优势，使其成为今后与大型国有商业银行开展差异化竞争的着力点。

优化非利息收入结构。由于中小商业银行的投资收益占比要高于大型国有商业银行，随着近几年我国经济步入下行期导致的风险增强，且监管机构加强了对商业银行投资理财业务的监管，经营投资业务会带来更大的损失。因此，中小商业银行在以后要调整非利息收入结构，回归服务实体经济的本质，增加手续费及佣金收入业务即中间业务比重，减少投资业务比重，从而能带来更多的稳定收入，减少经营风险。我国商业银行中间业务结构不合理，技术含量和附加值低的传统型中间业务占据一半以上的比重，因此中小型商业银行在今后应该优化中间业务的结构，大力发展创新性中间业务，净值型理财产品作为创新型中间业务便是当前的突破点。随着"资管新规"的发布，商业银行今后在向客户出售理财产品时不能再做出保成本或保收益的承诺，从而让客户明确真实的风险和收益，自己承担投资风险或享受收益，净值型产品也就应运而出。净值型产品不仅能够打破投资者的"收益天花板"，而且很大程度上消除了风险隐患，有利于商业银行资产管理业的健康发展。并且，之前为了和大型国有商业争夺客户资源，中小商业银行在推出理财产品时会采取承诺更高的收益率措施，这类中间业务占比的提高反而增加了成本，不利于中小型银行盈利能力的增强，因此净值型理财产品的推出有利于中小型银行寻求健康的中间业务发展模式，节约成本，提高盈利能力。考虑到投资者对于银行净值型理财产品的接受需要一个适应期，商业银行在设计净值型产品时应该遵循循序渐进原则，中小型商业银行在加强净值型产品广度的同时，也要对重点领域产品进行深度拓展，打造差异化特色产品，进而成功实现转型。

明确客户群体。对中小型商业银行特别是城商行来说，开展并不断完善小微企业融资是其与大型商业银行进行差异化竞争的着力点。银行业作为服务业，应主动了解客户切实需求，以提高客户的满意度和忠诚度，留住原有客户并吸引潜在客户。在实践中，中小型商业银行可以成立专门的小企业业务部，专门负责小微企业的贷款业务，在小企业业务部下再具体下设贷款业务所需的各分部门，同时为每个合作的中小企业设立特定的客户经理。

加强人才队伍建设。人才队伍的构建对于商业银行转型方案的制订及实施起着不可或缺的作用，中小型商业银行的人才相对于大型国有银行本身就处于劣势地位，尤其是金融复合型人才更是缺乏。我国现阶段中小商业银行中间业务结构不合理，技术含量和附加值都偏低的传统型中间业务占比过多，因此在今后中小商业银行应该侧重发展创新型中间业务，而承诺担保、理财及咨询顾问等高技术含量及附加值的创新型中间业务则需要银行从业人员拥有丰富的专业知识、技能及工作实践经验。因此在今后转型发展过程中我国中小型商业银行应该多引进各方面专业人才。首先，要通过良好的银行企业文化和薪酬制度吸引人才，这就要求中小型银行自身要加强企业文化建设，只有拥有良好的企业文化氛围及令人满意的薪酬福利待遇才能吸引更多的人才。其次，要打通优秀人才晋升渠道，根据心理学中的需求层次理论可知，人的最高需求是实现自我价值，因此中小型商业银行要为真正优秀的人才打通晋升渠道，从而留住人才。最后，要发挥人才的作用，中小型商业银行可以通过加强人才知识技能的培训，强化人才队伍建设和管理，打造金融复合型人才，真正发挥人才在中小型商业银行转型中的作用。

此外，风险管控对中小银行尤为重要，只有切实提高自身风控能力，降低不良贷款率，才能尽可能避免经济下行带来的不良影响。要想真正提高盈利能力，仅仅做好风险管控是不够的，中小银行还应该提高成本管控能力，从开源和节流两方面提高盈利水平。

第三节 非银行业金融机构的发展

非银行金融机构是按照《中国人民银行法》(1995)及其相关的金融法律、法规及公司法设立的、经中国人民银行批准成立、本质尚不具备信用创造功能但同时从事金融性业务的企业组织，包括在中国境内注册的中资信托有限公司、融资租赁公司、证券公司、保险公司、财务公司、资产管理公司和其他金融公司等。与一般的商业银行不同，非银行金融机构的资金来源主要是通过在市场上发行证券——股票、债券、销售保险单、发行信托收益凭证等方式作为资金来源，一般没有储蓄存款的业务，资金的去向多用于长期投资，资金的运用以投资、保险补偿和分配资金为主。我国的非银行金融机构主要从事的是经纪类、咨询服务类、IPO、债券承销、资产投资等业务。非银行金融机构本质上是中介——从资金盈余单位吸收来的资金提供给资金赤字单位的媒介。它们的内涵和特点，一是作为金融中介的方式不同，非银行金融中介是"市场型"金融机构即直接金融的主要中介机构。在直接金融中，非银行金融中介作为市场交易的中介人提供专门的金融服务，既不是债务人也不是债权人。二是非银行金融机构本质上不具有信用创造功能。非银行金融机构仅仅在货币存量既定的情况下转移资金；它改变的是存量结构，影响的是货币周转率，对货币的供给和需求没有直接的影响。

一、非银行金融机构发展历程及现状

最初设立非银行金融机构为符合政府的政策性要求，1991年，我国拉开了金融体制改革的序幕，由原来的中国人民银行所主导的"大一统"体制转变为以中央银行为核心，以专业银行为主体，多种金融机构并存的金融体系，我国非银行金融体

系自此进入快速发展车道,为我国的金融业注入了活力,帮助中小企业筹集资金,降低其借贷成本,促进企业自身经营的发展。经过近30年的发展,非银行金融机构已成为我国金融市场发展的重要力量,证券公司、保险公司、信托公司和担保公司等各类非银行金融机构数量和规模大幅度增长,非银行金融机构在为企业提供各类金融服务的同时,也为广大投资者提供了投资机会。随着投资渠道的增加,投资者购买股票、债券、基金等投资活动已经十分普遍,还可以委托管理资产实现财富的增值。非银行金融机构提供的服务已经渗透到日常百姓生活中,选择一家证券公司开户,买卖股票,以及购买保险也属于非银行金融机构服务的一部分。

我国的金融体制,是以中国人民银行为主导,专业性银行和商业银行为主体,辅之以非银行金融机构的运营模式。非银行金融机构虽然并不是金融体系中最重要的部分,但是伴随着我国金融行业高速发展,非银行金融机构所从事的业务在国民经济中也越来越重要,在促进资金的流通、实现资产的增值、帮助企业进行融资等方面发挥了巨大作用。

供给侧2.0版本的推出,为非银行金融机构注入了新的活力并赋予了新的历史任务,增加直接融资支持实体经济的一系列措施,即供给侧改革2.0版本的"一增"。具体而言,实体经济企业的融资渠道更加多元,融资获得感显著增强。长期来看,积极稳妥推进主板、中小板、创业板、新三板、科创板、区域股权交易市场、券商柜台交易市场等建设,协同发展场内和场外、公募和私募、股票、债券和期货等多层次资本市场体系。同时,构建多层次、广覆盖、有差异的金融体系,需要增加金融供给主体,补齐金融服务短板,为不同经济群体、经济层次、不同产业、不同领域的市场主体提供差异化、特色化的金融服务,特别是小微、"三农"、绿色等领域。

(一)机构数量不断增加

近年来,银行和非银行金融机构的综合经营使非银行金融机构发展迅速,数量不断增加。按照资金规模和机构数量最大的前三名非银行金融机构为例(见表2-2),整体数量从2009年的295家增长到2018年年底的424家,10年的增长率为44%,其中增长最快的是保险公司,从2009年的138家发展到2018年年底的225

家，10年期间增长了63%；证券公司增长了24%，信托公司增长了33%。从业人数方面（见表2-3），依然是银行业从业人数最多，增速也较快，2010—2017年增长了39%，非银行金融机构增速相对很快，增速最快的是新兴非银行金融机构，如消费金融公司和金融租赁公司；在从业人员数量方面，信托公司、证券公司和保险公司在2010—2017年增长分别是183%、68%和72%，人员的快速增加从侧面印证了非银行金融机构在过去10年的蓬勃发展。

表2-2 非银行金融机构数量增长

单位：家

年份 分类	2009	2010	2011	2012	2013	2014	2015	2016	2017	2018
保险	138	142	152	164	174	180	194	203	222	225
证券	106	106	109	114	115	120	125	129	131	131
信托	51	58	65	65	68	68	68	68	68	68

数据来源：wind资讯。

表2-3 非银行与银行业金融机构从业人员增长

单位：人

分类 年份	银行业金融机构合计	信托公司	证券公司（已注册人员）	保险公司	金融租赁公司	消费金融公司	资产管理公司
2010	2990716	7382	209246	685856	1235	254	7411
2011	3197913	8944	261802	776258	1483	417	8113
2012	3362088	11710	240922	861706	1855	716	8240
2013	3550427	13961	222802	831303	2335	901	8082
2014	3763435	16683	238212	904253	2851	11871	8399
2015	3803470	18268	292365	1024572	3958	28493	8083
2016	4090226	19236	323648	1123180	4954	57758	7883
2017	4170476	20864	350652	1181849	6178	78485	8315

数据来源：wind资讯。

从经营成果方面衡量非银行金融机构与银行业，整体金融机构都处于高速发展期，非银行金融机构税后营业利润与银行业税后营业利润比值逐步增加，近些年呈比较稳定的增长趋势，但是从总量方面对比，2017年非银行金融机构税后利润总额最高值依然只相当于银行业的11%，如图2-1所示。

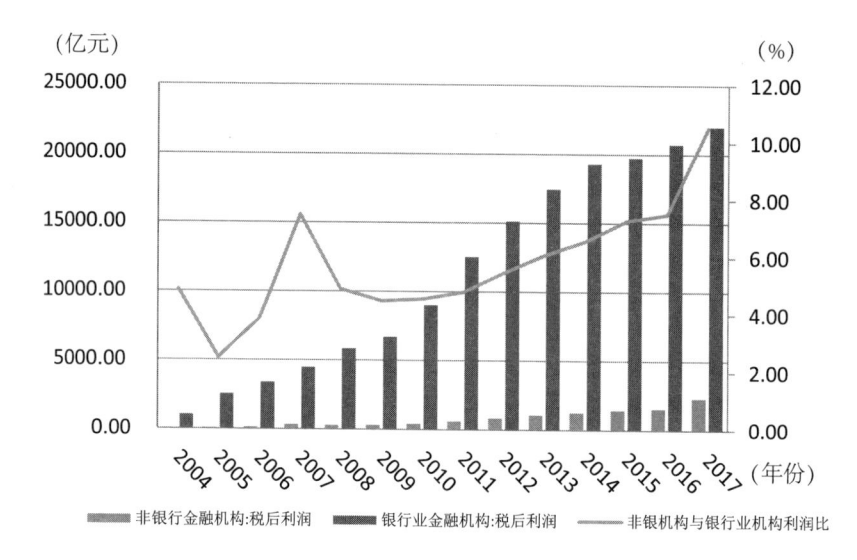

图2-1 非银行与银行业金融机构税后利润统计

数据来源：wind资讯。

（二）机构类型不断丰富

从资产规模看，保险、证券、信托是最主要的非银行金融机构，但从其类型和数量分析，尤其是近年来互联网金融大数据的应用和发展，涌现了大量P2P网贷、股权众筹、第三方支付等金融机构，众多小额贷款公司、抵押担保公司、典当行等金融机构纷纷成立，这些新的非银行金融机构的出现扩大了传统金融机构的类型与业务范围，采用差异化服务的方式，满足了不同层次客户的融资条件。

（三）机构资产规模不断扩张

非银行金融机构资产扩张较快，保险、证券、信托这三大类非银行金融机构2009年资产为62140亿元，到2018年年底增长到253102亿元，增长率为307%，如

表2-4所示。并且非银行金融机构与银行业总资产差距也在逐年缩小。

表2-4 非银行与银行业金融机构总资产增长

单位：亿元

年份 分类	2009	2010	2011	2012	2013	2014	2015	2016	2017	2018
银行业	787691	942585	1115184	1312658	1480467	1681611	1941748	2262557	2457784	2614061
保险公司	40635	50482	60138	73546	82887	101591	123598	151169	167489	183309
证券公司	20274	19665	15728	17200	20800	40900	64177	57900	61400	62600

数据来源：wind资讯。

（四）非银行金融机构的融资能力提升较快

非银行金融机构的负债主要覆盖非银行机构的资金拆借和贷款、银行委外投资、理财产品购买等业务，对金融市场波动、监管政策预期反应比较敏感，与银行业金融机构的资管业务有着密切联系，将宏观货币、微观市场的流动性结合在一起。非银行金融机构的负债由2003年的7600亿元快速跃升至98146亿元，如图2-2所示，增长了近12倍，与此同时，银行业总负债由2003年的26.6万亿元提升至2017年的233万亿元，仅提升了近8倍。

非银行金融机构的负债增速在2007年明显提升，只有2016年增速相对较低，原因是2016年人民银行联合多个监管机构加强了对金融机构资管业务的监管力度，从2015年9月开始，非银行金融机构的银行债务余额高于其债权余额，且银行债务余额大幅度增长，这一变化与2015年的股市牛市行情有关，随后证券市场交易结算金融触顶回落，其后保证金余额不断下降，造成非银行金融机构的存款余额不断下降。

不同部门间年度新增贷款对比，如图2-3所示，非银行金融机构贷款额度没有明显增长趋势，部分年度甚至还是还款为主，相比居民部门和非金融企业部门的贷款数额，非银行金融机构的贷款较少，在融资规模增加的前提下，说明非银行金融机构的财务杠杆控制得较好，财务风险较低。不同部门间年度新增存款对比，如图

2-4所示,非银行金融机构存款增速领先整体新增人民币存款总额的速度,同时也领先居民部门和非金融公司。

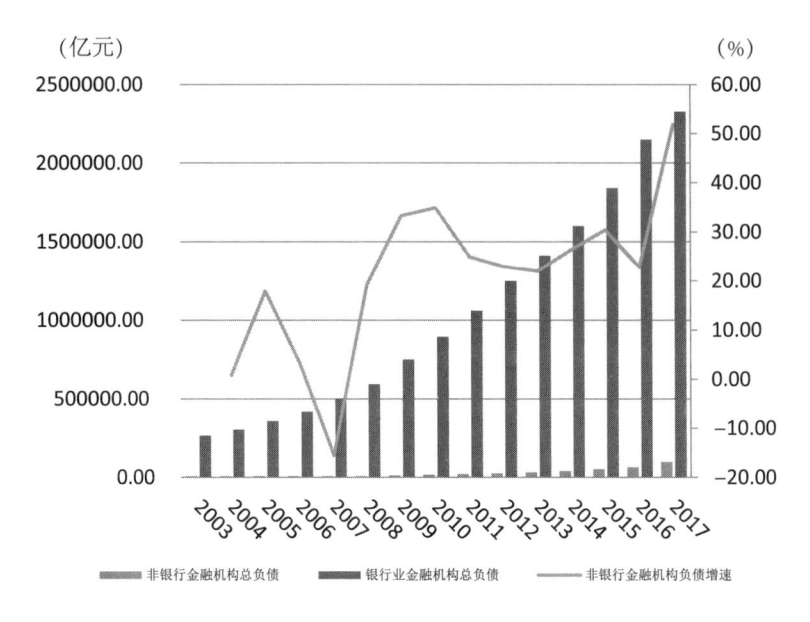

图 2-2　非银行金融机构及银行业金融机构负债统计

数据来源:wind 资讯。

图 2-3　不同部门年度新增贷款统计

数据来源:wind 资讯。

图 2-4 不同部门年度新增存款统计

数据来源：wind 资讯。

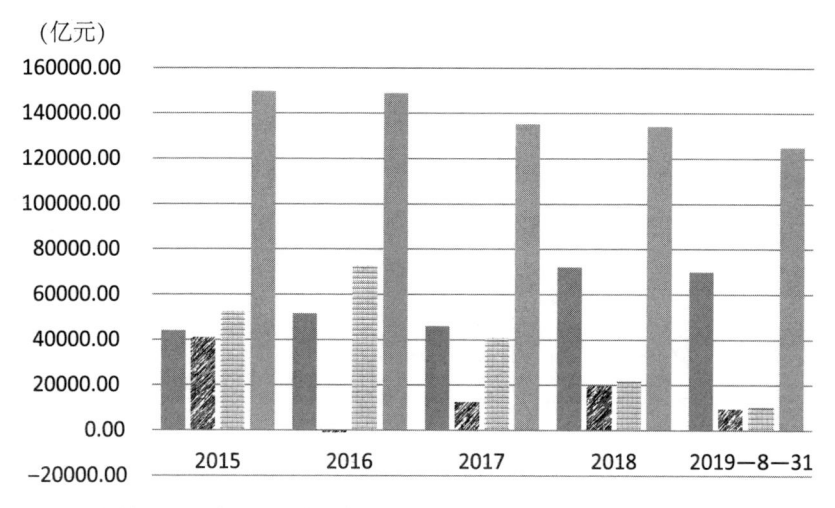

二、非银行金融机构的创新与风险管理

非银行金融机构种类多，与银行业活动密切相关，非银行金融机构具有信用中介功能，除不能吸收存款外，非银行金融机构与银行活动类似且密切相关，非金融机构在管理方面则是一个具有挑战性的问题。

商业银行最大的风险是信用风险，而非银行金融机构最大的风险是市场风险，如债务违约风险、流动性不足等。非银行机构市场份额大幅提升，经营范围同样广而复杂，非银行金融机构从事期限和流动性转换活动，通过证券业为银行按揭贷款、汽车贷款和信用卡贷款提供流动性和多元化融资来源。正因为非银行金融机构提高了金融系统的复杂性，因此具有潜在管理风险。非银行金融机构活动往往横跨多个市场，具有高杠杆、过渡期限转换的特点，如果管理不当会引发系统性风险。各类非银行金融机构经营范围难以准确界定，越界经营非常普遍，增加了管理难度。

非银行金融机构的运营风险主要包括业务经营风险和管理风险。近年来，我国货币政策的调控目标更加多元化,在"稳增长"的同时,还包括了"去杠杆""防风险"等目标。非银行金融机构的流动性扩张通过影响银行业金融机构的资产负债表结构来改变货币的流向,在广义货币保持稳定增长的同时,大量资金在资本市场堆积,形成流动性"堰塞湖",实体经济融资难的情况难以缓解。非银行金融机构的流动性扩张伴随着金融杠杆的上升,这在一定程度上与金融去杠杆的货币政策目标相背离。非银行金融机构的流动性扩张极易受市场波动的影响,尤其是开发的一些跨市场、交叉性、结构化资管产品,具有杠杆高、嵌套多、链条长、影响面广的特点,对市场波动更为敏感,承受力弱,负反馈机制显著增强,金融市场稍有波动,非银行金融机构可能在极短时间内由充裕转为不足。同时,非银行机构的流动性扩张导致货币总量和信用总量的背离,加剧金融资产泡沫化程度,非银行金融机构的流动性的波动影响了银行的同业拆借利率,导致拆借利率波动较大,市场利率和政策利率间利差较大。管理风险也是非银行金融机构主要风险,因为机构的业务存在较大的差异,一方面要求从业者具备较高的适应能力和创新能力,另一方面要求机构有完善的激励治理机制。由于非银行金融机构的收益具有较大的波动性,市场繁荣期收入较高,而萧条期收入又非常低,这样非金融机构(如证券公司)从业人员流动性较大,如果缺乏稳定的团队机构,各项战略规划难以顺利完成,人员的高流动性还容易造成过度追求投机行为,提高了运营成本和风险。最近几年在网络信贷高速发展的同时也面临着较高的经营风险,互联网金融产品和大量 P2P 公司在短时间内以较高的回报率吸收了大量的资金,但是否最终沦落为"庞氏骗局"很难判断,一旦出现问题,负面信息会快速蔓延,挤兑风险直接影响非银行金融机构的流动性,经营难以为继。

非银行金融机构在进入、处置、退出机制方面某种程度的"缺失"使非银行金融机构安全网十分脆弱。相比银行金融机构而言,非银行金融机构的活动由于与货币供给的增减没有直接联系,受到政府的管制相对较少,市场准入设置的门槛较低;同时由于在资产规模、成本、资金来源等方面无法拥有与大型银行金融机构相匹配的竞争优势,选择的客户群可能会降低"门槛",一旦非银行金融机构陷入财务困境,由于缺乏规范化、法制化的高风险金融机构处置与退出机制,监管部门更难应付非银行金融机构的危机及负面外溢效应。

非银行金融机构承受高风险以博取高收益,但并不是风险越高越好,一定要将风险控制在一定区间内,否则一旦风险事件发生,过高的风险可能演化为财务危机,甚至机构倒闭。在金融供给侧结构性改革2.0的大环境下,全面考虑国内金融生态环境的变化,改变监管理念,完善法律法规体系,提高监管能力,加强行业自律和市场监管及提高机构治理水平对降低非银行金融机构风险、实现机构可持续经营及维护金融安全都具有重要意义。

(一)完善法律法规体系

完备的法律法规体系是微观市场主体参与市场活动的根本依据,也是保证国家金融体系稳定的基础。我国已经制定和颁布了包括《公司法》《证券法》《信托法》《保险法》《担保法》等在内的基本法律和监管相关法规,在一定程度上促进了非银行金融机构规范经营行为,维护了金融稳定与安全。最近几年,国际国内的金融生态环境发生了深刻变化,即使经历了次贷危机,混业经营的趋势仍没有变,金融创新的步伐不会停止,新的金融业务不断出现,新的金融产品也层出不穷。对于新型非银行金融机构及新业务,现有金融法律法规体系已不能满足其市场需求,导致非银行金融机构有时无所适从,业务开展都是摸着石头过河,部分机构存在机会主义心理,经营与自身风险不相匹配。因此针对金融市场的新问题,监管部门应该着手研究有针对性的法规法律,尤其是关于互联网金融和其他新型非银行金融机构的法律法规,使这些机构有法可依。

(二)提高监管能力

首先,监管当局应该根据金融市场的新变化改变监管理念,不再根据机构的性质设置监管机构,而是依据功能分设监管机构,并由一个部门统一协调各分管机构,纵向设置二级和三级监管机构,人事与地方政府脱钩,保证监管的独立性,减少地方政府的干预。其次,监管模式有待革新,互联网金融虽然出现的时间不长,但大有与传统金融分庭抗礼的趋势,不断增加金融市场份额的市占率,一些新型非银行金融机构很难用传统的方法界定其机构的性质，因此，应改变当前的监管架构，整合监管机构的职能。目前看来，银行、信托、证券、保险等金融机构综合经营，非银行金融机构流动性波动跨部门、跨领域、跨行业的特点明显，在分业监管下，从单个监管部门的角度看监管合规，但是从全局看流动性波动的风险隐患可能存在，并有可能威胁到金融系统的整体稳定。非银行金融机构流动性管理的关键在于加强各个层面的监管协调，未来迫切需要在国务院金融稳定发展委员会的领导下，加强"一行两会"之间的监管同步协调。做好监管规章制度的顶层设计，制定包括跨市场交叉性金融产品的监管规则，以实现监管措施的协同性。最后，提高监管效率，审计部门应该对金融监管过程进行监督，核算监管的成本，计算金融市场风险事件的损失额，结合专业信用评级机构对我国金融市场主权债务及其他机构的信用评级变化评估金融监管的政策。加强对银行金融机构的委外投资、资管业务、理财业务等的监督，尽管根据图 2-2 和图 2-3 可以看出，目前非银行金融机构的债务风险控制得很好，但是依然有必要防止银行资金大量流入非银行金融机构，从源头上防控非银行金融机构负债规模的扩张。同时，完善非银行金融机构的监测体系和数据信息收集渠道，掌握非银行金融机构的各类跨市场、交叉性业务，对其资产证券、衍生品交易等高风险、高杠杆业务重点监管，采取措施减少期限错配，适当提高其证券化融资交易的保证金，加强逆周期管理。

（三）促进行业自律，提升专业化能力

完善的法律法规和创新的监管方式只是规范非银行金融机构发展的基础，在理顺监管机构的组织架构的前提下，在非银行金融机构统一框架内制定法律法规，地方政府针对地方经济的发展也可出台相应的政策文件，明确非银行金融机构的资质、业务范围和风险管理及违法违规的违约责任。行业自律在规范非银行金融机构发展中大有可为，通过行业自律规范，推荐行业标准制定和实施，定期发布行业自律报告，举办行业从业资格培训和认证，在一定程度上约束行业从业人员的机会主义行为，促进非银行金融机构规范发展。

第四节　新型金融的迅猛发展与挑战

随着互联网的兴起，金融业进入了以金融科技作为驱动力的新时代，传统金融业的版图变得模糊，平等、开放、共享的核心理念及移动化、云计算、大数据等技术革命，从根本上改变了金融业的架构和服务模式。新型金融是与传统金融相对应的概念，是对金融领域正在生长发育的新业态、新机构及传统金融业务创新等的统称，是以资本市场为核心、一体化市场为载体、合业经营为方式、电子网络为手段、金融工程为技术的现代金融体制创新，是具有金融要素市场化、金融主体多元化、金融产品快速迭代等特征的金融新生态，因其便捷性、信息化、开放性而被广大社会用户所接受。本节主要分析具有代表性的互联网金融、共享金融、绿色金融和普惠金融。

一、我国新型金融的迅猛发展

（一）互联网金融

互联网金融是指传统金融机构与互联网企业利用互联网技术和信息通信技术实现资金融通、支付、投资和信息中介服务的新型金融业务模式。这是一个大范围的整体概念，关系到人们生活中的方方面面，针对不同的领域有所对应的金融服务种类，主要分为：第三方支付类的互联网金融平台、P2P 类的互联网金融平台、众筹融资类的互联网金融平台等几种类型。互联网金融与传统金融的差异不仅体现在互联网金融对于客户体验的重视，也体现在对互联网的开放、平等、协作、分享精神的传承和学习。

1. 互联网金融的现状和特点

（1）服务对象小微化和普惠化。

依托互联网的新型金融表现出明显的长尾效应，"互联网+"时代信息与数据的普惠性、无边界和扩散性的特征，使向用户提供服务的平均成本降低，数量庞大的小微用户可以获得服务，带来了可观的收入，且该数量仍在持续增长。截至2017年12月，我国购买互联网理财产品的网民达到1.29亿人，同比增长30.2%；网上支付规模达到5.31亿元。[①] 普惠金融市场的壮大使新型金融机构走入人们的视野，如满足小微企业融资需求的网络小额贷款公司；通过大数据分析和智能化算法，给个人用户提供资产投资配置服务的网络金融资产管理公司及向小微商户提供支付、经营、风险控制等全方面服务的社区金融自助终端运营商等。随着政策的推动及市场自身的需求，新型金融组织从无到有、由少到多、由弱到强，在不断的摸索中走出一条富有创新性、时代性、多样性的道路，成为推动民营企业和中小微企业发展、提高金融资源的配置和使用效率、服务社会经济发展的重要力量。

（2）金融服务全覆盖。

互联网技术的发展打破了时空的界限，使新型金融实现了全用户、全业务、全时空的覆盖。移动互联网、大数据等技术的发展让新型金融能够触达的场景越来越多，让金融变得更低门槛、娱乐化和大众化，金融产业开始和其他领域的企业进行合作，搭建场景、构建生态。新型金融将以往复杂的金融需求变得自然和便捷，信息流趋向场景化和动态化，风险定价变得更精确，实现对现金流的可视或可控。以蚂蚁金服为例，蚂蚁金服旗下的蚂蚁借呗、网商银行业务使许多创业者不需要抵押和担保，仅凭信用就能贷款。与此同时，蚂蚁金服通过大数据进行风控，将坏账控制在了极低水平。蚂蚁金服为全国800多个贫困县小微企业创业者提供的贷款中，不良率仅1.7%。[②]

2. 第三方支付类的互联网金融平台

互联网金融的支付领域创新主要表现为互联网支付和移动支付的变革，但大多应用于零售支付。以支付宝为代表的第三方网络支付，成为电子商务的主要中介，形成

[①] 巴曙松，等. 金融科技浪潮下，银行业如何转型 [J]. 金融改革，2018（2）.
[②] 彭蕾. 蚂蚁的借款信贷金融服务风险率在1%以下 [N]. 经济观察报，2017-12-18.

了庞大的资金沉淀，成为其进行资金运作的基础。当前，第三方支付机构已经形成了银行体系之外功能完善、相互补充的支付结算体系。另外，随着移动终端普及率的提高，未来移动支付还有可能替代现金交易和信用卡，成为电子货币的主要表现形式，在债权债务的清偿中被普遍接受。在征信体系方面，近年来，大数据技术为互联网金融征信提供了一定的技术基础，电商平台崛起，大量资金流被从银行体系转移到互联网企业，大量基于互联网的数据和信息为测算个人的信用状况创造了条件。

3. P2P 类的互联网金融平台

P2P 网贷平台作为互联网金融主要模式之一，其发展最为迅速，对互联网金融的发展起着重要的推动作用。P2P 网络借贷是一种通过互联网直接实现个体与个体之间直接投融资需求而不需要金融机构参与的一种新型金融服务模式，网贷平台可以同时满足借款人和投资人理财需求。由于网贷行业缺乏相关法律监管以及互联网技术突飞猛进，使 2012—2015 年 P2P 网贷平台呈现几何倍数增长态势。根据网贷之家数据显示，P2P 借贷累计平台数量从 2012 年的近 200 家增长到 2015 年的近 3500 家。根据 2018 年《中国共享经济发展年度报告》，P2P 和众筹为中小企业实现了 2600 亿元的融资规模，有效缓解了中小企业融资约束问题。

4. 众筹融资类的互联网金融平台

互联网金融将传统金融的抵押贷款模式转化为信用贷款模式。凭借互联网开放平台的渠道优势和数据处理技术，互联网金融突破了传统信贷所负担的信息与成本限制，不仅提高了金融效率，也促进了其他行业的跨界整合，进而实现金融市场格局的变革。以阿里小贷为典型代表的企业基于互联网电子商务平台基础提供资金融通的金融服务，与传统抵押担保不同，该模式主要是通过云计算来对交易数据、用户行为等大数据进行实时分析处理，形成网络商户在电商平台中的累积信用数据，进而提供信用贷款等金融服务。

专栏三　阿里小贷[①]

• 基本概况

∨ 发展历程

回顾阿里小贷的发展历程，可以简单地概况为三个阶段。第一个阶段是关于平台数据积累期（2003—2007年），自2003年淘宝网、支付宝上线开始，阿里巴巴集团开始打造其自营线上平台，并以"诚信通"指数等形式来建立信用评价数据库数据；第二个阶段是跨业合作学习期（2007—2010年），如阿里巴巴与建行、工行合作开展"网络联保贷款服务"，与建行合作"支付宝卖家贷款业务"，并与格莱珉银行信托基金开展"格莱珉中国项目"等，通过上述跨业合作，阿里巴巴在信用贷款、风险控制等方面获取了大量经验；第三个阶段是自营独立发展期（2010年至今），以2010年浙江阿里巴巴小额贷款股份有限公司的成立为标志，阿里巴巴开始以自营平台独立为其平台用户提供小额信用贷款。对应上文介绍，可以看出阿里小贷的发展历程是与大环境下互联网金融的发展相对应的。

∨ 产品内容

阿里小贷依托阿里巴巴、淘宝、支付宝、阿里云四大电子商务平台，利用客户积累的信用数据，结合微贷技术，向无法在传统金融渠道获得贷款的弱势群体批量发放50万元以下的"金额小、期限短、随借随还"的纯信用小额贷款服务。其目标客户主要是阿里巴巴及淘宝平台上的微小企业和自主创业者。截至2013年12月底，阿里小贷累计客户数超过了65万家，累计投放贷款超过1600亿元；户均贷款余额不足4万元，户均授信约13万元，不良贷款率控制在1%以下。

阿里小贷的产品特点是无须抵押，无须担保，最低额度1元，最高额度50万元。申贷、审贷、放贷及收贷全流程线上完成，放贷时间最短3分钟（淘宝订单贷款），最长为申请后7天内（阿里巴巴信用贷款）。具体的产品类型以信用贷款和订

[①] 资料来源：杨凌云. 从阿里小贷来看大数据金融模式在小微贷款领域的运用[EB/OL]. 中国民商法律网.

单贷款为主，如表 2-5 所示。

表2-5 阿里小贷具体产品类型

名称	内容	优势
信用贷款 （阿里版、淘宝版）	1. 无担保、无抵押 2. 综合评价申请人的资信状况、授信风险和信用需求等因素核定授信额度 3. 额度 5 万～100 万元，贷款周期 6 个月 4. 日利率为 0.06%，累积年利率约 21%	不受地域限制，可复制性强；发展潜力大
订单贷款 （淘宝版、天猫版）	1. 基于卖家店铺已发货、买家未确认收货的实物交易订单金额，系统给出授信额度，到期自动还款，实际上是订单质押贷款 2. 日利率为 0.05%，累积年利率约 18% 3. 最高额度 100 万元，贷款周期 30 天	提高资金利用率；降低经营风险
其他产品：诚信通信用贷款、天猫供应链贷款、天猫运营服务商贷款、聚划算保证金贷款、AE 快速放款等		

· 固有优势

阿里巴巴先天优势明显，概括起来主要有以下三个方面。

√ 阿里平台优势

阿里小贷依托阿里巴巴、淘宝、支付宝、阿里云四大电子商务平台，其客户资源庞大且具有持续性。而阿里巴巴集团自己就是从服务中小企业起家的，先是为中小企业的 B2B 提供服务平台，此后又为中小企业和个人提供了 B2C 和 C2C 的服务平台，它建立起来的中小企业数据库和信用记录可以说是国内最丰富的，其电子商务平台上的网商小企业多达 1000 万家，理论上都是潜在客户。

√ 阿里数据优势

阿里小贷与阿里巴巴、淘宝网、支付宝底层数据完全打通，通过大规模数据云计算、客户网络行为、网络信用在小额贷款中得到运用。全国上千万的小微企业的现金流、成长状况、信用记录、交易状况、销售增长、仓储周转、投诉纠纷情况等百余项指标信息都在评估系统中通过计算分析，再结合其企业所提供的财务数据，通过定性定量分析，最终形成贷款的评价标准。同时也引入了一些外部数据，与海关、税务、电力等方面的数据加以匹配，从而形成了一套独特的风控标准，意图建立起纯粹的定量化的贷款发放模型。

√ 阿里成本优势

阿里小贷实行信贷工厂运营模式，将申贷和审贷流程尽量简化，从客户申请贷款到贷前调查、审核、发放和还款采用全流程网络化、无纸化操作，这种网络化、批量化的贷款模式大大降低其运营成本。对阿里小贷而言，线上放贷1元和放贷100万元从成本而言基本没有区别。而通过大数据手段，阿里小贷还可进行精准的定向、定点营销，也降低了其营销成本。

· 相对优势：与线下小微贷款相比

目前已有一些学者对线上小微贷款模式与传统线下小微贷款模式进行了对比研究，其分析维度包括业务范围、客户群特征、交易费用、贷款技术、内部操作风险、信用体系等方面。而阿里小贷作为信贷主体，其最重要的问题应该是：可以把钱贷给谁？信贷资金从哪里来？如何控制信贷风险？因此作者认为阿里小贷与线下小微贷款相比，在客户范围、融资渠道、风险控制这三个方面更具有典型意义。

√ 客户范围

阿里小贷的特殊之处在于，它可以通过淘宝网商户和阿里巴巴诚信通客户，巧妙地"绕开"禁止跨区域发展经营的监管限令，其客户范围已经实际扩张到全国。例如，淘宝贷款早已对全国范围内的所有淘宝和天猫卖家开放，而阿里贷款也逐步向广东、环渤海、中西部等区域小微企业开放，现已基本完成对国内小微企业密集区域的覆盖。而其他小贷公司则往往只能在注册所在地经营，不能跨区、跨市或跨省经营，其客户范围受到严格限制。

√ 融资渠道

不得跨区经营和放贷资金来源受限一直都是制约小贷公司发展的两大难题。根据现行政策规定，一般小额贷款公司的主要资金来源为股东缴纳的资本金、捐赠资金，以及来自不超过两个银行业金融机构的融入资金（不得超过资本净额的50%），这就极大地限制了小贷公司的放贷规模。

而阿里小贷却打破这一限制，证监会等监管机构给予其一系列试点先行政策，使其融资渠道已遍布证券、基金、信托、保险、银行等领域。例如，山东省国际信托有限公司发布"阿里金融小额信贷资产收益权投资项目集合系列信托计划"；东方证券资产管理公司开展"阿里巴巴专项资产管理计划"；民生通惠资产管理公司（民生保险）开展"阿里小贷项目资产支持计划"；中信银行发布"中信理财之惠益计划稳健系列8号"等。但就资产转让项目这一方式，阿里小贷2013年就获得90多亿元资金。这样的融资背景是目前其他小贷公司所无法具备的。

√ 风险控制

依靠平台和数据优势，阿里小贷在风险控制方面已形成了一个多层次、全方位的微贷风险预警和管理体系。阿里小贷按照巴塞尔银行要求建立了自己的风险管理体系框架，其设定的不良贷款容忍率最高为3%，在财务系统达到450%的拨备覆盖率。

（1）贷前风险评估。

阿里小贷利用其自营电商平台，不断积累客户信用数据及行为数据，建立起初步信用等级评价体系，然后在引入数据模型和资信调查的基础上，通过交叉检验技术辅助验证客户信息的真实性，进行评级模型组合定量处理，从而形成企业和个人的信用评价结果，并相应给予一定的授信额度。

（2）贷中风险监控。

首先，阿里小贷将贷款申请人限于中国供应商和诚信通会员、淘宝和天猫的个体工商户和企业，减少贷款对象的不确定性；其次，阿里小贷对贷款流向及客户行为进行实时监控，任何风险迹象可迅速被识别评估；最后，对比于线下小贷公司以固定资产或其替代品作为贷款抵押，阿里小贷创新性地寻找新型抵押品，如网店的未来收益。

（3）贷后风险解决。

对于逾期贷款，阿里小贷会进行电话催贷，超过一定时限就及时进行销账。同时，阿里小贷还在其网上平台设置了"欠贷企业曝光"黑名单，详细披露违约企业的具体情况，给其商誉以警示和打击；对于确已违约的企业，阿里小贷还会"封杀"其在阿里平台上的网店，加大了借款者的违约成本。

（二）共享金融

2016年3月，共享经济首次写入《政府工作报告》，明确要"支持共享经济发展，提高资源利用效率"。随后，习近平同志在党的十九大报告中强调发展共享经济是培育经济新增长点、形成新动能的重要内容。共享经济作为中国经济发展的新潮流已经渗透到金融领域，即共享金融伴随着共享经济的发展悄然而生，传统的金融模式正在向共享金融转变。共享金融是通过大数据支持下的技术手段、金融产品及服务创新，构建以资源共享、要素共享、利益共享为特征的金融模式，努力实现金融资源更加有效、公平的配置，从而在促使现代金融均衡发展和彰显消费者主权的同时，更好地服务于共享经济模式，促进社会经济可持续发展。共享金融实现全社会金融资源与服务公平、无障碍流动，低成本、高效率配置有效化解信息不对称，建立分散和分担机制，并有效解决中小微企业等弱势群体融资难、融资贵，金融资源错配和金融机构脆弱性，2017年共享金融融资规模达20860亿元。

1. 共享金融的特点

共享金融将不同市场参与主体、不同金融功能、不同中介服务集合在同一平台上，能够高效、智能地提供多样化、综合性的一站式服务，并且能够实现信息的互通共享，具有大众化、综合化、高效化、互动化、智能化等特点。

（1）大众化。

共享金融平台是一个开放的、大众参与的平台，金融市场的各个参与主体，即以个人、企业、政府、其他组织为代表的资金供需双方，除平台本身以外的其他中介服务机构及监管机构均可通过共享金融平台各取所需，更好地实现各自的目的和功能。且作为一个典型的多边平台，共享金融平台具有正外部性，即随着越来越多的实体进入平台，各方实现双赢的机会及获得的价值就越大。就资金供需双方而言，通过平台实现投融资需求的直接对接大大降低了融资成本，同时还可以直接获取交易所需的信息和其他服务，提高了效率；就中介服务机构而言，通过平台提供即时服务减少了对经营场所的需求，降低了服务成本，并且可以通过平台实现客户信息、交易信息的直接对接，提升交易效率，提高服务准确性；就监管方而言，平台使以往难以实现的实时监管、混业监管成为现实，极大地提高了监管者的工作效率。

（2）高效化。

共享金融依托于综合性产品和服务的提供使客户免于在不同金融机构的交易系统中频繁跳转，简化操作，从而使客户能够更加方便地开展金融活动，利用互联网便捷高效的即时信息传输功能，通过网上交易和服务的方式减少交易双方的时间成本，能够提供便捷高效的服务，在时间、成本、操作上具有高效性。同时，通过去中心化和去中介化的直接交易对接方式降低融资成本和交易费用，提高成本效率。

2. 共享金融的积极作用

（1）宏观方面。

共享金融是联系"新型金融"的核心主线，凸显了"人人"特点的体制外金融模式的特点，符合主流金融机构的"脱媒"趋势。共享金融的重要突破点在于如何真正使企业部门和居民部门中的"弱势群体"，真正享受更加合理的金融服务，得到自身应有的金融权利。城镇化带来的人口集聚、人口老龄化引起剩余金融资源的积累、金融市场化的不断推进，都有可能拓展金融活动的边界，打破原来无所不在的金融垄断，重构金融交易的价格形成机制，使得共享金融服务的可行性进一步提升。

我国当前面临"新常态"的发展格局，经济增长的长期问题与周期波动的短期问题纠缠在一起，调整产能过剩的压力与有效供给不足的问题并存，相应来看金融资源的供求也出现结构性失衡，即在金融业和金融运行规模不断扩大的背景下，某些领域的金融供给过剩，某些领域的金融需求却难以满足。共享金融有助于解决经济资源与金融资源的"错配"难题。人民币国际化和金融国际化在进程的深入推进过程中，通过运用共享金融的创新模式创造跨境金融优化的现实机遇，以应对国内相对封闭环境下的金融资源配置问题，面临更多的外部挑战。

（2）微观方面。

共享金融的重要着力点，是使公众直接感受对金融的参与互助受益过程，同时使金融消费者从被动变为主导，能够参与到金融交易决策之中。共享金融着力解决的就是如何使金融发展与创新从"厂商时代"的"供给决定需求"转向"消费者时代"的"需求导向"，从而使金融产品及服务实现"标准化"与"定制化"的平衡，真正使公众能够主动分享现代金融发展。

共享金融通过对技术的充分运用，进一步打破金融供给与需求之间的"薄膜"，使金融产品和服务更加便利与智能化，充分贴近和融入产业链、生活链中的节点，使金融成为身边"触手可及"的服务。同时可共享的金融资源价值不仅包括资金，而且涵盖了更广泛的功能与要素，从而成为每个主体都可选择的更加自由、低门槛和安全进入的"金融服务便利店"。

（三）绿色金融和普惠金融

1. 绿色金融及其发展现状

2015年4月，《中共中央国务院关于加快推进生态文明建设的意见》提出，要推广绿色信贷，首次明确绿色金融理念。随后，中央出台了一系列有关绿色发展、生态文明建设的政策文件，并将"建立绿色金融体系，发展绿色信贷、绿色债券，设立绿色发展基金"写入"十三五"规划。2016年，中国人民银行等七部委联合发布《关于构建绿色金融体系的指导意见》，定义了绿色金融和绿色金融体系，提出35项发展绿色金融的具体措施，成为我国绿色金融体系的"基本法"，开启了系统性的绿色金融制度体系建设进程。在国家的大力推动下，银行、证券、保险及环境产权等各领域的绿色金融制度体系加快成型。

在绿色信贷方面，2012年2月，银监会颁布《绿色信贷指引》；2013年，银监会印发《关于报送绿色信贷统计表的通知》，绿色信贷统计制度还明确了绿色信贷支持的12类节能环保项目和服务，如绿色农业开发项目、绿色林业开发项目、工业节能节水环保项目、资源循环利用项目、采用国际惯例或国际标准的境外项目等。根据原银监会披露的21家银行绿色信贷情况，我国绿色信贷规模保持稳步增长，从2013年年末的5.20万亿元增长至2017年6月末的8.22万亿元。随着绿色金融的实施与推进以及前瞻性研究工作的开展，中国银行业已经在环境风险分析、绿色信贷量化研究等领域取得了全球领先的成果。

在绿色债券方面，2015年，我国绿色债券规模近乎为零，经过2016年的高速发展，我国成为仅次于美国的全球第二大绿色债券发行市场；2018年，中国境内外发行贴标绿色债券共计144只，发行额达人民币2675.93亿元。在中国境内市场，2018年共有99个主体发行了129只贴标绿色债券，发行金额总计人民币2221.97亿元，较2017年增长8.66%。截至2018年年底，绿色债券二级市场累计现券交易规模为4544.24亿元。与前两年相比，2018年中国绿色债券的发行成本优势进一步显现。据中国诚信信用管理股份有限公司统计，在2018年发行的111只普通贴标绿色债券中，77只绿色债券可以与市场同类债券进行比较，56只绿色债券发行利率低于当月同类债券平均发行利率，约低2215个基点。

在环境权益市场方面，中国碳交易市场发展最迅速，成效最显著。截至2018年年底，全国碳交易试点期间一、二级现货市场累计成交量为2.82亿吨，累计成交额达62亿元。2015年，国内首单碳掉期在北京交易；随后，碳期权、碳远期交易等各类碳金融及衍生产品相继进入市场。2017年年底，全国碳市场建设正式启动，计划在2020年后启动交易。2019年2月，中共中央、国务院印发的《粤港澳大湾区发展规划纲要》提出，支持广州研究设立以碳排放为首个品种的创新型期货交易所，为碳期货交易埋下伏笔。碳市场的发展必须建立在法律的基础之上。2019年4月，生态环境部发布的《碳排放权交易管理暂行条例》进入征求意见稿阶段，该条例将成为未来全国碳市场建设、运行的基础性法律框架。

2. 普惠金融及其发展现状

从国际上看，金融服务两极分化现象普遍。受传统金融排斥和金融创新不足的影响，不同经济发展程度下的金融服务呈现出显著差异，金融资源过度向上层集中。为此，联合国于2005年提出发展普惠金融的构想，确定普惠金融的发展目标。但我国普惠金融业务开始较晚，2013年11月，党的十八届三中全会通过《中共中央关于全面深化改革若干重大问题的决定》，明确提出"发展普惠金融。鼓励金融创新，丰富金融市场层次和产品"。2015年12月31日，国务院正式出台《推进普惠金融发展规划（2016—2020年）》，确立了推进普惠金融发展的指导思想、基本原则和发展目标，首次将发展普惠金融提升到国家发展规划的高度。2017年5月银监会等11部委联合印发的《大中型商业银行设立普惠金融事业部实施方案》，9月中国人民银行发布的《关于对普惠金融实施定向降准的通知》，进一步落实了普惠金融的鼓励政策。

目前中国银保监会已设立普惠金融处，各银行已设立普惠金融事业部，为普惠金融的加强实施提供了有力保障。

我国普惠金融的发展程度和速度总体居于所属东亚及太平洋地区国家、中等偏上收入国家的平均水平以上，排在发展中国家前列。其中，账户拥有率和数字支付使用率这两个核心指标远超所属地区国家、所属收入分组国家的平均水平，分别达到 80.23% 和 67.94%。

第一，金融覆盖逐渐扩大。根据银保监会 2018 年 10 月发布的《中国普惠金融发展情况报告》，截至 2017 年年末，我国银行网点总数高达 22.8 万个，乡镇网点覆盖率达到 96%，基本满足全国大部分地区的金融业务需求。2017 年年末，全国分别有 ATM 机和 POS 机 96.1 万台和 3118.9 万台，较 2013 年年末增长 84.7%、193.3%。全国基础金融服务已覆盖 53.1 万个行政村，覆盖率高达 96.4%，较 2013 年年末上升 13.6 个百分点。截至 2018 年年底，小额贷款公司全国共有 8133 家；贷款余额 9550.44 亿元，于 2018 年 6 月底前完成 P2P 网贷平台机构备案的达 1800 多家①。

第二，金融融资成本进一步降低。2017 年，商业银行取消了 335 项收费项目，减免了 387 个项目的收费，1521 万家小微企业接受了金融贷款服务，相比 2013 年同期增长 22%；贷款额大约 30.7 亿元，比 2013 年同期增长 73%。2017 年，累计建立小微企业 261 万户、农户近 1.73 亿户的信贷档案。2018 年 1 月 25 日，央行对普惠金融实施全面定向降准，此外国务院设立 5000 亿元国家融资担保基金，银保监会等监督部门多次定向指导银行支持小微企业，国家政策对普惠金融的支持力度持续加大。

3. 协同推进绿色金融与普惠金融发展

尽管绿色金融与普惠金融在发展目标及服务对象上有不同的侧重，但普惠金融和绿色金融都是"协调、绿色、共享"发展理念在金融市场的具体落实，其发展理念有着内在的一致性，两者的发展能够直接改善小微企业、"三农"和贫困人群的生活，降低全社会交易成本，减少信息不对称，对我国实现绿色发展和包容性增长具有重要意义。通过政策优化和对接、服务模式的改革等措施，推动绿色金融与普惠

---

① 资料来源：人民银行、银保监会发布的《2019 年中国普惠金融发展报告》。

金融的协同发展,将为两者的发展带来新的思路和空间。

(1)绿色金融与普惠金融的内在联系。

绿色金融侧重于推动节能环保、生态治理,推动绿色生产和生活;而普惠金融侧重于为农民、小微企业、城镇低收入人群和残疾人、老年人等其他特殊群体提供金融服务。两者在发展理念和服务内容、对象上存在着密切的关联。

①发展理念的一致性。

普惠金融的核心发展理念在于通过为更广泛的人群提供金融服务,使不同人群都能够平等地共享经济发展的机会。绿色金融的发展理念则在于推动"可持续发展",通过引导资源配置,推动经济和社会的可持续发展。

一方面,可持续发展的内容包括社会公平与发展、环境保护与治理和资源节约与合理利用,能否获得合理有效的金融服务,是人的"发展权"的一部分。我国的高收入人群、大企业已经拥有了较为全面、可靠的金融服务机会,但小微企业、农民、城镇低收入人群等特殊群体则是金融服务的薄弱环节。普惠金融为小微企业、"三农"和低收入偏远地区提供金融服务,促进了社会的公平与协调,为经济和社会的持续发展带来新的动力。

另一方面,发展绿色金融可以推动全国各地区生态环境治理,优化生态环境质量,增加生态产品和服务供给,提升了地区间协调,使各地区人民可以平等享受好的自然环境资源。提升了地区间协调,与普惠金融的发展目标殊途同归。

②主要内容与服务对象存在普遍交集。

第一,随着环境污染防治的专业性、规模化程度不断提高。大量小规模、轻资产、技术密集型的专业化机构提供了大量的第三方污染治理服务,这些小微企业是技术创新的重要动力来源,也是绿色金融和普惠金融重点支持的融资对象。2017年北京银监局发布的《关于构建首都绿色金融体系的实施办法》中,专门提出了要发展"绿色小额信贷",并明确了一整套推动落实的具体措施,创新性地将绿色金融与普惠金融两相结合。

第二,农村地区生态环境质量及其食品安全等问题的影响日益受到了更高的重视。在银监会发布的《绿色信贷指引》《绿色信贷统计制度》,中国人民银行发布的

《绿色债券支持项目目录》和国家发改委发布的《绿色债券发行指引》中，都已经将农村污染治理及绿色基础设施、新能源开发，以及生态农业、特色小镇、生态旅游等农村项目纳入绿色信贷和绿色债券支持的范畴。

（2）依托互联网协同推进绿色金融与普惠金融。

绿色金融与普惠金融理念一致、内容重叠。协同推进绿色金融与普惠金融的发展，能够有效地推进绿色、和谐发展及包容性增长目标的实现。信息基础薄弱是绿色金融和普惠金融面临的共同挑战。利用互联网构建信息平台，共享小微企业和农户征信信息、环保监察和执法信息，以及工商、税务、海关、民政、国土、环保等部门的政务信息，并允许小贷公司、消费金融公司等微型金融机构接入，能够有效地提升市场信息透明度，为风险管理提供有力的工具和条件。

项目分布分散，存在大量小规模项目，是绿色金融和普惠金融共同的特征。因此，建立多元化的金融组织网络，适应不同区域、不同规模客户的需求，对绿色金融和普惠金融都有非常积极的作用。依托互联网平台，构建由政策性银行、大型商业银行、中小型城商行和农商行，以及地方性基层金融机构和金融服务机构等组成的、多层级、多元化的金融服务组织体系。其中政策性银行承担传导政策激励、发挥市场导向的作用，而商业银行则作为金融服务的核心，通过设立专门的事业部统筹管理绿色金融和普惠金融业务，提升服务专业性。

此外，在各国的互联网金融发展中，无论采用的概念如何，其价值除了关系到对金融交易自身的影响之外，更是对可持续协调发展与实现经济金融基础功能做出了贡献，这些则属于制度层面的驱动力。例如，美联储在2012年的一份报告中指出，美国消费者中有11%享受不到银行服务，另有11%享受的银行服务不足，而伴随着智能手机的普及化，这些人群更容易、也愿意运用移动设备来享受电子银行或支付服务。我们看到，这就是新技术带来的普惠金融功能的实现，有助于弥补现有金融体系的功能"短板"。

二、我国新型金融发展面临的挑战

(一) 我国互联网金融发展存在的障碍

第一，非法金融活动的挑战。互联网金融基于虚拟网络平台进行交易，个人信息保护难度加大，部分机构打着互联网金融创新的旗号开展非法金融活动，部分网络借贷平台存在自融、担保、资金池等违规经营行为，偏离了金融中介的发展定位，导致融资链条较长、融资成本较高、风险控制不到位，从而导致金融风险事件的发生。屡屡出现支付危机以及"跑路""失联"和"倒闭"事件，涉及人数多、金额大，给投资人带来了很大的经济损失。多层次、有针对性的投资者教育及投诉处理、纠纷调解、损害赔偿等方面机制建设还不成熟，使投资者保护存在较大障碍。

第二，行业基础设施不完善。"互联网+"金融环境存在着安全隐患，在不完善的网络安全防护机制和薄弱的互联网安全防护意识的环境下，针对互联网金融的攻击行为发生的概率更大，带来的危害也更大。另外，行业信用信息共享机制有待继续加强，虽然互联网征信已成为互联网金融的基础公共资源，但征信数据仍呈现碎片化的特点，金融、社保、交通等个人征信数据分散在不同的行业和部门，难以通过大数据等技术对个人诚信状况进行客观、完整、批量化的收集和评估，互联网金融机构对客户进行有效筛选和对产品进行风险定价的能力仍不完善。同时，不同从业机构在业务操作、系统运维、产品定价、合同文本、合格投资者认定等方面标准化、规范化程度较低。

第三，监管体制存在漏洞。互联网金融业态众多、模式各异、创新速度快，金融风险复杂性、多样性特征明显，现有的分业分段式监管难以适应互联网金融行业跨界混业经营、贯穿多层次市场体系的业务特征，容易产生监管套利。监管部门之间以及中央地方之间在互联网金融监管方面的责任分工还没有明确和细化。许多从业机构游离于金融统计体系之外，特别是资金流向方面基本空白，给实施监管和调控带来难度。

第四，法律制度体系仍不健全。现有金融管理类法律法规大部分是以传统金融机构和金融业务为适用对象制定的,对于规范管理互联网金融领域活动存在一定程度上的不匹配。同时,互联网金融反洗钱、反恐怖融资、个人信息保护等方面的立法仍存在空缺。

(二)我国共享金融发展存在的障碍

第一,金融平台不统一,应改革和整合共享金融平台。共享金融市场上没有成立一个统一的金融服务平台,各个平台分别向客户提供不同形式的金融服务,令客户投资和融资的信息搜索时间过长、成本过高,资金供给者和需求者需要比较多个金融服务平台才能做出投资和融资决策,平台之间互动困难,这样封闭的系统不利于共享金融的发展。

第二,共享金融依托的互联网平台存在技术风险。共享金融的实现主要依靠大数据、云计算、人工智能、区块链等现代信息技术,因此也面临着一定的技术风险。任意计算机硬件设备、操作系统或应用软件的崩溃都会成为风险因子,防火墙漏洞、遭受病毒或者黑客攻击都将可能导致信息泄露、指令错误,甚至账户被盗、资金不翼而飞,从而给平台带来无法估计的风险。

第三,金融平台易出现道德风险。由于平台有大量交易者信息、交易内容信息等,在信息披露机制和市场约束机制不完善的情况下易出现道德风险,出现不规范融资、隐瞒商品风险、延迟信息披露等行为。此外,平台运营初期为争夺市场份额,会出现过度补贴、过度降低投融资门槛等恶性竞争行为,这些行为亦加剧平台风险。这类平台规模大、涉众广、资金链长,一旦出现问题,风险将在较大范围内快速蔓延,容易产生极大的负面效应,甚至对金融稳定产生冲击,且难以通过市场出清的方式解决。

(三)我国绿色金融发展存在的障碍

第一,绿色金融发展的核心目标存在偏差。在政策大力推动及绿色金融试验区的示范效应引领作用下,我国绿色金融呈现多维度的发展态势,国内绿色融资类业务不断创新,绿色金融市场参与主体多元化。绿色金融的目标应该明确为对生态环境的改善,而不是定义为污染的减轻程度。但从近几年绿色金融实际情况看,绿色金融所支持项目多是工业项目,大部分是环保、低碳等资源节约型的工业项目,虽然从表面看有绿色的概念,但这些项目对环境改善到底能起到多大作用很难做出客观的评价,许多是在炒作绿色金融的概念。即使一些真正低碳环保的项目也只是降低了对环境危害的程度或速度,没有真正起到改善生态环境的效果。

第二,长期有效的激励补偿机制还未建立。绿色金融以改善生态环境为目标,具有一定的公益性质,有很强的外部性,从事绿色金融业务的金融机构又多是经营性企业。虽然金融企业应该承担社会责任,但为了绿色金融发展的持久性,必须建立长期有效的绿色金融补偿机制。当前,我国中央政府和各级地方政府财政资金的绿色配置还明显不足,绿色产业、绿色金融等多维度的协同激励机制还有待完善。需要在招商引资、税收、技术创新等方面加大对绿色金融的财政补贴与优惠力度,完善绿色金融的成本收益风险共担机制,调动金融机构和投资者从事绿色金融的积极性,从而吸引社会多层次资金投入绿色金融产业。

第三,尚未建立科学有效的绿色金融标准和绩效评价体系。由于环境污染问题越来越受到社会各界的关注,绿色金融成为热门话题,特别是在金融界,对绿色金融的理论研究和探索性实践已经成为业界的重要工作领域。随着国家各部门和地方政府对宏观调控、金融监管和税收等优惠政策和补偿机制的落实,会有越来越多的社会主体和资金进入绿色金融产业。目前绿色金融的标准尚未统一,缺乏科学有效的绿色金融绩效评价体系,无法适合当前绿色金融发展的需要,应加快制定科学有效的绿色金融标准和绩效评级体系。

(四)我国普惠金融发展存在的问题

第一,金融体系需完善。参与普惠金融业务的金融机构数量小、能力弱,与普惠金融业务量大、收益小不相适应。一是政策性银行金融业务和普惠金融业务虽有交叉,但是是否适合做普惠金融业务要具体分析;大型金融机构资金实力强,设立了普惠机构,专业化经营机构基本成型,但基层网点较少,很难真正参与普惠金融业务。二是农信社(农合行、农商行)在乡镇的网点虽然较多,但存贷比受控较严,又有自身效益的约束,可贷资金有限,供不应求。三是城市商业银行主要服务对象是中小企业,但多数地区城商行实力并不是很强,这客观上也成为制约普惠金融业务的一个不利因素。

第二,产品服务需创新。一是普惠金融服务对象分为小微企业和低收入人群,它们对金融服务需求的共同点在于以合理的成本获得开户、存款、支付、信贷、保险等金融服务。二是金融机构现有信贷产品不适合草根金融特点。普惠金融服务对象为弱势群体,多数小微企业财务制度不健全、财务指标不理想、抵押品有限,存在融资难、融资贵问题;低收入群体资产有限,偿还能力差,贷款发生风险可能性大。所以更希望金融机构针对普惠金融对象的特点量体裁衣,设计出无抵押、无担保信用贷款品种,在保证贷款安全性的前提下达到保本微利。三是为小微企业和低收入人群提供快捷、高效、低收益的金融服务。

第三,财税政策需要支持。一是财政补贴和税收优惠是推动普惠金融发展的重要保障,通过协调财政资金直接向目标群体或中小金融机构提供信贷支持、贴息补助和奖励,并通过税收政策间接引导金融机构创新相关产品。二是金融机构是自负盈亏的企业,实现利润最大化是企业经营目标,所以金融机构更加关注安全性和盈利性,而普惠金融发展对象是弱势群体,高风险、高成本、低收益,所以金融机构不愿意开展这些业务,更需要财政和税务部门出台优惠政策,以激励金融机构发放贷款、提供服务积极性。

第四,信用体系要适应。构建信用体系是我国发展普惠金融的重要组成部分。一是农村地区的征信体系不健全,作为新型农村金融机构的主体,有的村镇银行仍未接入央行的征信系统。具体看,在接入征信系统的工作流程、数据质量管理、异议处理等方面均存在一定障碍。二是部分城市低收入人群或农户对信用贷款认识不足,认为小额贴息贷款是政府无偿救助款,甚至一些人信用观念淡薄,贷款到手后有能拖就拖、心存观望的心理。由于贫困人口的流动性大等原因,贷后管理较为困难,对不守信的客户很难形成有效制约。

三、我国新型金融未来发展战略

当前,我国新型金融的相关基础技术尚不成熟,相应的法律法规体制尚不完善,行业自律意识缺乏,因此在其繁荣发展的背后存在着巨大的风险。推动新型金融健康发展,必须在控制风险、降低成本和提高收益上下功夫,通过第三方和政府提供技术支持、风险控制和相关法律法规予以规范,并强化长远发展及自律意识。

(一)推动传统产业与新型金融的融合发展

在大数据、人工智能快速发展的新时代,传统经营模式必须跟随技术进步的趋势,优化升级商业模式。根据企业内外部环境变化,进行科学的平台战略定位,加强产品创新,注重客户体验,打造有吸引力的产品。移动互联网、大数据、云计算发展迅猛,它们与互联网金融的结合,信息不对称会降到最低限度,互联网金融未来的成长空间巨大,充满想象。尤其是移动互联网发展迅猛,未来互联网金融向移动互联网金融的转变势不可当,其发展前景颇为广阔。

新型金融与传统金融,以及与人们吃、穿、住、行、用、娱、游的融合孕育了广阔的市场机会,在每一个细分市场,都隐藏着不可估量的商业潜力,也为创新创业者提供了无限可能和想象空间。在未来的一段时间内,利用新型金融的方式进入传统行业创业将是大势所趋。

(二)打造良好的金融生态系统

良好的产业生态系统要求价值链各方相互合作、目标一致、风险共担、利益共享,共同构建一个有利于快速、有效地推动产业发展的整体,任何一方都要在整个生态系统中发挥独特作用,才能更好地推动金融生态系统的完善和健康发展。具体来说,新型金融企业需要不断拓展产业链整合能力,提升自身的竞争优势和盈利能力,积极推进多元化的产业链合作模式,通过产业联盟、战略联盟和收购、控股等方式打造产业生态系统,制订平台游戏规则,强化互联网金融平台经营,实现平台经营和生态系统建设的完美结合,推进整个互联网金融生态链的管理,确保各项工作和建设能够有序进行，降低金融风险。

金融生态的完善离不开诚信体系建设。诚信是金融健康发展的基石，因此个人诚信体系、小微企业诚信体系及平台诚信体系的建设至关重要。因此，完善互联网金融诚信体系，首先要建立一个统一共享的个人和小微企业诚信体系，要加快金融平台的诚信体系标准的建设，成立定期评估并发布信用级别的第三方机构，让行业的运作有章可循，让投资人有可借鉴的依据。

（三）不断优化新型金融行业的监管

新型金融快速发展的同时，其风险的隐蔽性、传染性、广泛性和突发性不断增加，实践中也出现了一些问题，包括机构的法律定位不明确、客户资金第三方存管制度缺失、风险控制不健全等。应对新型金融发展过程中出现的问题和隐患，需要加强互联网金融的行业监管和行业自律，主要应该做到——提升法律法规体系对于新型金融的规范力度，建立分层监管机制，避免重复监管；监管做到不搞"一刀切"，验收"底线思维"；正确处理监管和鼓励创新的关系。在市场有效和参与者理性的情况下，市场会自动形成均衡价格。具体来说，要做到以下几点：第一，提高市场的纪律性，增强行为主体的遵纪守法意识；第二，充分发挥市场机制的作用，实现市场的良性运行；第三，采用市场行为对新型金融进行监管，发挥市场"看不见的手"的作用。

第三章

政策性金融体系发展战略

创新是引领发展的第一动力,构建现代金融体系应注重完善宏观调控方式,加快金融改革,加快健全商业性金融、政策性金融、合作性金融,构建分工合理、相互补充的金融机构体系,更好地发挥金融在促增长、调结构方面的作用。商业性金融体系是现代经济中金融的主体,但从国际经验、国内实践和理论分析的考察来看,世界各主要经济体都不可避免地在商业性金融之外,存在政策性金融体系。中国社会经济转轨过程中,发展与完善商业性金融体系意义重大、任务艰巨,同时,发展政策性金融体系,促使政府以较低耗费来实现国家政策意图,降低社会转轨和发展的成本,提高社会资金配置总体效率,也不可或缺。

第一节 中国政策性金融体系的发展路径

政策性金融具有"政策性目的、财政为后盾、市场化运作、专业化管理、杠杆式放大"等特征,是有别于一般商业性金融资源配置机制的一种金融创新,是带有政府较强调控作用的金融资源配置机制。

其主要功能包括:填补经济发展瓶颈领域融资空白或不足,以及以国民经济重大发展事项的前瞻性、战略性投入,发挥先行者作用;在市场机制不足和制度缺失的领域,培育、建设和完善融资市场和制度,发挥制度建设者作用;吸引、带动社会资金进入资金短缺的领域,发挥民间资本引导者作用;服务于政府的某些特定发展目标,促进社会公平,并协助化解金融风险,发挥公共利益和社会稳定的支持者作用。

作为政府参与资金配置的特定方式与途径,如运用得当,政策性金融可以有效降低实现国家政策目标的社会成本,促进社会公平和贯彻特定的战略意图。从经济发展史、经济成长的内在逻辑来看,发展政策性金融体系都具有长期的必然性。

从国际经验来看,政策性金融机构不仅广泛存在于发展中国家,也存在于金融体系完善的发达国家,成为市场机制有益的和必要的补充。在美国、英国、德国、法国、日本、巴西等国家,都存在着较大规模的政策性金融机构。尤其是对于实施现代化赶超战略的发展中国家来说,发展政策性金融的必要性和战略意义更为显著。坚持并力求科学合理地发展政策性金融体系,决不是简单的策略层面的问题,对于我国在经济社会转轨过程中加快经济、社会发展,实现"后来居上"现代化目标,具有全局战略意义。

为了建立一个较为完善和合理的政策性金融体系,需要从我国经济结构长期调整和支持经济社会制度转轨改革的角度出发,考虑我国政策性金融包括的领域,明确这些领域中政策性金融业务的范围和内容。同时,政策性金融体系也不是一成不变的,随着经济、社会环境的不断变化,政策性金融业务的范围和内容也需要适时做出调整,甚至需要对政策性金融体系所包括的领域适当变更,使之适应不同经济发展阶段的需求,体现出政策性金融业务的不同侧重点。因此,设计和完善我国政策性金融体系,不仅需要根据当前的经济发展情况确定政策性金融体系包括的范围,还需要根据经济发展的不同阶段,考虑政策性金融业务范围的发展路径问题。

一、当前我国政策性金融体系涉及的领域及业务范围

从政策性金融发展的国际经验和我国经济、社会发展的实际情况看,现阶段,

我国构建的政策性金融体系所涉及的领域以及大体的业务范围主要有以下7个领域。

(一)"三农"领域

"农业、农村、农民"问题是我国弥合"二元经济"历史过程中始终需要高度重视的问题,关系到经济的发展和社会的稳定,国家每年拨付大量财政性资金给予支持,但与农业产业大量的资金需求相比,应该说,现在的农业资金仍然不足,需要更多的政策性金融的支持。从国际情况看,"三农"问题的解决是个全球范围内都需要政策性支持以促进其发展的领域,对这一领域的政策性金融业务的开展具有长期性、持续性的特点。因此,"三农"领域应该是我国政策性金融体系的一个重要构成内容。

"三农"领域需要解决的具体问题非常多,政策性金融的业务内容也应该非常广泛,但在当前,不可能将所有问题一篮子解决,因此,从既有政策的延续性、问题的紧迫性和政府的承受能力等角度看,现阶段我国在"三农"领域的政策性金融业务至少应该包括:粮棉油收购;农田水利建设尤其是"最后一公里"灌溉水网的建设;农村沼气化燃料工作;农业大型机械化设施的推广等。此外,还可以推广小额贷款机构的成功经验,在一定程度上解决单一农户面临的生产和生活性资金需求。

(二)经济结构转型领域

经过70年的建设尤其是40多年的改革开放,我国经济得到了快速发展,经济总量不断增加,综合实力不断提高,但是综观我国经济的整体情况,我国经济发展仍然属于"粗放式"模式,"高污染、高能耗、低附加值"的"两高一低"产业占了很大比重,高新技术产业发展明显不足,造成了大量资源的浪费,还导致较为严重的环境污染。与此同时,我国的经济明显呈现出外向型的特点,经济发展容易受到国际经济环境的影响,还造成越来越严重的贸易摩擦。因此,我国正在面临经济结构转型的重任,这是我国经济发展的重大战略部署,具有重要的政策意义。目前我国经济结构转型中的绝大部分融资需求都是通过商业性金融解决的,这对一个国家的产业发展与融资体系构建来说是正常的,但在经济结构转型过程中,还有相当一部分资金的需求属于风险相对较高的领域，如果商业性资金进入该领域，可能会面临资金的损失，从而不进入或进入不足。因此，支持我国经济结构转型也是政策性金融所要包括的重要内容。

在经济结构转型领域，现阶段政策性金融所要重点支持的领域应该包括高新技术产业化，低耗能技术的发展，光电、风电、核电等新能源技术的发展及新动力汽车的发展等方面。其中，已经比较成熟的技术和行业可以由商业性金融作为主要渠道，在新兴领域或者创业投资领域，政策性金融应该承担更多的责任。

（三）进出口领域

对进出口领域提供政策性金融支持也是国际上通行的做法，目前我国在进出口领域的政策性金融机构有进出口银行和出口信用保险公司，是一个政策性金融业务覆盖面较为齐全的领域，而且对于促进我国的进出口发挥了重要作用。下一步，虽然我国经济发展更多的是要向内需主导型转变，但进出口仍将在国家经济发展中起到重要作用，因此，进出口领域的政策性金融是需要长期存在，它对于引进国外高新技术和设备、支持民族工业的发展具有重要意义。尤其是随着我国经济实力的提高，为了打破市场的制约和资源的限制，我国企业正在面临"走出去"的需求，这也是我国经济发展的一项重大战略，为了配合我国的"走出去"战略，客观上也要求进一步发挥政策性金融机构对中国企业在海外并购过程中的支持作用。

未来我国仍然需要继续发挥出口领域两家政策性金融机构的作用，进一步促进进出口的增长和平衡，提高我国产业技术水平，实现我国制造业的升级换代。

（四）中小企业融资领域

由于金融资源配置"市场失灵"的出现，中小企业融资困难是一个普遍存在的经济现象，很多国家在构建政策性金融体系时，都将中小企业融资领域列为一个重要方面，并且对中小企业的政策性金融支持贯穿经济发展全过程，现有的发展趋势也一直重视政策性金融对于中小企业的支持性作用。对我国而言，大量的中小企业占据了我国企业总量的99%以上，其接纳的就业数量也远远高于大型企业，但融资方面的困难由来已久，即使是一些创新型中小企业也是如此，中小企业的资金支持仅仅依靠商业性资金是远远不够的，还需要通过面向中小企业的政策性金融，提高社会资金对中小企业的支持力度。

对具有相当数量固定资产的中型企业来说，由于可以使用固定资产抵押融资，其风险相对较小，商业性资金在经过审查后一般能够提供资金支持。对高科技企业来说，由于其最重要的资产是高新技术等无形资产，固定资产比重较低，对商业性资金来说风险较大，获得贷款的可能性更低，但这些企业从事的行业很多都是国家经济结构转型所重点支持的，因此，政策性金融体系的构建首先要包括高新技术中小企业，其他还可以包括从事环保、新能源、新材料等行业的中小企业和从事现代服务业、现代物流业等的中小企业的融资，也应顾及"草根创业"的微型企业融资层面。

（五）区域经济发展领域

我国地域广阔，各地区经济发展环境不同，经济发展中面临的问题不同，因地制宜地进行区域经济开发，促进区域经济发展是一个长期存在的任务。国家开发银行在区域经济开发方面做出了较大贡献，其政策性业务的发展很大一部分就放在这一领域，并且提出了开发性金融的概念。但是，仅仅依靠一家政策性银行的资金支持还很不够，而且国家开发银行的开发性金融大都属于一篮子解决方案，其提供开发性政策性资金支持后，一般还附带后续条款，要求被开发地区在后续产业、房地产等商业性领域发展所需资金也必须通过国家开发银行提供，从而获得商业性金融机构所不能比拟的优势，并且它所有的政策性业务和商业性业务的资金支持都要求政府担保（含隐性担保），在这样的情况下，从形式上看，政策性业务的风险大大降低，而商业性业务的风险基本没有，资金收益大幅提高。但被不少人质疑是否把实际风险压到了地方政府身上并可能"倒逼"中央财政，如果结合地方政府融资的"阳光融资"制度建设，与区域发展相关的政策性金融业务，国家开发银行的方式可研讨如何进一步改进。

在区域经济开发方面，我国中西部地区的经济状况与东部地区存在明显差异，属于政策性金融业务的重点。除此之外，东部经济发展也逐渐面临"瓶颈"，需要实现经济转型，这方面的资金需求主要有东北老工业基地的转型，长三角、珠三角外向型经济的转型，淮河流域高污染产业的整治等。

（六）房地产融资领域

"住有所居"与"居者有其屋"是很多国家政府追求的社会目标。为此它们在房地产融资领域设立了某些政策性金融机构，以顺利解决房地产市场的资金需求，美国"两房"的产生和发展就是这一理念的产物。我国在1998年实现房改之后，房地产行业的发展极为迅速，商业性资金在其中的作用突出，目前，房地产金融被视为商业银行的优质业务，但随着房地产贷款的大量增加，我国商业银行在房地产金融领域已积累了大量风险，如果宏观经济形势出现严重下滑，房地产价格大幅下跌，房地产贷款可能就会出现抵押品不足的现象，若借款人大面积选择违约，商业性金融的风险将会全面暴露，对商业性金融体系的运行产生严重影响。因此，对于政策性色彩浓厚的保障性安居工程建设领域，以及在危机冲击的特定时刻，可以将房地产领域作为政策性金融的重要组成方面。

（七）重大自然灾害后重建融资领域

我国几乎每年都会发生地震、洪水、冰雪等重大自然灾害，这些自然灾害带给人们生命和财产的损失，而灾害之后的救助和重建问题面临着严重的资金筹集困难，重大自然灾害之后的重建工作成为政府和受灾群众的一种沉重的负担。目前的解决方式基本是政府调拨资金和募捐解决，缺乏更为有效的政策性资金支持的制度安排。汶川特大地震的灾后重建工作还采取了经济发达省份按照重建任务量大小分块包干的形式，这种特殊的融入灾后重建的资金方式一般只适用于特殊的事件。因此，应该探讨如何以适当方式将政策性金融覆盖这一领域。

二、政策性金融领域和业务范围的未来发展路径

随着经济、社会的发展，我国经济结构调整的进程不断变化，工业化发展阶段也会出现不同，政策性金融发挥作用的领域也将随之改变，在同一领域所包含的业务内容也会出现不同，从目前看，我国上述政策性金融领域和业务内容的未来发展可能的路径是：未来经济结构转型成功之后，作为政策性金融体系覆盖范围的上述7个领域中，继续使用政策性金融业务促进其发展的可能会存在于进出口领域、中小企业融资领域、房地产融资领域，以及重大自然灾害重建融资领域，经济结构转型和区域经济发展两个领域随发展进入较为成熟阶段，其对商业性资金的吸引能力大大增强，因而可以逐步退出政策性金融体系的覆盖领域的某些业务范围，如促进高新技术产业发展方面的政策性金融业务，可以继续存在，但其支持的力度和方式也会发生变化。例如，在"三农"领域，未来政策性金融业务的内容可能会转移到支持节水农业的发展以及农工商一体化的产业配套业务等；中小企业融资领域，政策性金融支持的中小企业类型和形式可能也会发生变化；进出口领域虽然内容不会发生明显变化，但支持的力度和重点可能会向促进国内大型机电产品的出口等方面转移；房地产融资领域，政策性资金的直接支持可能会逐步收缩到对于廉租房、适租房项目的政策支持；在重大自然灾害重建领域，随着国家经济实力的增强和人民收入水平的提高，捐赠援助等方面的资金来源将会增加，政策性金融的力度可以适当调低，而且其支持方向也会更有针对性地支持一些更适合以"融资"形式的政策资金支持的重建或救助事项。

第二节　各类政策性金融业务的实现方式

对于上述政策性金融体系覆盖的领域和业务范围,还需要根据实际情况研究确定对各项政策性金融业务的实现方式。

一、政策性金融业务的可能实现方式

从国际经验看,在政策性金融业务确定之后,政策性资金对于资金需求者的支持渠道非常多,也就使得政策性金融业务的实现方式存在多种选择。目前看我国政策性金融体系大框架内的实现方式至少可以包括以下7种。

(一)政策性贷款

政策性贷款是指政策性金融机构直接对符合其业务支持条件的资金需求者发放贷款,这种贷款通常期限比较长,利率也要比商业性贷款的利率优惠得多。政策性贷款业务对政策性融资对象的支持最为直接,相应的手续也不繁杂,是能够体现政策性金融业务特点的"传统方式"。但政策性金融机构开展政策性贷款业务时,需要具有大量的资金。政策性资金的带动作用稍弱,并且由于政策性融资对象的分散化,政策性金融机构为了开展业务,需要构建数量较多的分支机构以保证政策性资金对相应业务的支持。政策性贷款业务是我国现有政策性金融机构对政策性金融业务所采取的主要资金支持方式,也是今后我国对政策性融资对象进行资金支持的重要方式。应该在加强政策性和透明度的同时,继续发挥这种政策性资金实现方式的重要作用。

（二）政策性担保

政策性担保是指政策性金融机构通过为符合支持条件的融资对象向商业性金融机构提供信用担保，从而降低商业性金融机构的资金风险，促使商业性资金进入政策性业务领域的政策性资金支持方式。在这种方式下，最后的贷款方并不是政策性金融机构，因此，可以充分发挥政策性资金对商业性资金的带动作用，实现社会资金的优化配置。但这种方式对资金支持对象的支持较为间接，尤其是要和商业性金融机构合作，会增加政策性资金支持对象获得资金的手续和环节，延长获得资金支持的时间。我国已经建立了县市、省、全国性三个层次的专业融资担保机构超过1000家，但其业务范围各不相同，各自为政的现象较为明显。

（三）政策性贴息业务

政策性贴息是指国家财政在商业性金融机构向政策性支持对象发放贷款时，以承担部分甚至全部利息的方式，直接将部分资金支付给商业性金融机构以弥补其承担的较高政策性贷款业务的风险。政策性贴息业务实际上是鼓励和引导商业性金融机构参与政策性金融业务，具有"四两拨千斤"式的放大效应，其所贴补的那部分利息率（表现为百分比）的倒数，即是资金放大的倍数（假如贴了5%的利息，放大倍数是100/5，即20倍，相当于以5%的财政资金，引致100%规模的商业性贷款资金进入了政府意欲支持的项目）。

（四）专项引导基金

专项引导基金是政府为了促进某些领域内企业发展而设立的专门基金，一般在创业投资领域运用较多，在这些特定领域内，该基金可以联合社会资金一起对其进行资金支持。这种方式主要表现为向被支持对象进行直接的股权投资或债权投资，主要作用是提高其他社会资金对被支持企业的信心，一般在受政策支持的企业取得一定发展后可以股权退出或债务还本付息方式收回政府资金，转而支持其他已选定的企业。政府的 TOT［Transfer-Operate-Transfer 的缩写，即移交—经营—移交，是政府与社会资本合作（PPP）模式的一种］项目和一部分资金以参股形式进入开发主体资本金的 BOT［Build-Operate-Transfer 的缩写，即建设—经营—转让，是政府与社会资本合作（PPP）模式的一种］项目，也可归在这个实现方式之内。

（五）政策性投资

政策性投资是指政府或者是政府的代理机构直接对符合政策性支持条件的融资对象进行股权投资的方式，这是政策性资金的一种直接投资方式，形成的是被支持对象法人资产中的一部分股权。它与专项引导基金的股权投资方式较为类似，但带有长期投资性质，可能带动的社会资金并不很多，并且有可能在被投资企业中占有份额较高的股权。这种方式主要是起到一种示范作用，体现政府对所投资领域的重视程度，增强其他社会资本进入该领域的信心。

（六）政策性保险

政策性保险是指政府设立政策性保险公司，对某些受到政策性支持的领域，通过保险原则经营业务，但所收的保费可能不能弥补其承担的风险，其出现的政策性保费亏损将会由政府进行弥补。保险业务也是一种金融服务的重要方式，通过向被保险人收取保费的形式，集中起一部分资金，当发生政策性保险业务所受保的风险之后，由政策性保险业务承担机构负责弥补承保人的部分或全部损失。由于是政策性保险业务，其保费收入很难弥补赔偿支出，所以还要由政府承担起这部分损失。

（七）招投标方式

2007 年金融工作会议上提出我国政策性银行改革之后，政策性金融活动可以通过对相应政策性业务进行招投标的方式实现。招投标方式政策性金融主要是指政府在确定某领域或者某一业务处于政策性金融范围之后，会向社会金融机构招标，有兴趣的金融机构就会参加投标，经过专家评标之后，选定中标的金融机构开展政策性金融活动。招投标方式不论政策性金融机构还是商业性金融机构都可以参与，其运作可以相对市场化，并且通过引入竞争机制，可能在一定程度上降低政策性金融业务的成本。但在政府招标之前，需要对政策性金融业务的范围进行明确界定，对政策性金融业务的实现程度进行事先明确，同时，参与投标的金融机构也要建立明确的成本核算机制和业务的价格形成机制，这些前提要求使得招投标方式的政策性金融业务很难大规模开展起来。如果中标机构为商业性机构，也无法将商业性业务与政策性业务进行完全隔离，从而可能会存在一定的利益输送和责任归咎问题。

二、我国各类政策性金融业务的实现方式

由于我国政策性金融涉及领域较为广泛，每个领域涵盖的具体业务内容也是多种多样的，因此，我国各类政策性金融业务的实现并不是上述几种政策性金融方式的简单加总，也不是每一个融资领域只能使用一种政策性金融方式，政策性融资业务的实现，需要根据政策性金融领域和业务内容的不同情况确定具体的方式。

从目前看，我国需要发展的7个政策性金融领域里，"三农"领域、进出口领域及区域经济发展领域可以主要采取政策性贷款的方式，而在这些领域的某些特殊业务，可以分别采用政策性担保、政策性贴息、政策性保险等作为辅助性政策资金支持方式。而在中小企业融资领域，政策性贴息、政策性担保、专项引导基金及招投标方式等政策性金融方式应该承担主要职责，在某些业务开展上也可以使用一定的政策性贷款业务，使政策性资金对中小企业的资金支持更为直接。对于经济结构转型领域，最为直接有效的是政策性贷款，但其资金供给总量不足，同时，为了更加有效地使用政策性资金，在这一领域的资金支持可以使用政策性贴息、政策性担保、政策性投资等资金支持方式，对某些业务也可以通过招投标方式进行。对于重大自然灾害后重建融资领域，政策性保险是一种主要融资方式，但也可以辅之必要的政策性贴息、专项引导基金等资金支持方式。

第三节 我国政策性金融机构的发展

政策性金融机构是政策性金融业务的具体组织者和实施者,是实现政策性融资业务目标的重要金融机构,因此,在政策性金融业务的实现方式确定之后,下一步就是要研究组建承担政策性金融业务的中介机构问题。我国构建政策性金融体系之时,首先要确定我国需要哪些类型的政策性金融机构,其次要明确构建各类政策性金融机构的实现途径。

一、我国政策性金融机构的类型

从国际经验和我国实际情况看,我国政策性金融机构主要可以分为以下几类。

(一) 政策性银行

政策性银行是向政策性金融支持对象发放贷款等间接融资方式的融资中介机构。政策性银行的业务应该是政策性融资所支持的领域和业务,包括"三农"领域、进出口领域、经济结构转型领域、区域经济发展领域及中小企业融资领域等都可以设立相应的政策性银行,某些领域甚至可以有不止一家银行。政策性银行的资金来源主要是财政支持政策性业务的资金(主要是作为政策性银行的资本金)、中央银行的再贷款(是政策性银行的重要外部资金来源)、国际机构优惠性贷款及接受企业大额存款等。政策性银行的业务范围也是可以发展变化的,其业务发展要跟随政策性金融的重点内容的变化而变化。财政开展的一些贴息业务也可以交由相应的政策性银行来办理。

（二）农村小额信贷机构

我国的农户数目众多，但在开展农业生产活动或者是在生活中面临的资金需求往往是很小的金额，因此，试图提供一个巨型的金融机构满足农户的资金需求是不可能完成的任务。所以，可以构建起遍布全国的农村小额信贷机构，规模不必太大，只要能够满足当地农户的资金需求即可，这些小额信贷机构的资金来源可以是多元化的，其业务运作方式也可以是多样化的，而财政可以通过减免税收、给予部分利息补贴等优惠措施促使其发展。

（三）政策性融资担保机构

政策性融资担保机构是向政策性资金支持对象提供融资担保的政策性融资中介机构，我国现有的政策性融资担保机构是由各级政府投资或控股的，主要目的也各不相同。政策性融资担保机构主要接受政策性融资对象的申请，为其向商业银行等商业性融资中介机构申请贷款时提供信用担保。政策性融资担保机构主要可以从事"三农"领域、经济结构转型领域、区域经济发展领域、中小企业融资领域及中低收入者住房融资等领域的业务。

（四）风险投资基金（公司）

风险投资基金（公司）是政府将一部分政策性投资资金拿出来，单独或者是合作组成的基金或者是公司，它一般是由各级政府及政府有关部门投资控股或者是参股的，其他的社会资金也可以在相应管理机构同意之后进行参股。该类机构主要目的是支持某一区域或者是某一行业的科技含量高、成长性高的中小企业。当这些政策性金融支持对象出现融资困难时，可以向风险投资基金（公司）请求资金，风险投资基金（公司）就会根据自身的业务范围对其资金支持请求进行评估，确定是否需要投资。该项融资一般形成的是被支持对象的股权资产风险投资基金（公司）主要可以从事的"三农"领域的高新技术农业发展、经济结构转型领域、中小企业融资领域等政策性金融领域的业务。

（五）政策性投资受托管理机构

政府的一项重要职责就是要根据国家的相关法律法规的授权，对相关企业和领域安排直接财政建设性资金，从而开展财政投资业务，但财政直接开展投资业务缺乏一定的监管，资金利用效率也不是很高，因此，可以由国家财政或各级财政委托相应级别的政策性投资受托管理机构开展需要的投资活动。政策性投资受托管理机构从事的业务主要包括"三农"领域、经济结构转型领域、区域经济发展领域、中小企业融资领域、重大自然灾害后重建融资领域。

（六）政策性保险机构

政策性保险机构是通过利用保险的基本运作原理开展政策性金融业务的，政策性保险机构通过收取保费的方式获得融资，同时也要承担起灾害发生后的损失，但政策性保险机构收取的保费收入要小于所承担的灾害发生后的损失，因此，政策性保险机构的一部分收入还来自财政或者再保险公司。政策性保险机构可以主要从事的业务包括农业保险、中小企业融资保险以及重大自然灾害保险等。

（七）政策性金融招投标管理机构

为了实现招投标方式政策性金融业务，仅仅依靠资金提供者——财政部门是不可能的，因为，要实现招投标方式政策性金融，首要问题是要搞清楚招投标方式政策性金融的业务范围和实现程度，从而确定招投标的标的，所以，要建立政策性金融招投标管理机构，需要根据财政部门对政策性金融业务支持的资金计划，细化招投标的标的，并且组织和维护招投标工作的顺利开展。这一机构的人员要对政策性金融非常熟悉，对政策性金融业务的实施过程也要能够及时监控，因此，机构人员要具有相当高的专业水准。

二、构建我国政策性金融机构的途径

确定了需要的政策性金融机构，还需要考虑构建我国政策性金融机构的途径。目前看，我国政策性金融机构的构建可以有以下几种途径。

（一）现有政策性金融机构的改革

我国目前尚存在进出口银行和农业发展银行两家政策性银行、出口信用保险公司及国家级融资担保机构等政策性金融机构，它们已经拥有了一批了解政策性金融业务、具有金融运行经验的人员和组织机构。因此，这种方式是一种快速、有效的构建政策性金融机构的渠道，可以在现有政策性金融机构的基础上，通过对其业务范围的重新界定、资本金补充方式的明确、管理运作方式的重新组织等方式，在短时间内快速形成遍布全国的政策性金融机构体系，并且能够迅速按照新的方式提供政策性金融服务。

（二）现有非完全国有的政策性金融机构的改革

我国政策性金融业务范围较广，此前，我国为了促进某些行业的发展，由各地区根据自身实际情况构建了一批政府主导的具有民营资本成分的融资担保公司、风险投资基金（公司）等，这些机构的运作基本上是按照市场化原则开展的，对相应领域的带有政策性的业务非常熟悉，但管理运作方面并不完全规范，有的还带有一定的行政色彩。因此，在构建政策性金融机构过程中，可以通过对这些机构的改革，迅速建立一批相应领域内的政策性金融机构。具体可以在法律法规中规定从事这类政策性金融业务的金融机构相应具备的条件，对类似的金融机构进行整合，以国有控股为目标引导这些金融机构进行股权改革，并且改革其管理运作方式，促使其更为规范地开展各项业务。

（三）现有非政策性金融机构的改革

除了目前已经从事某些政策性业务的金融机构外，我国还存在一些不涉及或者很少涉及政策性业务的金融机构,如一些国有的投资公司、完全市场化的风险投资基金(公司)、产业投资基金等,这些融资机构与非完全国有的政策性金融机构一样,都从事相应领域的融资服务,虽然其并没有从事政策性金融业务的经验,但对融资业务的内容和运作方式都有正确的理解。因此,在可能的情况下,通过股权改革和业务整合,国家可以赋予这些机构开展政策性金融业务的资格。

(四)新建立政策性金融机构

现有政策性金融机构在很多领域是缺乏的,如招投标政策性融资业务管理机构、重大自然灾害保险公司、中小企业金融机构、政策性投资的资金受托管理机构等。因此,还需要根据政策性金融的需求情况和我国政策性金融面临的具体形势,建立相应的政策性金融机构。这种方式可能需要时间,但这些机构建立之后,其可以在相应领域有针对性地开展政策性金融业务,提高政策性金融的效率。

第四节 政策性金融与开发性金融关系

一、政策性金融与开发性金融关系的主要理论观点

对于政策性金融与开发性金融之间的关系,目前理论界主要有三种看法。

第一种看法认为开发性金融是政策性金融的一部分。李扬、罗学东等认为,开发性金融是政策性金融的重要组成部分之一,从中国的情况来看,政策性金融在短期内不仅不应弱化,还应该进一步加以发展并寻求创新;一个完备的政策性金融体系应当包括开发性金融(从事落后地区、重点行业开发)、支持性金融(从事进出口、中小企业发展等融资)、补偿性金融(从事农业和农村部门发展融资)和福利性金融四个组成部分。胡学好认为,政策性金融体系应该包括开发性金融、支持性金融与扶持性金融三个部分。

第二种看法认为开发性金融是政策性金融的深化和发展，是政策性金融的高级阶段，或者说政策性金融是开发性金融的初级阶段。国家开发银行在提出开发性金融理论的同时，把政策性金融认同为以财政性手段弥补市场失灵的非金融性行为，从而把政策性金融作为开发性金融的初级阶段，而开发性金融是政策性金融的深化和发展，因此，开发性金融有政策性金融初级阶段、制度建设阶段和作为市场主体参与运行等发展阶段。

张涛认为，随着我国社会主义市场经济建设的不断进步，传统意义下政策性银行的历史性阶段任务也随之完成，三家政策性银行都应当转型为综合性开发金融机构，并在2000年认为政策性银行是传统模式的开发银行，开发性银行是新模式的开发银行，存在政策性银行向开发性银行转型的国际潮流。开发性银行与政策性银行的区别在于，政策性银行着眼于社会效益，不追求自身业绩，强调政府的财政性补贴，依靠政府预算支持，无资本金约束，因此也无法实行真正的市场化经营，而开发性银行更多地强调资本金约束，从而保证按市场化原则经营，并通过制度建设、市场建设保持经营的可持续性，在此基础上，实现政府目标。

第三种看法认为政策性金融和开发性金融是不同的概念，二者不是包含关系，而是并列交叉关系。王伟认为，开发性金融是出于某种方便或需要，从金融机构或现金业务的服务对象或服务领域的角度而做的某种划分，它并不是金融基础理论中的一种基础性、规范性的标准划分。开发性金融包括开发性商业金融和开发性政策金融两种，由于开发性投、融资业务的特点，商业性金融往往不愿或无力主动涉足其中，因而要由政府负责开发性投融资业务，导致开发性金融主要是指开发性政策金融或政府开发性金融，但严格意义上讲，开发性金融从外延上应该包括开发性政策金融和开发性商业金融两大类，开发性政策金融是政策性金融的主体部分，但是开发性金融与政策性金融却有本质上的区别。

二、对开发性金融与政策性金融关系的基本认识

开发性金融理论研究的积极之处在于，开发性金融的概念是从提高政策性金融

机构运行效率的角度提出的，所代表的是对此前受计划经济惯性影响的政策性金融机构经营管理存在诸多问题的一种反思和变革。

我国政策性金融机构成立的直接目的，是为了消除政府干预对原四大专业银行的不利影响，实现各专业银行商业化改革。政策性银行产生之时，没有通过法律形式明确界定其权利义务及与政府的关系，因此，在三家政策性银行产生之后的一段时间里，政策性银行完全听命于政府，成为政府"第二财政"，导致三家政策性银行存在缺乏明确的运行目标和激励机制，治理结构存在缺陷，缺乏激励约束机制，员工业务发展的主动性与积极性不足，经营管理效率低下，内部控制与风险管理体系建设不足，盈利水平不高甚至出现经常性的亏损等诸多问题。

在这种情况下，国家开发银行大胆创新，认为没有一家银行是为了亏损而存在的，引入严格的项目评审机制和自身的业绩考评机制，在财政补贴资金缺乏的情况下，大力依靠债务市场融入资金，用于支持重点行业与落后地区开发，取得了良好的经营效益，并在此基础上，引入开发性金融概念，借以指导业务实践。从这一历史过程看，开发性金融的提出具有积极意义。而且从这一角度分析，开发性金融及开发性银行的相关理论，是在政策性金融及政策性银行理论研究的基础上发展起来的，是对政策性金融及政策性银行理论与实践的有益提升与丰富，值得肯定，并且应该在金融运行实践中继续总结经验与教训，实现更好的发展。开发性金融主要是为发展重点行业与区域而开展的资金融通活动的总称，它包括开发性商业金融与开发性政策金融两类业务，其中开发性政策金融是政策性金融的重要组成部分。从目前开发性金融的特征看，开发性金融机构实际是以国家信用或者隐性国家信用为基础，同时经营商业性开发性金融业务与政策性开发性金融业务的金融机构。

三、开发性金融不是政策性金融的唯一必然归宿

前述第二种观点将开发性金融作为政策性金融研究的深化和理论发展，而将此前受到计划经济影响的政府严重干预的政策性金融阶段和相关活动统称为政策性金融，从而认为政策性金融是开发性金融的初级阶段，进而提出要将政策性金融转型

为开发性金融的结论。这在我国现实生活中有其积极意义,但从全部历史现象的严格、规范意义上来做一归纳,政策性金融或许在有的国度、有的案例里,被认为是开发性金融的初级阶段,但这不是唯一的情形,在另一些国度和案例里,两者可以并行存在、互为呼应,即两者不一定是传承关系,而可能是平行关系。

政策性金融是一个广义的概念,是指那些所有能够支持政府经济社会发展政策或意图、解决市场机制配置社会资金的"市场失灵"问题而产生的资金融通活动。政策性金融包括的范围非常广泛,覆盖的领域既包括重点产业和落后地区开发,又包括支持进出口、中小企业和农业发展等;采取的组织形式既有银行,又有保险公司、担保公司甚至是部分政府附属机构;政策性金融机构的股权形式可以是政府独资,也可以是政府参股甚至完全非政府的。国际国内"开发性金融"的表述,可认为是狭义的传统政策性金融的发展新阶段,或广义的政策性金融范畴内的一种更为注重专业化管理及与市场融合的较高级形态。[①] 在现实生活中,开发性金融往往与基础设施、基础产业建设和区域战略的实施具有较直接的关联。

规范意义的政策性金融及政策性银行等金融机构,并不是特指以前脱胎于计划经济体制,受到政府的明显控制,项目选择与资金价格确定都无法自主决定的传统政策性金融机构。规范意义上的政策性金融运行不排除市场机制的作用,只要能实现政策性目标与具体运营管理层面市场性目标的有机结合即可。政策性金融改革,应该通过改革政策性金融机构的治理结构,明确政府与政策性金融机构的关系,政府只负责政策性金融机构的业务范围、服务水平及总体规模的审批及运行情况的监督,不再直接参与具体项目的决策,政策性金融机构的自主性明显增强,要按照市场化原则和明确的项目评审机制自主地进行项目选择和资金管理运行,注重提高运行效率,注重资金的回收与保值乃至增值,注重控制政策性金融业务的风险,减少不良资产的产生,从而实现其财务上的可持续。

虽然改革前后政策性金融机构运作的形态不同,但都属于政策性金融的范畴,仍然是政策性金融的组成部分。当然,对政策性金融机构的改革不是一元化的选择,

---

① 贾康等.中国政策性金融向何处去[M].北京:中国经济出版社,2010:170-171.

不局限于仅在政策性金融的框架内进行改革。政策性金融在一定条件下是可以向开发性金融转变的，但不是所有的政策性金融机构都必须转化为开发性金融机构，所以不能说政策性金融只是开发性金融的初级阶段，政策性金融的唯一归宿是要向开发性金融转型。

近年来，随着长期公共资源紧缺，国际上重要的开发性金融机构正逐步向可持续开发性金融转型，不以利润最大化为目的，但日益重视项目的商业可行性和财务可持续性，更加注重支持基础设施投资等长期投资项目，通过国际债券市场融资获取较低成本资金，撬动私人部门投资，以充分调动资源支持各国的经济发展。

当前我国参与的"一带一路"等对外投融资项目普遍具有回收周期较长、资金需求规模巨大等特点，我国需要创新投融资机制设计，通过合理的融资安排、适当的风险分担机制和合适的金融工具，降低我国海外投资的不确定性，提高项目的经济效益。具有市场化运作、财务可持续和注重中长期投资等优势的开发性金融可发挥重要作用。开发性金融可以依托政府信用，通过发行政策性金融债等方式，自行募集长期稳定、成本较低的资金，然后根据需求自主选择项目，提供中长期融资支持。利用好开发性金融、完善出口信贷等政策性金融工具、推动金融机构和金融服务的网络化布局、充分调动官方与市场资金、东道国金融资源、国际资本和多边开发机构资金等多方面渠道，构建以市场化为主、可持续的对外投融资框架。

第五节 可持续的政策性金融体系发展战略目标

经过 40 多年的改革开放，我国的社会主义市场经济体系已经基本建成，商业银行的功能也得到明显强化，在社会资金配置中起着主导性作用，但是，随着我国经济对外依存度的不断提高，"走出去"战略已成为适应全球化的选择，需要巨额资金支持；小企业融资难问题也一直难以解决；"三农"领域的发展长期滞后，城乡差距日益扩大；同时，我国经济结构转型过程中重点发展的高科技产业、新能源产业、绿色产业以及循环经济的合理产业链建设等，都需要巨额投资，而由于产业发展初期存在较大的不确定性，投资风险较大，商业性业务也不愿涉足，市场失灵问题难以回避。解决上述诸方面的资金需求，就需要我们对金融体系的培育和完善有一个较为清晰的思路，需要注重金融深化和后发优势的结合。所谓后发优势既包括通过运用先进技术实现生产力的跨越式发展，也包括借助于特定的制度安排加快社会进步和经济发展。从世界各国经验看，在快速发展经济、实现经济起飞的过程中，政策性金融具有较强优势。因此，当前及未来一段时间，我国在大力发展商业金融体系的同时，仍需要进一步发挥政策性金融不可替代的重要作用。当然，随着我国市场经济体制的完善、经济发展水平和金融发展水平的跃升，政策性金融会有一个逐步淡出的过程，但这将是较长时期以后，甚至几十年以后的事情。

根据国情采取多种方式推进我国政策性金融体系的完善，具体思路建议如下。

一是深化改革仍需要保留的政策性金融机构。一方面，要实现这些政策性机构经营机制的转换，建立现代银行制度，在设定的政策性业务领域内，给予其自主经营的权力，以资本充足率等风险管理目标控制政策性银行的行为，控制政策性银行业务的风险，实现财务上的可持续。另一方面，要对政策性金融机构的业务领域进行重新界定，明确界定其权利义务关系。

二是考虑新建必要政策性金融机构。根据量力而行的原则，在最需要的领域新建一些政策性金融机构，如可以考虑筹建支持小企业发展的政策性金融机构、增加农业领域的政策性金融机构等。

在上述思路中，我国原有政策性金融机构商业化改革的过程，需要妥善处理其商业性业务与政策性业务兼营可能带来的两大问题：一是道德风险，因其政策性业务具备隐性财政支持，此类金融机构在开展商业性业务过程中有动机忽视风险，大量从事高风险业务，最终会使整个社会承担其冒进创利的风险和成本，"两房"[①] 的例子殷鉴不远。二是此类机构可以利用其政策性银行的身份在商业性业务领域获得超出其他商业银行的优势，从而可能带来金融行业的不公平竞争问题。

---

① 两房：美国最大的两家住房抵押贷款融资机构房利美和房地美。

第四章

国际视野中建设现代金融体系的经验与展望

改革开放以来,中国金融实现了根本性增长,基于金融变革的基本趋势和国家的战略目标,未来的金融必将是在全球视野中发展的开放的多元化体系。当前,世界经济在深度调整中曲折复苏,正处于新旧增长动能转换的关键时期,上一轮科技和产业革命提供的动能面临消退,新一轮以信息和新能源为主的科技进步、以数据化和智能化为主的工业革命提供增长动能尚在孕育。在这重大的历史机遇期,中国深化金融供给侧改革,建立完善的、具有中国特色的现代金融体系是当务之急。西方国家的金融体系经历了数百年的发展,历经多次危机,才逐步发展到今天。尽管中国与西方国家在经济发展阶段、政治体制、金融体系的发展存在很大不同,但是,一些成功的模式和惨痛的教训仍是非常值得进行市场化改革的中国学习借鉴的。

第一节 金融危机的国际经验和教训

综观世界各国,经济发展史也是一部金融危机史。从400多年前的荷兰郁金香泡沫、英国南海泡沫、法国密西西比泡沫到20世纪30年代席卷西方发达国家的大萧条、20世纪80年代的拉美债务危机等,金融危机始终贯穿在人类经济社会发展的各个阶段。尽管随着社会经济的发展，金融理论有了明显的进展，国际上应对重大危机的经验日趋丰富，政策工具日益多样，但金融危机并没有因此消亡。20世纪90年代日本资产泡沫危机、1998年亚洲金融危机使多个东亚及东南亚国家遭受重创。进入21世纪以来，金融危机更是在西方主要发达国家体系内部频繁爆发。2000年前后的互联网泡沫，尤其是2008年次贷危机和2012年欧债危机的影响极为深远，使得整个经济学、金融学理论都遭遇空前挑战。研究总结金融危机的国际经验和教训，对于我国当前防范化解金融风险，构建现代金融体系框架，更好实现新时代中国经济高质量发展，具有至关重要的意义。

一、国际金融危机分类

（一）银行危机

由于人们对金融体系和经济丧失信心，引发人们大量从银行和金融机构提取现金存款，出现"挤兑"危机或银行和金融机构因为房地产、股票泡沫破灭导致大量坏账，或者自身投资出现巨额损失而最终破产倒闭。

· 20世纪90年代日本资产泡沫危机

广场协议签订后美元兑日元汇率从1：250左右上升到1986年9月的1：153，在不到3年时间中日元升值了一倍。日元升值对日本出口造成较大影响，大量海外资金流入日本，投资于日本房地产业，房地产业成了拉动日本经济的支柱产业，政府鼓励房地产业的发展，推高了日本房价和地价，带来了资产泡沫。

1986—1991年，日本城市住宅土地价格上涨148%，六大主要城市上涨245%。泡沫鼎盛时期，日本土地面积仅为美国的1/25，但土地资产总值是美国的4倍。随后政府采取措施予以遏制。1989年5月至1990年8月，日本央行连续5次加息，将再贴现率由2.5%上调至6%，大藏省要求所有金融机构控制不动产贷款规模。

紧缩性政策收到了明显成效，日经指数自1989年12月的最高点下滑，1992年年中暴跌至14300点，跌幅超过60%，地价也较最高点时下降了一半多。地产和股票价格的下跌给日本带来的财富损失约为1500万亿日元。由于资产快速缩水，导致银行纷纷加快回收贷款，致使市场流动性骤然收紧，企业资金状况急剧恶化，大量不良债权由此产生，日本企业出现大规模经营困难或倒闭，日本经济泡沫破灭，元气大伤。日本经济过度依赖于房地产业，日本央行通过连续降息，而后又快速加息来刺破泡沫，导致泡沫破裂和金融体系发生信用危机，危及实体经济。此后的20多年，日本的经济增速再未突破5%，平均增速甚至低于1%。

- **2008年次贷危机**

由于2000年美国互联网泡沫破裂，为拉动经济增长，政府采取扩张的财政货币政策，房地产市场持续上涨，与之相应的房地产质押贷款业务也随之蓬勃发展，一些贷款机构向信用程度较差和收入不高的次级贷款人提供大量购房贷款。2007年2月次贷危机开始初见端倪，美国多个次级贷款机构因为借款方违约增多，出现了严重的亏损；6月到7月，先是对冲基金，然后私人股本相继出现问题，很快，股市和债市剧烈波动；8月，次贷危机造成了全球信贷紧缩，各国央行被迫入市干预。据统计，仅2007年8月，各国央行为缓解危机带来的影响，共向市场注资约5446亿美元。9月，欧洲央行再次向市场投放约1000亿美元的两个月短期资金。13日，英国北岩银行因抵押贷款问题影响资金周转不灵，向英格兰银行求助，14日北岩银行发生挤兑事件。至此，次贷危机向全球蔓延，逐步演变为自20世纪30年代大萧条以来最严重的国际性金融危机，众多发达国家和新兴市场经济体的股票市场、房地产市场、货币市场和初级商品市场，遭受重大打击，世界经济衰退，失业率高涨，社会动荡。据不完全统计，从2006年11月到2007年8月中旬，全美有80多家次贷机构停业，其中11家破产，损失高达1000亿美元。

（二）货币危机

一国货币因大量资本外逃或受到投机家攻击，货币当局干预失败，出现货币大幅度贬值和金融市场动荡。

- **1998年亚洲金融危机**

20世纪80年代中期以后，东南亚国家蓬勃发展的外向型经济受到来自国内劳动成本上升和邻近国家竞争优势的压力，出口增长减缓，进口不断扩大，东南亚各国政府取消外汇管制，提高外资在上市公司的持股比率，放松外资银行准入条件等，加快国内金融市场的对外开放，促使大量短期外资流向证券市场和房地产市场。这些国际短期资本流动性大、投机性强，在金融危机中狙击汇价、撤资股市，造成东南亚国家汇市和股市的剧烈震荡。

东南亚金融危机首先表现为货币危机，各国货币出现普遍大幅度贬值。1997年2月，国际金融市场首次出现大量抛售泰铢的风潮。5—6月，泰铢汇价急剧波动。7月2日，泰国政府被迫放弃固定汇率制，实行浮动汇率制，当日泰铢汇价下跌17%。随之，菲律宾、马来西亚和印度尼西亚货币的汇率也出现震荡。据统计，1997年7月1日至1998年6月30日整整一年时间，东南亚5国货币兑美元的汇率跌幅分别为印尼盾83.6%，泰铢42%，马来西亚林吉特38.6%，菲律宾比索36.9%，新加坡元15.4%。[①]

货币危机使储蓄者对银行体系和本国货币丧失了信心，随即触发了储蓄者对银行外汇的疯狂挤兑和套购，东南亚各国银行因不良贷款比例过高，进而出现清偿力危机。金融危机期间，印度尼西亚国内2/3的银行出现挤兑现象，数十家银行关闭。本国货币汇率重挫和外汇储备骤减，造成到期巨额外债难以偿还，导致外债的偿还危机。泰国和印尼先后向国际货币基金组织寻求巨额的国际金融援助。1997—1998年，亚洲诸国GDP纷纷负增长。泰国1997年负增长2.75%，1998年继续负增长7.63%；韩国1998年负增长5.47%。[②]

（三）债务危机

一国因外债负担沉重而到期无力偿还引起的金融市场动荡或一国因政府巨额财政赤字而引发的金融动荡。

·2009—2012年欧债危机

2009年次贷危机蔓延至欧洲，流动性极度紧缩，大幅抬升融资成本。希腊政府

[①][②] 数据来源：wind资讯。

宣布 2009 年政府财政赤字和公共债务占国内生产总值的比例预计将分别达 12.7% 和 113%，远超欧盟《稳定与增长公约》规定的 3% 和 60% 的上限。2009 年 12 月 11 日，希腊政府表示，国家负债高达 3000 亿欧元，创历史新高。随后，全球三大评级公司相继下调希腊主权信用评级，欧洲主权债务危机率先在希腊爆发。2010 年上半年，欧洲央行、国际货币基金组织（IMF）等一直致力于为希腊债务危机寻求解决办法，但分歧不断。欧元区成员国担心，无条件救助希腊可能助长欧元区内部"挥霍无度"并引发本国纳税人不满。同时，欧元区内部协调机制运作不畅，致使救助希腊的计划迟迟不能出台，导致危机持续恶化。葡萄牙、西班牙、爱尔兰、意大利等国接连爆出财政问题，德国与法国等欧元区主要国家也受拖累。

2010—2012 年，欧盟与国际货币基金组织为希腊提供 1100 亿欧元和 1300 亿欧元贷款。希腊总理齐普拉斯上台后，通过承诺养老金改革与加税，换取债务减记及纾困资金 850 亿欧元。2018 年 8 月，希腊走出持续了近 8 年半、为期 3 轮的欧盟纾困计划，重新拿回财政自主权，宏观经济数据也出现缓慢复苏的迹象。

二、国际金融危机爆发的共性特征

分析梳理前述四次金融危机的演变过程，可以发现导致重大金融危机爆发的共性特征因素有如下几个方面。

（一）金融市场中存在巨额问题资产

在上述四次危机爆发前，各金融市场都存在着规模巨大的问题资产，如美国的房地产及相应的资产证券化产品、欧洲的主权债务、东南亚各国房地产资产和主权债务因素的叠加。穿透来看，这些问题资产直接或者间接地与金融机构尤其是商业银行表内或表外业务高杠杆操作紧密关联。监管部门主动或被动地放任期限错配严重的债务高杠杆，导致国内的资产泡沫严重。危机爆发时政府的财政政策干预空间有限，如美国财政部受国会的约束，欧洲危机国政府已经耗尽财政空间或者财政政策无能为力，东南亚金融危机涉及汇率定价的问题，在缺乏价格基准的情况下，危机国无法在国际市场进行信用拆借，只能依赖区域联盟或国际组织的干预。

（二）危机爆发后的螺旋式恶化反应

从四次危机的深化过程看，危机爆发后，市场会从问题资产开始，对各产品竞相抛售和踩踏，资产价格下跌后，市场的自发协调机制失灵，出现流动性危机，金融机构会抛售相对优质的资产来维持流动性和防止挤兑，市场抛售和挤兑行为会将风险传递到非问题资产和前期相对稳健的金融机构，问题资产引发的风险经由私人部门传递到银行部门，私人部门危机被迅速加倍放大。在状况不断恶化的同时，市场影响力巨大的第三方机构又开始反复调低相关主体的评级，助推了危机继续深化。起初局部的问题迅速引发了大范围的悲观情绪，经过螺旋式的恶化反应，造成整个市场的恐慌，甚至转变为主权信用问题，造成汇率大幅贬值和资本外逃。

（三）政府部门对危机的爆发容易出现预判失误

由于政府最初没有预见到危机的演变方向，贻误了早期的干预机会，导致危机蔓延深化乃至走向失控。信息不全，政府部门之间信息不共享，监管部门对市场的情况不明，对风险传染机制的理解不够，决策层缺乏有足够市场经验的人才，都会加大政府部门判断失误的概率，进而导致危机干预失误，该干预时不干预，或者出现过度干预。例如，日本政府认为房价回落是一个正常的市场调节过程；美国财政部和美联储认为次贷引发的违约不会超过 3000 亿美元；欧盟认为希腊问题不大。

三、重大金融危机的经验教训

分析重大金融危机的形成过程及世界各国的应对方法，可以总结出如下几方面的经验教训。

（一）对危机的干预需要强有力的政府主导

在关键时点，政府需要迅速出台大规模干预计划，干预政策的力度需要有压倒性的优势,才能有效缓解市场恐慌情绪。干预主体的信用等级足够强、政策力度足够大时,政策的干预起效会更迅速,干预的整体成本也可能更低。如果政府没有清醒的认识或政府的职能受限,则容易导致无法有效实施干预。例如,2008年美国民众和国会政界人士强烈不满政府部门接管"两房"、救助贝尔斯登的举动,反对用纳税人的资金救助"不负责任的金融机构",各界的分歧较大导致政府在雷曼兄弟问题暴露后不敢再次强力干预,引发了后续的风险失控,其后美联储强硬的大规模资产购买计划的施行使局面得以扭转。又如欧债危机爆发之初,欧盟多国不愿意分担对希腊的救助成本,在危机中期对希腊债务的减计重组方面存在大量分歧,导致政策反复,危机不断蔓延,扩大了欧债危机的冲击范围。与之对比的是在欧债危机最严重时就任欧洲央行行长的德拉吉,在2012年7月各界普遍担忧欧元区的解体风险时,高调宣告将不惜一切代价维护欧元,并在随后主导推出"直接货币交易(OMT)"计划,快速平抑了金融市场的恐慌情绪。

(二) 对危机的干预需要有效的国际协作

金融全球化与全球信息互联互通的相互交织加大了金融风险的联动性。大规模资金能够实现短期内的快速流动,一国金融政策调整和金融市场波动能够实时传导到其他国家和地区。并且,金融风险的"木桶效应"更加凸显,任何一国的金融监管短板都有可能引起大范围的金融危机,这就需要加强危机干预其国际协调与合作。如为改善全球金融市场的流动性状况,美联储联合加拿大银行、英格兰银行、欧洲央行、日本央行、瑞士央行等设立互惠货币掉期机制,同时执行以多种有价证券为抵押资产的回购协议,对全球金融市场进行注资。2007年12月12日起,美联储分别与欧洲央行和瑞士银行交换200亿及40亿额度的美元,此后多次增加交易额度并扩大货币互换的对象国家。在美国的推动下,西方各国央行都深度介入,形成了对美联储流动性操作的密切配合,共同应对美国短期融资市场压力提升的局面。美国政府加强货币政策的国际协作,对扩大市场的融资来源、缓和融资的短缺局面起了一定作用。相反,欧债危机中,各成员国尤其是德国对于是否应该用本国纳税人的钱去救助希腊与其他部分国家分歧较大,导致无法在欧元或者欧盟层面形成一致的干预决策，使得欧债危机持续发酵深化。

（三）金融改革需要回归本源，服务实体经济

仅靠扩张性货币政策无法解决经济发展的深层次问题，必须依靠实体经济走向未来，任何时候，实体经济都是一国保持经济平稳运行、不断提升国际竞争力的基石。金融和实体经济是共生共荣的关系，实体经济是金融的根基，金融是实体经济的血脉，为实体经济服务是金融立业之本。为实体经济服务，满足经济社会发展需要，是金融的本分。要让金融回归本源，服从服务于经济社会发展，把更好地服务实体经济作为金融工作的出发点和落脚点。如2000年美国互联网泡沫破裂后，为拯救美国经济，2001年1月至2003年6月，美联储连续13次下调利率，联邦基金利率降至1%的历史最低水平，并且在1%的水平上停留了一年之久。此举虽然在一定程度上拯救了美国证券市场，但也催生了美国的楼市泡沫。由次贷危机引发的金融海啸，就是虚拟经济盲目扩张的恶果。虚拟经济与实体经济的脱节达到严重程度时，就有可能出现严重通货膨胀、巨额财政赤字和外贸赤字，直至金融危机和经济危机。

四、金融危机对中国金融改革的启示

（一）认清金融与实体经济的关系

良好、稳定的宏观经济基础是推进金融改革的首要前提。金融发展政策必须以坚实的经济基础为保障，宏观经济的初始状态是一国推进金融改革进程的重要"参照物"，在2008年国际金融危机爆发前，新兴经济体经济基本面普遍好于发达经济体，积累了大量预防性外汇储备，货币和财政政策刺激力度更强，这些因素都为成功化解危机冲击并迅速复苏发挥了重要作用。

发展金融业的根本目标是促进资源的有效配置，促进实体经济增长。为了提高规模而进行的盲目金融扩张严重扭曲了虚拟资本与实体经济的关系，直接导致"经济虚拟化"的后果。而经济虚拟化带来的深刻变化，使传统宏观经济政策手段越来

越不容易达到政策目标，政策效果变得越来越难以操控。在上述国际金融危机的救助中，虽然各国政府采取央行、财政部联手出击，实施救助性干预政策的方式，但由于虚拟经济造成宏观经济运行的不确定性被放大化，从而给宏观经济政策有效发挥作用、实现调控目标造成了极大的障碍。在深化改革中，要充分考量金融对宏观经济政策传导机制的影响，并在有此考虑的前提下，实施货币政策和财政政策，注重多种宏观经济政策的搭配与协调，调整并改变忽视虚拟经济因素的传统宏观调控政策，转变传统的宏观调控方式，充分发挥金融在经济发展中的"蓄水池"作用。

（二）注重金融改革的系统性

缺乏系统性的金融改革措施，不仅降低金融改革的成效，而且更易于引起金融动荡。东南亚国家的国内金融市场开放与中央银行调控能力不适应，放宽银行金融机构限制与加强金融风险管理相脱节，汇率与利率政策调整滞后于资本项目开放，银行自由化改革与国有企业私有化不同步。泰国在1992年开放资本项目的外汇交易，同时又保持自1984年开始实行钉住一篮子货币的汇率制度。由于泰铢与以美元为主的一篮子货币挂钩，泰铢汇价随美元升值而被高估。此外，泰铢的利率远高于一篮子货币，最高利率差曾高达4%～5%，导致大量外国短期资本在较小风险的条件下流入来套取汇率、利率的利差，严重冲击其国内金融体系。在金融危机爆发后，这些国际资本大量撤离泰国，从而使其国内金融市场几乎陷入崩溃。

当前我国面临的风险很大程度上是由于改革开放以来渐进性改革不彻底、不到位。要在健全货币政策和宏观审慎双支柱的同时，深化利率汇率市场化改革，让市场在金融要素价格形成中真正起到决定性作用，切实加大经济的弹性和韧性，更好地抵御危机冲击风险。

（三）积极应对全球化

国际经济机构的权威研究显示，尽管有充分的数据表明参与全球化程度高的国家其经济增长速度较高，但是同时这些国家经济增长的波动性和同步性愈益增强。随着经济全球化的发展，世界各国间经济相互依赖的程度加深，安全受到不同程度的冲击，尤其是发展中国家的经济安全面临严峻的挑战。一国经济的国际竞争力的强弱，决定了其在经济全球化中所处的地位和获得的利益。由于发展中国家的经济发展相对落后，在国际分工体系中处于不利的地位，因而发达国家与发展中国家的相互依赖关系属于非对称和非均衡的相互依赖。20世纪90年代中期东南亚金融危机的爆发，表明在经济全球化加速发展背景下，发展中国家的经济开放和金融开放面临着巨大的风险，国家经济安全受到严重的威胁。因此，发展中国家在进行金融改革的同时，必须实施积极的全球化战略，不断增强综合国力，把握对外开放的主动权，以保障国家的经济安全。

（四）金融监管要与金融改革进度相匹配

金融改革和创新的同时需要强化及时性的金融监管以抵御可能的风险和危机。随着一国金融改革的推进，潜伏于金融体系的风险转换为危机的可能性将随之增大，此时必须加强金融监管改革，不断更新监管方法，以提高金融监管体系的有效性，使之能与金融改革的改革进度相匹配，通过强化监管抑制滋生泡沫的源头。否则，随着监管漏洞的扩大，危机将一触即发。

专栏四　美国联邦储备系统的股权结构

·美国联邦储备系统基本情况介绍

美国联邦储备系统（The Federal Reserve System）负责履行美国的中央银行的职责，这个系统是根据《联邦储备法》（Federal Reserve Act）于1913年12月23日成立的。这个系统主要由联邦储备委员会、联邦公开市场委员会、12个联邦储备银行及咨询委员会组成。

√联邦储备委员会

联邦储备委员会是一个联邦政府机构，其办公地点位于美国华盛顿特区，由7名成员组成（其中主席和副主席各1位，委员5名），须由美国总统提名，经美国国会上院之参议院批准方可上任，任期为14年（主席和副主席任期为4年，可连任）。

联邦储备委员会的基本职能包括：

（1）通过三种主要的手段（公开市场操作，规定银行准备金比率，批准各联邦储备银行要求的贴现率）实现相关货币政策。

（2）监督、指导各个联邦储备银行的活动。

（3）监管美国本土的银行，以及成员银行在海外的活动和外国银行在美国的活动。

（4）批准各联邦储备银行的预算及开支。

（5）批准各联邦储备银行董事会提名的储备银行行长人选。

（6）行使作为国家支付系统的权利。

（7）负责保护消费信贷的相关法律的实施。

（8）依照《汉弗莱·霍金斯法案》（Humphrey Hawkins Act）的规定，每年2月20日及7月20日向国会提交经济与货币政策执行情况的报告（类似于半年报）。

（9）通过各种出版物向公众公布联邦储备系统及国家经济运行状况的详细的统计资料，如每月一期的联邦储备系统公告（Federal Reserve Bulletin）。

（10）每年年初向国会提交上一年的年度报告（需接受公众性质的会计师事务所审计）及预算报告（需接受美国审计总局的审计）。

（11）委员会主席需定时与美国总统及财政部部长召开相关的会议并及时汇报有关情况，并在国际事务中履行好自己的职责。

∨ 联邦公开市场委员会

联邦公开市场委员会（The Federal Open Market Committee，FOMC），是联邦储备系统中另一个重要的机构。它由12名成员组成，包括联邦储备委员会全部成员7名和纽约联邦储备银行行长，其他4个名额由另外11个联邦储备银行行长轮流担任。该委员会设一名主席（通常由联邦储备委员会主席担任），一名副主席（通常由纽约联邦储备银行行长担任）。另外，其他所有的联邦储备银行行长都可以参加联邦公开市场委员会的讨论会议，但是没有投票权。

联邦公开市场委员会最主要的工作是利用公开市场操作（主要的货币政策之

一),从一定程度上影响市场上货币的储量。另外,它还负责决定货币总量的增长范围(即新投入市场的货币数量),并对联邦储备银行在外汇市场上的活动进行指导。

该委员会主要的决定都需通过举行讨论会议投票产生,它们每年都要在华盛顿特区召开8次例行会议,其会议日程安排表每年都会向公众公开。而平时,则主要通过电话会议协商有关的事务,当然,必要时也可以召开特别会议。

咨询委员会

美国联邦储备系统在执行其职能时,听取咨询委员会的建议。联邦咨询委员会、消费者咨询委员会和储蓄机构咨询委员会3个委员会直接向联邦储备委员会提供咨询。其中,前两个委员会是按照法律规定成立的机构,而储蓄机构咨询委员会则是由联邦储备委员会设立的机构。

(1)联邦咨询委员会。

根据《联邦储备法》的规定,联邦咨询委员会由12家联储地区银行各推选一名代表组成,每年在华盛顿与联邦储备委员会的成员会谈4次。联邦咨询委员会成员向联邦储备委员会提出各种货币政策的"建议",每名成员都代表本地区的经济利益,任期3年,每人都有相同的投票权。

(2)消费者咨询委员会。

该委员会成立于1976年,在联邦储备委员会执行其职责时,根据《消费者信用保护法》及其他相关法律法规,向联邦储备委员会提供关于消费者金融服务方面的建议。该委员会的成员代表消费者、团体以及金融服务行业的利益。成员由联邦储备委员会指定,任期3年,每年在华盛顿召开3次会议,会议向公众公开。

(3)储蓄机构咨询委员会。

在1980年《存款机构解除管制与货币控制法案》实施之后,联邦储备委员会成立了储蓄机构咨询委员会以便获取关于存款机构的特殊需求及存在问题的信息。与前两个咨询委员会不同,该委员会不是法定的管理机构,而是为了获取与联邦储备系统有重要联系的存款机构的代表所提供的直接信息而设立的。委员会成员每年在华盛顿与联邦储备委员会会面3次。委员会成员为来自储蓄贷款机构、互助储蓄银行及信用合作社的代表,成员由联邦储备委员会指定,任期两年。

• 联邦储备银行股权结构分析

√ 联邦储备银行基本情况

根据《联邦储备法》的规定，美国一共分为12个储备区，每个区设一个联邦储备银行（另下辖25个分行）。12家地区银行总部分别设于波士顿、纽约、费城、克利夫兰、圣路易斯、旧金山、里士满、亚特兰大、芝加哥、明尼阿波利斯、堪萨斯城、达拉斯。每家区域性储备银行都是一个法人机构，拥有自己的董事会。会员银行是美国的私人银行，除国民银行必须是会员银行外，其余银行是否加入全凭自愿。至2004年3月，美国共有约7700家银行，其中，约有2000家国民银行和900家州银行是美国联邦储备系统的会员银行。加入联邦储备系统就由该系统为会员银行的私人存款提供担保，但必须缴纳一定数量的存款准备金，对这部分资金，联邦储备系统不付给利息。

根据《联邦储备法》第3节的规定，各会员银行必须认购联邦储备银行的股份，认购额为该银行资本金及盈余的6%，各会员银行以其认购额为限承担相应的责任及义务。联邦储备银行的股份每股为100美元。关于认购资金的交纳，1/6的认购资金在联邦储备委员会的组织委员会要求时交纳，1/6的认购资金在上一次认购资金交纳之后3个月之内交纳，1/6的认购资金在上一次认购资金交纳之后6个月之内交纳，其余认购资金在联邦储备委员会认为必要时交纳。各会员银行必须以黄金或者黄金券交纳认购资金。各会员银行持有的联邦储备银行的股份不得转让或者抵押。各会员银行未认购的股份由联邦储备委员会的组织委员会按照票面价值发行公债，然后由各会员银行购买公债。未认购的公债由财政部购买持有，并可随时以不低于票面价值的金额卖出。除了会员银行，任何个人、合伙人及公司都不得认购或者持有票面价值超过25000美元的联邦储备银行的股份。非会员银行持有的股份没有表决权。联邦储备银行的建立和终止由联邦储备委员会决定。

联邦储备银行的股本总额并不是一成不变的。流通在外的股份随着会员银行增加或者减少其持有的股份，或者会员银行数量的增减而随之变化。当会员银行增加其持有的联邦储备银行股份时，其持有的股份不得超过其增加的资产的6%，其中，1/2的认购资金必须交纳，另外1/2的认购资金在联邦储备委员会要求交纳时交纳。

在联邦储备银行成立发行股份时，认购其股份最多的六个银行控股公司依次为：花旗公司，至1982年12月31日，其资产为1300亿美元，该公司是由认购联邦储备银行股份最多的两个银行——JP摩根的第一国家银行和国民城市银行于1955年合并而成的公司；纽约大通曼哈顿银行，至1982年12月31日，该银行资产总额为809亿美元；汉诺威银行，至1982年12月31日，该银行资产总额为640亿美元；纽约JP摩根公司，至1982年12月31日，该公司资产总额为586亿美元；纽约化学银行，至1982年12月31日，该银行资产总额为483亿美元。

1914年，联邦储备银行的股份总数为203053股，其股份构成如下：洛克菲勒和库恩雷波公司控制下的纽约城市银行，即花旗银行前身，持有30000股；JP摩根的第一国家银行（First National Bank）持有15000股；纽约国家商业银行持有21000股；汉诺威银行持有10200股；大通银行持有6000股；汉华银行持有6000股。6家银行持有联邦储备银行约43%的股份。

关于联邦储备银行的利润划分，联邦储备银行按照各个会员银行持有的股份进行派息。2000年，联邦储备银行将其派息之后的盈余资金中的3752000000美元转交给了财政部。

关于联邦储备银行的治理结构方面，每个联邦储备银行都有一个由9名董事组成的董事会，他（她）们被分为A、B、C 3组，每组3名董事，代表着不同的利益群体。A组代表的是联邦储备系统中作为会员的商业银行集团，B组和C组则代表公众集团。A组和B组的董事从该储备区会员银行举行的选举产生，C组董事由联邦储备委员会任命，董事会的董事长由联邦储备委员会来任命一位C组中的董事担任。另外，B组和C组中的董事不能在会员银行中担任其他职务，而C组董事更是连会员银行的任何股份都不准持有。

联邦储备银行的行长和第一副行长由董事会董事提名，经联邦储备委员会批准后方可上任。而联邦储备银行分行的董事会则由5~7名董事组成，其中多数由上级的联邦储备银行任命，剩下的少数则由联邦储备委员会任命。

联邦储备银行及其分行的董事会有责任收集全国各地经济运行状况的信息，并及时、详细地向联邦储备委员会及联邦公开市场委员会报告，以便它们能更好地做出实施相应的货币政策的决定。这些信息通过储备银行进行整理后，还以一个特别报告的形式（非正式的叫法为"米色书"，Beige Book）向公众进行发布，时间通常是在联邦公开市场委员会召开例行会议前两周左右。

每年除了要接受联邦储备委员会的审计以外，联邦储备银行还要接受美国审计总署的审计（与外国中央银行的交易及公开市场操作等少数几个领域除外）。并且，为加强自我监督的力度，每个联邦储备银行都有一名专门向董事会负责的内部审计师。

此外，联邦储备银行还受联邦储备委员会及美国国会的监督。

√ 纽约联邦储备银行基本情况

因纽约联邦储备银行在联邦储备系统中地位重要，在此做一详细介绍。

纽约联邦储备银行（简称纽约联储）是1924年新文艺复兴时期建造的银行，位于曼哈顿的金融区。它是美国联邦储备系统中最重要的、最有影响力的储备银行，负责第二个储备区，数字编号为2，字母编号为B，在美国的金融领域占据着举足轻重的地位。纽约联邦储备银行分管纽约州、新泽西州北部的12个县，康涅狄格州菲尔菲德县、波多黎各自治邦及美属维尔京群岛。纽约联邦储备银行有别于全美其他11个地区性银行，因其位处美国金融中心，直接执行中央政府的货币政策，进行大量的外汇交易，管理美国财政部很大一部分的债务。纽约联邦储备银行在美国联邦开放市场委员会和财政部的指导下，承担着执行货币政策和保护正常货币流通的任务。同时，在联邦储备银行的地方系统中，纽约储备银行也是最有力的银行监督者，因为它的周围集中了大量美国和海外的银行。

根据《联邦储备法》的规定，纽约联邦储备银行的管理及监督由董事会执行。《联邦储备法》规定了各个联邦储备银行董事会的结构。每个联邦储备银行的董事会有9名成员，任期3年，其中，3名成员包括主席及副主席由联邦储备系统委员会指定，其余6名董事会成员由成员银行选出。纽约联邦储备银行的会员银行有国民银行和州注册银行。按照规模大小，会员银行可分为三个等级，每个等级的会员银行分别选出两名董事会成员，一名代表该等级会员银行的利益，另外一名代表公众利益。在选举董事会成员时，无论会员银行持有的联邦储备银行股份是多少，每个会员银行只有一票表决权。

关于纽约联邦储备银行的管理事宜，由董事会成员投票决定。在董事会成员职位空缺时，由公司治理委员会指定人员担任该职位的董事会成员直至该职位的任期结束，指定人员必须为美国公民。董事会在每月的第一个星期四及第三个星期四会面商讨公司事宜。如该月有五个星期四，则董事会成员可决定在第五个星期四会面商讨公司事宜。如会面日期为节假日，则会面日期为节假日后的第一个工作日或者董事会指定的某个工作日。董事会主席或者副主席可随时召开特别会议，并确定会议的时间及方式。此外，纽约联邦储备银行还设有一系列委员会，执行相应的职责，委员会的成员均由董事会选定或者指定。这些委员会包括：执行委员会，该委员会可在董事会成员未达到法定人数时，代替董事会处理公司事务，行使相应的权利；审计及运营风险委员会；提名及公司治理委员会；管理及预算委员会；其他委员会。

至1983年7月26日11:05，纽约联邦储备银行的成员银行包括27家纽约市银行，其中，10家银行持有了纽约联邦储备银行约66%的股份，也就是7005700股。各银行的持股情况如表4-1所示。

表4-1　纽约联邦储备银行十大股东持股比例

银行名称	股票数量	持股比例
信孚银行	438831	6%
纽约银行	141482	2%
大通曼哈顿银行	1011862	14%
化学银行	544962	8%
花旗银行	1090913	15%
欧美信托银行	127800	2%
施罗德信托银行	37493	0.5%
汉华实业银行	509852	7%
摩根担保信托公司	655443	9%
北美国家银行	105600	2%

专栏四 参考文献

［1］Eustace Mullins. The Secrets of the Federal Reserve［M］. John McLaughlin, Jekyll Island Edition, 1993: 282-292.

［2］宋鸿兵. 货币战争［M］. 北京：中信出版社，2007：53-140.

［3］孟建波. "美联储"是如何进行运作——赴美考察报告之一［J］. 广东金融，1996（1）.

［4］王昌范. 美国的中央银行体系及其特点［J］. 管理现代化，1994（2）.

［5］严波. 美联储的结构模式及其央行职能分析［J］. 新金融，2006（9）.

［6］刘薇. 美国联邦储备系统的简况与股权结构［R］. 财政部财政科学研究所研究简报，2011（11）.

第二节 全球流动性与金融市场发展态势

在世界经济充满复杂化和不确定性的前提下，国际金融市场也呈现出了一定的复杂性和多变性。随着国际形势的发展变化，国际金融市场在国际领域的作用越来越重要。只有关注全球流动性，做好对国际金融市场发展的研究和分析，才能使我国在激烈的国际市场竞争当中获得更多的市场经济效益。认清全球金融市场的发展态势是我国应对国际金融风险的前提，对我国建立完善现代金融体系，深入金融改革具有重要意义。

一、全球流动性现状

北京时间 2019 年 8 月 1 日凌晨，美联储宣布降息 25 个基点，将联邦基金利率目标区间下调至 2.00%~2.25%，此次降息为 2008 年 12 月以来首次降息。随后，阿联酋、巴西、菲律宾等央行跟随美联储也分别实施了降息行动，据不完全统计，2019年以来，全球至少已经有25个经济体相继宣布降息，全球货币政策进入宽松阶段，进入一个降息的周期，全球流动性问题再次成为焦点。本节主要从国际金融市场流动性、国际融资流动性、中央银行流动性三个维度对金融危机后的全球流动性变化进行分析。

（一）国际金融市场流动性

国际金融市场流动性指的是对国际货币和金融体系至关重要的资产（如主要经济体的政府债券或蓝筹股）能否轻松交易。金融市场流动性以成交量、买卖价差或交易对价格影响等微观结构指标来衡量。在国际层面，对于那些发行主要国际货币和拥有国际金融中心的国家来说，固定收益和股票市场的流动性尤为重要。

G20全球金融体系委员会的跨国研究表明，固定收益市场的流动性在金融危机期间遭受严重损失后，在2018年已恢复到危机前的水平。但该研究并未能指明，其结果所显示的平均没有反映出的流动性脆弱（例如，2014—2015年，美国国债出现"闪涨"，德国国债出现"突然逆转"）及在细分市场中的"分化"迹象（例如，危机过后，美国企业债市场的交易规模仍然很低，2014年秋季以来，日本政府债券市场以及相关的回购和期货市场流动性减少）。股票市场方面，主要证券交易所的总成交量基本接近或高于危机前的水平。但周转速率（总成交量和总市值的比率）趋向于接近或低于危机前的水平（东京证券交易所除外）。过去10年间的技术进步和电子交易导致股票市场流动性和交易成本的显著改善，但高频交易所导致的市场操纵对流动性的影响是负面的。

当前影响国际金融市场流动性的因素主要包括：第一，监管去杠杆活动使银行不再继续持有大量库存，银行的做市交易和自营交易大规模减少；第二，虽然新技术使交易成本降低，但高频交易和某些非法交易场所会对流动性产生负面影响；第三，非常规的货币政策导致金融体系的脆弱性。

(二）国际融资流动性

国际融资流动性描述了金融中介机构或非金融企业从非居民或以国际货币融资的便利程度。这与国际清算银行或国际货币基金组织所使用的全球流动性概念基本一致。国际融资流动性可以用数量或价格来衡量。数量通常与金融或非金融企业从海外或以国际货币融资的金额挂钩。价格方面，贷款成本或企业债券的相关利率以及股权融资的成本应一并计算。

国际银行贷款存在周期性，跨境银行信贷总额每年在 +20% 至 −10% 之间波动，银行间贷款的波动性大于零售贷款。自金融危机以来，这一周期的平均增长率和波动性已大幅下降。国际间的资本流动更为频繁，新兴市场经济体暴露在资本流入和流出的国际金融周期中，巨幅信贷流动可能会带来破坏性影响，危及国际金融稳定。

国际融资流动性的一个测度指标是抵押品的国际可获得性和重复使用维度，许多投资者的投资组合中包括其一段时间内不愿出售的资产，但他们愿意贷出这些资产来获利。有短期流动性需求的金融运营商会借入这些资产，作为其再融资的抵押品。当前存在由 10～15 家主要银行经营的全球市场，可以使这些抵押品资产在上述双方之间重新配置。抵押交易在 2008 年金融危机之后大幅下降且从未恢复到过去的水平，抵押品复用率急剧下降，造成这一现象的原因一方面是巴塞尔协议Ⅲ要求银行持有最低数量的高质量流动资产，并限制杠杆率，这增加了抵押品后续使用的实际成本。另一方面是抵押品复用提高了杠杆率，一旦市场出现压力，一些抵押品提供者不能及时获得他们的证券，借款者无法展期债务，出现损失。

（三）中央银行流动性

中央银行有时会提供紧急流动性，以维持金融稳定。各国央行（尤其是主要国际货币发行国的央行）创造货币总量的跨国趋势，是全球流动性的一个重要因素。传统上，央行创造的货币流动性是以各种货币总量来衡量的，从基础货币到 M3 不等。但狭义的货币总量低估了央行创造的总流动性，而广义的货币总量又由许多不受央行影响的因素所驱动。因此，货币总量或许不是衡量央行流动性创造的最佳指标。进而，以占 GDP 的百分比来表示央行的总资产负债表规模。

通过比照美国、欧元区、日本、英国的央行总资产规模可以发现，由于国际金融危机（还有随后的欧洲债务危机）及随后衰退的深度和持续时间，央行流动性在和平时期达到了前所未有的水平。在美国，其资产负债表峰值水平略高于 GDP 的 25%。欧元区和英国在 2017 年分别突破了 35% 和 28%（见图 4-1），而日本央行的资产负债表甚至超过了 GDP 的 100%。针对这些扩张性的货币政策，支持的观点认为在危机后的非常时期，央行的做法是为了实现其目标并避免经济灾难，而反对者认为政策的成本超过了收益。最近的一些研究指出，非常规货币政策的国际溢出效应可能很大。特别是资本的流入和流出，会严重干扰新兴市场经济体的国内宏观经济管理，新兴市场国家不太可能通过改善国内经济政策，使本国经济免受国际货币体系核心国家极端货币政策溢出效应的影响。例如，即使新兴市场国家能够采用自由

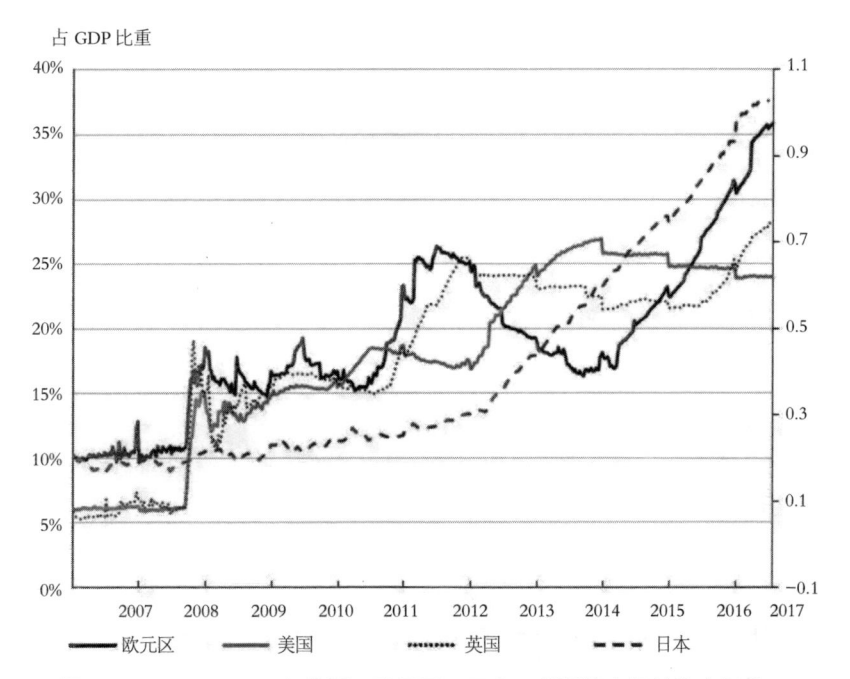

图 4-1　2007—2017 年美国、欧元区、日本、英国的央行总资产规模

注：左坐标轴指欧元区、美国、英国的坐标系刻度，右坐标轴指日本的坐标系刻度。

数据来源：Philipp Hartmann, International Liquidity. LSE Financial Markets Group, August 2017.

浮动汇率，但可能也无法实现完全独立的货币政策，而传统的逆周期国内货币政策很可能放大有问题的资本流入和流出。反过来，这将使设计有效的宏观审慎措施或资本控制变得更加困难，这给它们带来了金融稳定风险。2017年6月30日，国际清算银行发布的最新一期报告提到，持续宽松的货币环境确实可以支持经济，但同时也会使货币正常化变得更加困难，特别是通过对债务和金融体系的影响。美联储降息引起新一轮主要经济体央行的跟进，竞争性贬值政策可能开启，由此带来全球流动性的泛滥。而其根源则在于许多国家财政政策不足以支撑，债务又很高，结构性改革没有到位，短期内刺激经济的货币政策肯定还会有。

以占GDP的百分比来表示央行的总资产负债表规模。通过比照美国、欧元区、日本、英国的央行总资产规模可以发现，由于国际金融危机（以及随后的欧洲债务危机）以及随后衰退的深度和持续时间，央行流动性在和平时期达到了前所未有的水平。

二、中国应对全球流动性变化的政策反应

2019年1月4日，央行决定分别于2019年1月15日，将中小型和大型金融机构的存款准备金率分别下调0.5分百分点至12%和14%；2019年1月25日，再分别下调0.5个百分点至11.50%和13.50%。2019年5月15日开始对聚焦当地、服务县域的中小银行，实施较低的存款准备金率。对仅在本县级行政区域内经营，或在其他县级行政区域设有分支机构但资产规模小于100亿元的农村商业银行，执行与农村信用社相同的存款准备金率（8%）。

央行于2018年12月19日针对全国性银行和大型城商行创设定向中期借贷便利，并于2019年上半年开展4次中期借贷便利（MLF）操作与2次定向中期借贷便利（TMLF）操作以进行对冲。2018年9月20日，央行和香港特别行政区金融管理局签署了《关于使用债务工具中央结算系统发行中国人民银行票据的合作备忘录》，其后央行共发行4次离岸央票，其中2019年上半年发行3次，合计共700亿元，有效稳定了离岸人民币市场。2015年11月30日国际货币基金组织执董会决定将人民

币纳入特别提款权（SDR）货币篮子。金融投资开始使用人民币，境外投资者可投资境内市场，QFII投资额度不断增加，RQFII试点范围进一步拓展，2019年9月16日放松QFII和RQFII的额度控制。

全球流动性的过剩和短缺都会对经济及金融系统造成破坏，因此应对流动性的政策反应需从两个方面总结：一是对于流动性度量达成共识，能够处理流动性过剩及由此累积的风险；二是政策制定者需要提高应对流动性短缺及可能发生的潜在破坏的能力。

解决流动性问题，应从国内和国际两方面考虑。国内流动性问题可由央行改变流动性操作，如购买或出售资产。解决国际流动性问题，则可用外汇储备、IMF贷款工具、地区安排、特别提款权、货币互换和央行间的相关安排等。新兴市场经济体需要拥有健全的审慎框架，并对资本管制采取务实的态度，以缓冲国际信贷周期的冲击。把握全球流动性的变化情况，提高本国货币调节和运用货币政策的能力，加大相关调查统计部门、监督部门、货币政策执行部门等的行政水平。加强政策实行能力，保证货币政策的时效性，灵活运用调控政策，实时对国内货币流动性进行调节。此外，需要认真做好对国内流动性和国外流动性相关数据的采集、分类、处理工作，能够很快地收集到充分、完整、精确的数据，确保数据来源的可靠性、外界的可得性和使用的易用性，能服务于研究组织和其他机构，以便正确分析在多大程度上需要全球抵押品复用来润滑金融体系，以及在多大程度上它可能成为危机蔓延的渠道。在全球流动性重新迎来宽松拐点的时刻，中国应坚持通过深化改革不断提升国内经济活力，促进中国实体经济新旧动能平稳接续和快速转换，扎实做好"六稳"工作，以稳应变，及时消除各种内在风险隐患，把防范化解金融风险和服务实体经济更好地结合起来，着力推动高质量发展。

三、国际金融市场发展态势

经过金融危机后多年的货币宽松，世界经济在2017年迎来大范围同步复苏，全球经济增速达到3.7%，发达和新兴市场的各类资产价格持续上涨，全球金融市场进入低波动、高增长、持续繁荣的"资产盛世",发达经济体需求迎来恢复性增长,企业盈利改善;大部分的欧元区重债国的债务得到一定程度的解决,欧美私人部门杠杆率降至低位,投资和贸易增速显著恢复,通胀温和,加息节奏平稳,金融条件宽松,欧元区、日本仍然维持量化宽松政策(QE)和超低利率政策,全球流动性整体充裕,国际金融市场发展的总趋势及其所处环境相对平稳。

然而在平稳表象的背面,2017年下半年以来,市场调整预期不断增强,加之全球通胀回升、美国2019年连续2次降息、10年期国债收益率持续上升、石油价格上涨和美元指数升值,全球贸易摩擦加剧,全球金融市场呈高度紧绷之势,波动性明显加剧,全球金融风险迅速攀升。

(一)总体形势相对平稳

近年来,随着国际金融市场的回暖,欧元区重债国家的债务问题得到了进一步的缓解,从以美国为首的高风险资本的价格回调来看,国际金融市场的整体环境和压力有了很大的改善并逐渐向着稳定的态势转变。然而,国际金融市场整体环境的改良并不意味着目前国际金融市场形势就此完好,在局部也出现了商业信心和金融市场的波动,资本市场避险情绪增强。自2019年8月以来,美股的动荡仍在继续,引发了全球金融市场的持续性连锁反应,特别是2年期和10年期美债收益率时隔12年再次出现倒挂,恐慌情绪有向全球蔓延的趋势。而欧盟的核心区域——德国经济"失血"速度也正在加快,德国10年期公债收益率进一步跌至负值。

(二)全球债务持续上扬

自次贷危机以来,全球央行开启10年的量化宽松政策,各国的低利率直接导致全球债务不断膨胀。据惠誉发布的全球政府债务图表显示,截至2018年,全球政府债务已经高达66万亿美元,大约是2007年的两倍,占全球GDP的比例接近80%。要驱动同样水平的经济增长,需要提供越来越多的债务增量。

发达国家和新兴市场都面临高债务困扰。发达国家公共债务严重膨胀,据美国外交关系协会数据显示,截至2018年,美国联邦政府债务为15.3万亿美元,是

2007年的两倍。如加上联邦政府机构所持的美国国债，联邦政府的总债务超过20万亿美元，超过GDP的120%。除美国外，日本、意大利的公共债务也超过GDP的100%；包括德国在内几乎所有的主要工业国债务都超过GDP的60%。尽管近年来经济形势转好，但发达国家缺乏削减公共债务的意愿，热衷于通过减税和扩大财政赤字进一步刺激经济。国际货币基金组织预测，发达经济体公共债务在短期内不会降低，会逐步提高到占GDP的100%以上。公共债务高企将降低发达国家的政策弹性，严重限制其利用财政政策应对负面冲击的空间。

（三）新兴市场再现大规模资本外流，汇、股、债市震荡

当前世界经济出现了南高北低的现象，具体表现在新兴经济体股市疲软和发达经济体的增长方面，其中新兴经济体发展的放缓和经济发达国家自主增长力的增强是造成国际金融市场发生重大改变的主要原因。世界经济格局的改变不仅使发达经济体得到了流通资金的青睐，同时也加快了流动资金从新兴经济体向着发达经济体方向流动的速度，而新兴市场金融脆弱性整体有所上升。其中，俄罗斯、韩国、泰国等19个国家均处于较稳定及以下的区间，处于最脆弱区间的国家占比超过20%。比较来看，马来西亚、阿根廷、乌克兰、土耳其最为脆弱，国内金融脆弱性仍然不可忽视。

新兴市场一般被归入高风险资产类别，当市场流动性充足、风险偏好上升时，易受追捧。2017年摩根士丹利资本国际公司（MSCI）新兴市场指数大涨32%，创2009年以来最佳年度表现；摩根大通全球新兴市场多元化债券指数上涨10%，为2012年以来最大年涨幅。2018年2月初开始，随着发达市场爆发抛售潮，全球投资风向生变。4月，受美国10年期国债收益率上攻3%和美元指数走强双重冲击，亚洲新兴市场首先感受到资本流出压力。5月，新兴市场抛售潮开始向拉美蔓延，阿根廷比索、土耳其里拉、巴西雷亚尔、墨西哥比索均现大幅贬值。追踪新兴市场表现的指数应声大跌。截至7月初，摩根士丹利资本国际公司（MSCI）新兴市场指数已从1月29日的历史高点下跌17%，摩根大通新兴市场货币指数和债券指数也在不同程度上明显回落。

大宗商品价格暴跌和中国经济增速放缓一起造成的冲击成为借款人和更广泛的新兴市场经济体所面临的主要威胁。世界货币基金组织提出,很多新兴市场的金融体系需要增强资本缓冲来应对这些损失。因为许多国家风险债务的规模已处于危险的高水平,印度、巴西、阿联酋和中国尤其如此。如果情况意外恶化,例如大宗商品价格进一步下跌,债务规模可能会以危险的速度上升。

(四)市场对多国央行降息救市效果持非乐观预期

全球央行降息周期开启,但市场普遍预期救市效果难测。越来越多国家的中央银行已经降息或正在考虑降息,这表明人们越来越担心全球经济增长正在放缓。降息背后的理论是,较低的信贷利率水平将鼓励企业和个人多花钱并刺激经济。但采取宽松策略也有风险,一方面,不少经济体目前的利率水平已经处于历史低位,进一步下调的空间十分有限。另一方面,新一波宽松措施可能加剧房市及其他资产泡沫的动荡,并最终破坏金融体系的稳定。所以,虽然各国央行同步降息,但大部分投资者认识到政策空间有限,更便宜的流动性无法解决整个企业盈利摇摇欲坠的困境。当利润率下降到一定地步,企业家就会减少投资甚至开始裁员,造成大规模失业现象,消费需求再度下挫,利润率继续下滑,形成恶性循环,最终导致危机爆发。

(五)贸易保护主义危及金融发展

2008年金融危机以来建立的国际经济治理模式和合作氛围正受到破坏,全球保护主义兴起,经济议题地缘政治化倾向加强,刺激全球金融市场脆弱的神经。特朗普就任美国总统后,强推"美国优先"的单边主义贸易政策,矛盾不仅指向中国、墨西哥、韩国等新兴市场,也指向欧盟、加拿大、澳大利亚等盟友。特朗普政府施行的财税改革和金融监管改革,对2008年以来构建的国际税收竞争共识和全球监管框架造成较大冲击,一方面易引发多国降税大战;另一方面,极易触发金融监管逐底竞争。在税收争夺加剧和金融监管规则分裂的双重作用下,全球金融市场碎片化趋势或加剧,国际金融治理体系或陷入瘫痪,金融全球化浪潮或走入低谷。

此外，地缘政治紧张、经济制裁加码也不断冲击全球金融稳定。美国加强对俄罗斯、伊朗等国家的打压力度，大国围绕朝核、伊核、叙利亚、乌克兰、阿富汗等热点问题进行战略较量，未来从中东欧、中东、中亚到中国南海、东北亚的战略板块交界地带的地区冲突将增多，都将深刻牵动全球金融市场的走势和全球金融格局的发展。

（六）金融科技等新技术带来新风险

2017年6月27日，全球遭受新一轮勒索病毒攻击，俄罗斯最大的石油公司、乌克兰切尔诺贝利核设施辐射监测系统及欧美等多国企业纷纷中招。网络攻击和勒索病毒对全球金融体系的稳定性造成影响。此外，金融科技发展如火如荼，使得资金的即时跨界流动变得更加容易和不可控。微信、支付宝等各类电子支付的迅速拓展使"无现金社会"日益成为全球普及的新现象，改变着全球金融版图。这对全球的金融规则、金融监管都形成了新的挑战。以比特币为代表的数字货币成为市场关注的焦点，相对于投资者的追捧，各国监管部门对数字货币的看法有所转变，越来越多的国家开始加强监管，甚至全面关停数字货币交易。区块链等金融科技渐渐成为监管的重要助力，国际货币基金组织（IMF）成立了金融科技顾问小组，美、英等国开始探索将监管科技应用于实践。

面对当前国际上严峻的经济金融形势，我国经济基本面仍然向好，以银行为主的金融体系资本充足率高、盈利能力强，国家财政收支健康，政府负债规模可控，货币政策仍然坚持了稳健的取向，尚有调整的空间。我国并不存在发生金融危机的土壤。但是，2018年6月中旬的股市风波让众多投资者感到困惑，其中发生的"股价快速下跌—强制平仓—新一轮下跌"的负反馈循环，与几年前美欧金融危机中的情况如出一辙。8月，人民币汇率又在10年来首次贬值。在这样的背景下，我国须着力防范化解重大风险，坚持货币政策独立性，保持经济持续健康发展。

第三节 市场导向型金融体系建设的国际经验

从世界各国发展过程看,尽管各经济体的金融体系各不相同,但直接融资比重不断提高是大势所趋。根据直接融资比重,可将金融体系分为市场导向型、混合导向型和银行导向型。具有市场导向型金融体系的国家经济处于领先地位,银行坏账率低;银行导向型国家发展水平较低,金融体系倚重发展第二产业;混合导向型处于追赶地位。本节考察美国和日本的经验,以期得到启示。

一、美国市场导向型金融体系的经验

(一) 美国直接融资比重提升进程

美国资本市场高度发达,截至2018年直接融资比重高达80%,其直接融资比重起点高。直接融资比重的变化过程主要分以下几个阶段。

1. 1929—1970年,金融脱媒,直接融资比重经历被动提升

美国《1933年证券法》确立了证券的发行注册制度,《1934年证券交易法》强化了对二级市场的监管,这两项法案奠定了美国证券业务恢复和发展的法律基础,促使直接融资体系快速发展。1933年《格拉斯—斯蒂格尔法案》规定银行不得对活期存款支付利息,对储蓄存款和定期存款的利率设定最高限度,同时银行竞争激烈,对社会资金吸引力有限,"金融脱媒"趋势下,金融体系向直接融资倾斜,1945—1972年直接融资比重维持在70%以上,平均达76.2%。

2. 1970—1990年,利率市场化改革,放松银行监管,直接融资比重有所下降

20世纪70年代石油危机、布雷顿森林体系瓦解,美国面对严重的通货膨胀,进

行了利率市场化改革和放松银行监管，1980年起逐步取消存款利率管制，吸引存款回流银行，直接融资比重从1972年的74.3%下降至1990年的62.3%，下降12个百分点，平均比重63.1%。

3. 1990—1999年，发展新兴产业、推动金融自由化，直接融资大幅提升

1999年《金融服务现代化法案》重构了美国混业经营、分业监管的金融体系，证券业、保险业、资产管理行业出现迅速的增长，直接融资比重从1991年的68.9%升至1999年的82.6%。同时，股票市值占GDP比重从1990年的51%提高到2017年的165%，同时期银行对私人部门信贷占GDP比重仅维持在50%左右。

4. 2000—2008年，监管力度加大，直接融资比例降低

2000年以来，为遏制财务造假，出台《萨班斯法案》，2008年次贷危机后出台《多德—弗兰克法案》，加大监管力度，提高企业信息披露成本，中小企业上市难，融资难突显，直接融资比重从76.8%小幅下降至64.9%。

5. 2008年至今，直接融资比重有所上升

2012年美国颁布《JOBS法案》，简化新兴成长企业IPO发行程序、推出公众小额集资豁免注册，IPO数量和筹资规模明显上升。

（二）美国提高直接融资比重的经验

1. 资本市场定位鲜明，充分发挥提供流动性和风险定价作用

第一，场内资本市场层次分明、竞争互补。纽交所市值排名前三的行业为金融、能源、医疗保健；纳斯达克以吸引大量的科技股著称。第二，场外市场规模庞大。美国场外市场包括OTC BB和OTC Market，截至2019年5月13日，OTC Market挂牌企业10765家，按照信息披露的程度和公司质量分为OTCQX、OTCQB和粉单市场，企业数量占比分别为5%、9%、86%。第三，转板制度灵活顺畅。美国在OTC与纳斯达克、纽交所之间建立了转板机制，如企业的净资产达到500万美元，或年税后利润超过75万美元，抑或市值达5000万美元，可申请转板，2016—2018年美国从OTC Market转入纽交所和纳斯达克的企业分别为35、63、58家。

2. 大力发展机构投资和风险投资

美国资本市场机构投资者占比为61%,其中共同基金、政府及私人养老金持股占比分别为23%、11.9%。2017年,美国共同基金规模18.7万亿美元,约5620万户美国家庭拥有共同基金。20世纪80年代美国推出401k(雇主提供养老金)、IRA(个人退休养老金),2017年两大养老金计划余额分别为7.7万亿美元和9.2万亿美元。另外,美国场外市场风险投资机构发达,促进新兴产业融资。美国风险投资伴随新兴技术产业在20世纪90年代迅猛发展,风险投资额从1995年的80亿美元一度高涨到2000年的1049亿美元,主要投向信息技术、生命科学等高科技产业,为初创的、融资较为困难的、有发展前景的高技术企业提供融资服务。

二、日本市场导向型金融体系的经验

(一)日本直接融资比重提升进程

日本从1974年后开始进行金融体系升级,成功从间接融资占主导的金融体系转变为市场导向型间接融资占主导的体系。其直接融资比重变化主要经过了以下几个阶段。

1. 1945—1974年,日本建立主银行制度,间接融资占绝对主导

在"二战"后资金短缺的环境下,日本政府倾斜金融资源发展经济、振兴产业。政府干预实施保护性金融政策,长期维持低利率并推行"金融保护行政",广泛介入银行经营业务,并对困难银行予以救济,企业借贷和发债严重依赖银行,间接融资所占比重从1960年的68%升至1974年的83%,平均每年上升1个百分点。

2. 1970—1990年,放松管制,直接融资快速兴起

为应对石油危机,日本采取扩张性财政政策,大量发行国债,银行大量购买有价证券。同时,1985年《广场协议》促使日元升值,央行将存款利率从3.5%下调至1.76%,银行低成本资金优势消失,资金流向股票、债券市场,日本间接融资比重从1975年的81%缓慢下降到1990年的74%,平均每年下降0.5个百分点。

3. 1990 年以后，低速增长期，直接融资比重再度上升

20 世纪 90 年代泡沫经济破灭和亚洲金融危机爆发，日本进入低速发展期，GDP 增长率维持在 1% 左右，1996 年日本进行"金融大爆炸"改革。1992 年《金融制度改革相关法》允许金融机构通过设立子公司的形式进行金融业务的渗透，之后允许银行直接从事证券交易以及保单销售等活动，向全能银行转变；2006 年出台《金融商品交易法》完成对各类投资服务的统一监管，将具有投资属性的金融产品纳入统一监管框架，包括证券、货币、存款等，推出日本版萨班斯法案，提高信息披露和投资者保护。这一阶段，直接融资比重从 1991 年的 26% 上升至 2017 年的 50%，平均每年上升 0.9 个百分点，直接融资比重超过间接融资。同时，银行信贷占 GDP 比重呈现逐年递减趋势，意味着直接融资与间接融资从互补走向替代关系，争夺存量融资需求。

（二）日本提高直接融资比重的经验

日本尽管起步于间接融资，20 世纪 90 年代的金融体系改革滞后于 20 世纪 80 年代的金融混业化，但吸取教训后，进行较为彻底的金融改革，扫清直接融资障碍，探索出一条"市场导向型间接融资体系"，促进金融体系健康发展。

1. 立法先行，颁布《金融商品交易法》

2006 年，日本将原《证券交易法》上升为《金融商品交易法》，法条中仅作原则性规定，将具有投资性质的金融产品与金融服务均纳入规制范围，重新界定了银行、保险、信托、证券、基金中的法律关系，旨在发挥资本市场定价功能，形成金融商品的公正价格，使之成为真正的直接融资促进法。

2. 资本市场结构丰富

日本股票市场分为东京证券交易所、JASTAQ 创业板市场和 TOKYO Pro 市场。东京证券交易所是日本最大、交易最活跃的全国性交易所，截至 2018 年共有 2896 家上市公司，占全部上市公司比重的 79%；JASTAQ 创业板市场定位高成长企业，又分为标准市场和成长市场，后者对企业盈利无要求，截至 2018 年上市公司 725 家，占比 20%。TOKYO Pro 市场针对全球创业企业，只有专业投资者才能参与。此外，

日本还保留地方交易所和柜台交易市场。

3. 积极吸引海外资金和法人资金

日本股市个人投资者持股比例不断下降，从 1970 年的 37% 下降至 2017 年的 17%，同期外国机构、境内法人和金融机构占比不断提升，截至 2017 年，外国法人持股金额占比最高，达 30%；第二位是事业法人，占比达 22%。日本通过鼓励上市公司分红、回购股票、推出股东优惠措施等方式稳定股价，牢牢吸引海内外投资者长期持有其股票。

三、美、日经验的启示

美国和日本的经验表明，从长期趋势看，提高直接融资比重，建立市场主导型金融体系是资本强国的必由之路。金融体系改革并非一蹴而就，需要配合政治文化、法律规则、产业结构共同升级。目前我国金融体系仍以银行主导的间接融资体系为主，直接融资处于被动发展期，与之相匹配的市场环境、法律制度、监管框架尚不成熟，未来打造市场导向金融体系仍需在改善市场环境、培育法律体系、适当放开混业限制并建立与之对应的监管体系、丰富资本市场层次、打通企业在资本市场的流动性、发展机构投资者等方面深化改革。

第五章

走向 2049 的金融监管与调控

前瞻 2049 年，创新与监管伴生将是金融行业面临的常态局面，也是决策者直面的平衡创新与监管的现实问题。当前金融业综合经营步伐不断加快，金融机构整体实力继续提高，新生的金融服务形式不断涌现，这不但对创新空间提出了期望，也对金融监管体制提出了要求。从世界范围看，金融业的发展总体上经历了一个由综合到分业、再由分业到综合的过程，推动这种变迁的是金融市场的不断深化和金融业分工的不断推进。

着力深化关键领域的改革，打造一个更具有创造力的金融体系，鼓励金融创新将对未来经济发展，尤其是切实提高人们的生活质量，激活金融市场的活性，最大程度串联起社会经济的各个要素环节大有裨益。2017 年 7 月，第五次全国金融工作会议决定设立的国务院金融稳定发展委员会（以下简称金稳会），符合当前市场对金融监管体制改革的预期。之后由此形成的"一委一行两会"的监管机制在领导力与协调性上更加体现了中国特色。同时，金稳会的设立，兼顾了稳定与发展两个目标，不属于当前金融监管上英国模式和美国模式的任何一种，是在全球范围内具备中国特色的重大监管创新，是现代金融体系框架的机制创新，将对中国金融改革与发展产生深远影响。

第一节　构建与现代金融体系匹配的金融监管模式

建立有效的金融监管体制是一国金融健康运行的必要前提。一国的金融监管需要按照其历史沿革、金融结构、风险结构和金融监管目标进行分阶段设计，并在金融发展和运行中不断调整、借鉴和总结经验，守住不发生系统性风险的底线，降低大规模危机和不确定性发生的概率。构建与现代金融体系相适应的监管模式，需要加强跨部门金融监管的协调机制，形成统一、协调、高效的金融监管体系，未来在更高层次上参与全球经济治理，建设性地推进全球经济金融领域发展与改革。

一、金融监管模式分析

（一）监管模式的类型

国际金融监管模式主要有三种：统一监管模式、分业监管模式和不完全统一监管模式。其中，统一监管模式是指不同的金融行业、金融机构和金融业务均由一个统一的监管主体负责监管。该监管主体可以是中央银行，也可以是其他机构。分业监管模式是指在银行、证券和保险三个业务领域内分别设立一个专职的监管机构，负责各自行业的审慎监管和业务监管。不完全统一监管模式则是按监管机构不完全统一和监管目标不完全统一划分，是对以上两种监管的一种改进模式。在金融监管的实践中，各国金融监管模式往往在金融危机爆发后不断调整，而又不断面临金融创新和金融发展的挑战；当金融危机再度来临时，又再次不断完善金融监管规则。

(二) 不同金融监管模式的优缺点分析

1. 统一监管模式

统一监管模式将金融行业作为一个整体进行监管，以对应金融市场的混业经营趋势，属于混业监管。在该模式下，只需要设立一个金融监管部门，对整个金融行业进行监管。既负责"商业行为监管"，即监管金融产品的营销和金融服务的提供，又负责"审慎监管"，即监管金融机构的安全和稳健。统一监管模式的优势包括：第一，成本优势。统一监管能够节约人、财、物的投入，降低信息传递成本，提高信息质量，实现规模经济效益。第二，优化监管环境。一家监管机构制定的统一监管制度，不会造成监管目标和监管水平的差异，可以避免监管摩擦、监管真空或重复监管。第三，统一监管可以根据金融业务创新适时调整监管手段和措施，为新业务的发展需求提供制度支撑，可以降低新的系统性风险。但全能型机构监管涉及跨国跨行业，易出现环境差异、文化冲突，"大一统"机构极易滋生官僚主义。相对分业监管模式，很多国家和地区，包括德国、日本、韩国、新加坡以及我国台湾地区等，都采用统一监管模式。

2. 分业监管模式

分业监管模式是根据银行、证券、保险等不同业务范围的划分，分别设立监管机构进行监管，各监管机构既分工负责又协调配合，共同组成一个国家的金融监管组织的模式。分业监管模式的优点：第一，监管机构专业化突出，有利于细分监管职责、明确监管目标，实现较高的监管效率。第二，不同监管机构之间有监管效果的对比，有助于提高监管效力。分业监管模式的缺点：一是监管机构之间可能会协调不利，引起规避监管、监管套利行为，也可能出现业务监管真空。二是监管成本较高。专业监管设置具体机构组织庞大，人员成本高，易产生信息传递等规模不经济问题。

3. 不完全统一监管模式

不完全统一监管模式是在金融混业经营环境下对统一监管和分业监管的一种改造。这种模式按照监管机构不完全统一、监管目标不完全统一划分为牵头监管模式、双峰监管模式、伞形监管＋功能监管模式。牵头监管重点是指定一个牵头监管机构，并在多个监管主体间建立适时磋商、协调机制，牵头机构负责协调工作。典型代表国家是巴西，国家货币理事会是牵头监管者，负责协调中央银行、证券交易委员会、私营保险监管局、补助养老金秘书处联合或单独对商业银行、证券公司、保险公司进行监管。

双峰监管是指存在两个监管机构，但其职责划分不是基于行业，而是根据监管目标的不同，将金融监管分为商业行为监管和审慎监管，分别实现金融消费者保护和防止金融机构破产的监管目标。双峰监管不以金融行业为基础划分监管职责，因此也属于混业监管。统一监管模式下，各分业监管机构主要是形式上合并为一个监管者，比如，我国台湾地区"金融监督管理委员会"下设"银行局、证券期货局和保险局"；新加坡金融管理局也是根据银行、证券和保险分别设立不同的监管单位。双峰监管模式下，监管机构分为两个，这是监管理念的本质不同，即监管职责根据监管目标的不同而分离开来。典型代表国家是澳大利亚，澳大利亚在1998年对金融监管进行改革，设立金融监管理事会，其成员包括澳大利亚储备银行、澳大利亚审慎监管局、澳大利亚证券和投资委员会。澳大利亚储备银行和澳大利亚审慎监管局共同确保金融体系的稳定，在金融审慎监管方面建立协商机制。澳大利亚审慎监管局和澳大利亚证券和投资委员会共同搜集、交换监管信息，在业务监管上进行积极合作。

伞形监管＋功能监管模式是以美国为典型的监管模式，严格讲是分业监管的类型。伞形功能监管模式监管机构交叉重叠、多头管理。美国金融监管机构既有联邦的，也有州一级的，针对不同的业务领域，设立了不同的监管机构，没有任何单一金融监管机构拥有监控市场系统性风险所必备的信息与权威。次贷危机是美国选择该种监管模式失败的实践体现。不同金融监管模式优缺点对比如表5-1所示。

表5-1　不同金融监管模式优缺点对比

金融监管模式	优点	缺点
统一监管	成本优势,优化监管环境,适应性强	缺乏竞争性,易导致官僚主义
分业监管	专业化优势,职责明确,分工细致,具有竞争优势	难于协调,易导致重复监管和监管真空,监管成本高,规模不经济
不完全统一监管	既可发挥各个机构的优势,一定程度上保持了竞争优势,又可将多重机构的不利最小化,降低协调成本和难度	仍存在着一定的协调成本和协调难度

二、我国金融监管发展历程回顾

中国金融监管改革是顺应金融市场发展的动态演进,具有"渐进式"特征,改革开放以来,从中国人民银行的"大一统"到"一行三会",再到"一委一行两会"的新型金融监管格局,历经集中统一监管—分业监管—协同监管的过程。从统一监管走向分业监管再走向协同监管是由金融市场发展的内在要求决定的,是立足于不断变化的新形势下的必然选择。

(一) 1978—1992年: 统一监管模式时期

改革开放之前,中国人民银行基本上是我国经济运行中唯一的银行。作为国家金融管理和货币发行的机构,中国人民银行既是管理金融的国家机关,又是全面经营银行业务的国家银行。20世纪80年代末,我国逐步完成计划经济向社会主义市场经济的过渡,金融逐渐由自然混业经营向分业经营转变。1983年,国务院决定,中国人民银行专门行使中央银行职能,以加强信贷资金的综合管理和综合平衡,并对专业银行和其他金融机构进行管理,不再兼办工商信贷和城市储蓄业务。

(二) 1993—2017 年：分业监管模式时期

1990 年成立的上海证券交易所和深圳证券交易所，以及 1992 年成立的国务院证券委员会和中国证监会为分业监管进行机构铺垫，以 1993 年 12 月《关于金融体质改革的决定》为标志，金融监管机构迈开了分拆的步伐；第一次全国金融工作会议后不久的 1998 年，保监会成立，开启了我国分业监管体制的初期阶段；2003 年，银监会又从人民银行分离出来。自此，我国"一行三会"的金融分业经营和监管格局正式形成。金融监管模式的改革进程，是人民银行的金融监管职能不断细分、不断剥离的过程。在之后的 15 年里，"一行三会"的监管体制基本没有发生变化，分业监管制度不断强化，运行惯性不断增强。这一时期，央行主要制定和执行货币政策，对货币市场和外汇市场进行监督与管理；银监会负责统一监督管理全国银行、金融资产管理公司、信托投资公司及其他存款类金融机构；证监会依法对全国证券、期货市场实行集中统一监督管理；保监会统一监督管理全国保险市场，维护保险业的合法、稳健运行。分业监管的金融监管体制打破了国有银行一统天下的格局，也呈现出金融监管体制逐步向市场化转轨的趋势。在这一时期，银行、保险、证券、信托等股份制金融机构迅速发展扩张，得到充分有力的发展。

从国际经验看，该金融监管模式可追溯到 20 世纪上半叶，特征是基于金融主体的身份性质划分监管职责，故称为机构监管模式，属于分业监管的一种类型。在该监管模式下，银行业、证券业和保险业的监管相互分离，其逻辑基础在于，不同金融行业存在着相对清晰的边界，各个行业所提供的金融产品泾渭分明，易于识别。

从历史角度看，我国以"一行三会"为主的金融监管体制对于保障金融市场的健康发展发挥了重要作用。然而，21 世纪以来，随着金融市场的现代化发展和金融创新，混业经营趋势日益明显，产生了很多跨行业、跨市场的金融机构、业务和产品，改变了金融系统内部的风险性质和风险组合，导致我国的金融监管体制面临各种问题和挑战。

(三) 2017 年至今：协同监管模式时期

2017 年 7 月，第五次全国金融工作会议决定设立国务院金融稳定发展委员会，作为国务院统筹协调金融稳定和改革发展重大问题的议事协调机构。金稳会的成立，表明从20世纪90年代初开始建立的中国分业监管体制发生方向性的转变。2018年3月21日，中共中央印发了《深化党和国家机构改革方案》，方案强调，为深化金融监管体制改革，逐步建立符合现代金融特点、统筹协调监管、有力有效的现代金融监管框架，将中国银行业监督管理委员会和中国保险监督管理委员会的职责整合，组建中国银行保险监督管理委员会，作为国务院直属事业单位。同时，将银监会和保监会拟订银行业、保险业重要法律法规草案和审慎监管基本制度的职责划入中国人民银行。银监会和保监会"两会合并"是我国金融监管体制的重大调整，意味着"一行三会"成为历史，我国金融监管框架由"一行三会"的格局转变成"一委一行两会"的新格局。具体机构职能如表5-2所示。改革的核心在于加强监管协调，引入功能监管和强化审慎监管，仍然保留了以行业为基础的分业监管体制。金融监管改革进展一览表如表5-3所示。

表5-2　一委一行两会机构职能

监管机构	机构职能
国务院金融稳定发展委员会	落实党中央、国务院关于金融工作的决策部署；审议金融业改革发展重大规划；统筹金融改革发展与监管，协调货币政策与金融监管相关事项，统筹协调金融监管重大事项，协调金融政策与相关财政政策、产业政策等；分析研判国际国内金融形势，做好国际金融风险应对，研究系统性金融风险防范处置和维护金融稳定重大政策；指导地方金融改革发展与监管，对金融管理部门和地方政府进行业务监督和履职问责等
中国人民银行	在国务院领导下，制定和执行货币政策，防范和化解金融风险，维护金融稳定
中国证监会	对证券发行人、上市公司、非上市公众公司、证券期货经营机构、私募基金管理机构、证券期货投资咨询机构和从事证券期货业务的律师事务所、会计事务所、资产评估机构等中介机构的证券期货业务活动进行监督管理，依法查处辖区范围内的证券期货违法、违规案件
中国银保监会	依照法律法规统一监管银行业和保险业，维护银行业和保险业合法、稳健运行，防范和化解金融风险，保护金融消费者合法权益，维护金融稳定

中国现代金融体系战略研究：
从"十三五"到2049

表5-3 金融监管改革进展一览表

时间	事件	说明
统一监管模式时期（1978—1992年）		
1978年	人民银行从财政部独立	人民银行是金融监管机构的央行和经营银行业务的商业银行职能的统一 1948年12月，人民银行在河北石家庄成立，1949年2月，人民银行由石家庄迁入北京。此阶段，人民银行的主要任务是发行人民币，接收国民党政府的银行，整顿私人钱庄，行使最原始的金融监管职能 1952年开始，全国金融体系形成大一统的局面，由人民银行和财政部主导全国金融体系。建设银行和交通银行并入财政部，中国银行与人民银行合署办公。1969年，人民银行被并入了财政部，各级分支机构也都与当地财政局合并，成立财政金融局
1979年	中国银行从人民银行独立 中国建设银行从财政部独立 恢复中国农业银行 中国银行成为国家指定的外汇专业银行 设立了国家外汇管理局	为配合农村经济体制改革，恢复中国农业银行 为适应对外开放和国际金融业务发展的新形势，改革了中国银行的体制
1980年	中国人民保险公司恢复停办20余年的国内保险业务	
1982年	中国人民银行设立了金融机构管理司，负责研究金融机构改革，制定金融机构管理办法，审批金融机构设立和撤并	
1983年9月	国务院下发了《关于中国人民银行专门行使中央银行职能的决定》	必须强化中央银行职能，明确人民银行是国务院领导和管理全国金融事业的国家机关，不对企业和个人办理信贷业务，集中力量进行金融宏观调控与管理，研究和制定金融方针政策，加强信贷管理，保持货币稳定

续表

时间	事件	说明
1984年	中国确立了中央银行制度新设中国工商银行	中国人民银行作为中央银行设立了金融机构管理司，履行监管职能，人民银行过去承担的工商信贷和储蓄业务由工商银行专业经营。工商银行和人民银行的正式分家标志着人民银行的商业银行职能完全剥离，开始专门行使中央银行的职能
1986年	国务院颁布《中华人民共和国银行管理暂行条例》	首次以法律形式明确了人民银行对专业银行、农村信用社、城市信用社以及信托投资公司等金融机构的监管职能，从法律上明确人民银行作为中央银行和金融监管当局的职责，一方面行使货币政策调控职责，另一方面负起对包括银行、证券、保险、信托在内的整个中国金融业的监管职责
1987年	深圳特区证券公司成立	中国第一家证券公司
分业监管模式时期（1993—2017年）		
1992年5月	中国人民银行成立证券管理办公室	负责对证券机构的监管
1992年10月	国务院决定成立国务院证券委员会和中国证监会	国务院证券委员会负责对全国证券市场进行统一宏观管理；中国证监会，负责监管证券市场。中国人民银行仍然承担对债券和基金的监管工作
1993年12月	国务院发布《关于金融体制改革的决定》	对保险业、证券业、银行业、信托业实行分业经营分业管理
1994年7月	国务院证券委决定由中国证监会配合中国人民银行共同审批、监管证券经营机构	对证券公司的监管权开始出现分化

续表

时间	事件	说明
1995年3月	第八届全国人民代表大会第三次会议通过《中华人民共和国中国人民银行法》 第八届全国人民代表大会常务委员会第十三次会议通过了《中华人民共和国商业银行法》 第八届全国人民代表大会常务委员会第十四次会议通过了《中华人民共和国保险法》 国务院正式批准《中国证券监督管理委员会机构编制方案》	《中华人民共和国中国人民银行法》首次以国家立法形式确立了中国人民银行作为中央银行的地位，标志着中央银行体制走向了法制化、规范化的轨道，是中央银行制度建设的重要里程碑 《中华人民共和国商业银行法》保护商业银行、存款人和其他客户的合法权益，规范商业银行的行为，提高信贷资产质量，加强监督管理，保障商业银行的稳健运行，维护金融秩序，促进社会主义市场经济的发展 保险行业发展跨入了新历史阶段，保险监管有法可依 《中国证券监督管理委员会机构编制方案》确定中国证监会为国务院直属部级事业单位，是国务院证券委的监管执行机构，依照法律、法规的规定，对证券期货市场进行监管
1997年	中央召开首次全国金融工作会议	要从根本上解决金融领域存在的问题，开创金融改革和发展的新局面，必须根据社会主义市场经济发展的要求，强化人民银行的金融监管职能，加快国有银行的商业化步伐，并健全多层次、多类型金融机构体系，必须依法治理金融、规范和维护社会主义市场经济的金融秩序，严厉惩治犯罪和违法违规活动，把一切金融活动纳入规范化、法制化的轨道。会议决定对金融业实行分业监管，合并国务院证券委和新成立的中国证监会为新的中国证监会，成立中国保监会，对债券基金的监管权移交证监会，中国人民银行独立承担保险监管权，人民银行专司对银行业、信托业的监管

续表

时间	事件	说明
1999年	财政部分别出资100亿元组建成立信达、东方、长城、华融四大资产管理公司，分别接受中国建设银行、中国银行、中国农业银行和中国工商银行运作过程中产生的不良资产近1.4万亿元	
2000年9月	中国人民银行、证监会、保监会决定建立三方监管联席会议制度	
2002年2月	第二次全国金融工作会议召开	成立银监会，负责监督管理银行、金融资产管理公司，信托投资公司以及其他存款类金融机构。银监会的成立标志着我国金融监管体制从人民银行"大一统"的监管模式逐渐演变成"一行三会"分业监管体制
2003年9月	银监会、证监会、保监会召开了第一次监管联席会议	
2004年	国有商业银行股份制改革和农村信用社改革启动	以资本监管为基础的银行业审慎监管框架初步形成，明确资本充足率、资产质量、信用风险、市场风险等审慎监管指标
2005年	《商业银行个人理财业务管理暂行办法》《商业银行个人理财业务风险管理指引》发布	对银行理财门槛准入和销售合规方面进行规范，鼓励和引导银行业金融机构服务实体经济
2006年	公司治理、内部控制、合规风险管理等方面监管法规初步建立，风险为本的监管框架进一步完善工、中、建、交四家国有银行完成股份制改革，剥离不良资产，引入战略投资者，成功上市银监会成立银行监管四部，负责对政策性银行、邮储机构及资产管理公司实施监管《中华人民共和国银行业监督管理法》修订	

续表

时间	事件	说明
2007年	农村地区银行业金融机构准入被适度放宽，新型农村金融机构村镇银行成立	赋予银监会相关调查权农村区域金融服务空白逐渐得到填补，农村地区金融服务水平逐步得到提升
2008年2月	《中国金融业发展和改革"十一五"规划》发布农业银行上市	正式提出"综合经营"概念，稳步推进金融业综合经营试点
2009—2010年	银监会颁布实施了影响深远的"三法一指引"（《流动资金贷款管理暂行办法》《固定资产贷款管理暂行办法》《项目融资业务指引》和《个人贷款管理暂行办法》）央行和银监会联合提出支持有条件的地方政府组建投融资平台银监会对平台公司实施名单制管理	标志着我国贷款规则的革命性、制度变革拉开了地方政府融资平台加速扩张的序幕，年末达到8000多家平台公司，年末达到2000多家监督银行业金融机构按照"逐包打开，逐笔核对、重新评估、整改保全"的方针，推进地方政府融资平台贷款分类处置工作
2011年	银监会出台规范银信理财合作、理财产品销售、理财业务风险管理方面的文件。《商业银行贷款损失准备管理办法》出台	对贷款拨备充足的要求为金融逆周期奠定了理论基础
2012年	银监会出台了具有持续影响力的"七不准、四公开"（即《关于整治银行业金融机构不规范经营的通知》）农村金融服务"三大工程"开展（金融创新工程、阳光信贷工程、富民惠农金融创新工程）与国际标准接轨的《商业银行资本管理办法（试行）》出台，2013年1月1日起正式实施	

续表

时间	事件	说明
2013年	银监会印发《关于规范商业银行理财业务投资运作有关问题的通知》国务院设立金融监管协调部际联席会议，成员包括"一行三会"和外管局等金融监管机构	提出"非标准化债权资产"概念，"非标"资产受到35%与4%双限制。联席会议的主要工作职责是加强成员间监管协调，改改实施合作以及信息交流
2014年	5部委联合印发的127号文	同业专营得到有效治理
2015年	银监会开展了首批民营银行试点工作，5家民营银行获得试点资格 银监会重新进行了职责划分和编制调整"存贷比"由监管指标调整为监测指标，《商业银行杠杆率管理办法（试行）》《商业银行流动性风险管理办法》修订《中共中央关于制定国民经济和社会发展第十三个五年规划的建议》起草的有关情况说明发布	要坚持市场化改革方向，加快建立符合现代金融特点、统筹协调监管、有力有效的现代金融监管框架，坚守住不发生系统性风险的底线
2016年	银监会印发《银行业金融机构全面风险管理指引》《关于进一步加强信用风险管理的通知》	要求银行将"信用风险、市场风险、流动性风险、操作风险、国别风险、银行账户利率风险、声誉风险、战略风险、信息科技风险以及其他风险"纳入全面风险管理体系要求银行改进统一授信管理，按照穿透原则准确计量风险、拨备和资本
协同监管模式时期（2017年至今）		
2017年	第五次全国金融工作会议召开	要高度重视国家金融安全，将维护金融安全作为治国理政的大事，对治理金融乱象、防范金融风险、强化金融监管协调、提升金融服务实体经济效能做出总体部署。国务院设立金融稳定发展委员会，人民银行牵头各金融监管部门发布系列文件，着力统筹金融监管

续表

时间	事件	说明
2017年	第五次全国金融工作会议召开	加强金融监管协调，补齐监管短板，强化人民银行宏观审慎管理和系统性风险防范职能，落实金融监管部门监管职责，并强化监管问责，确保金融安全与稳定发展
2018年3月	第十三届全国人民代表大会第一次会议表决通过了《国务院机构改革方案》	将中国银行业监督管理委员会和中国保险监督管理委员会的相关职能进行合并，同时整合两个机构的相关职责，组建成中国银行保险监督管理委员会，完善对银行业和保险业等的监管框架。金融监管架构从"一行三会"转变为"一委一行两会"，新时代金融监管框架正式形成
2018年4月	国家外汇管理局与一行两会联合发布《关于规范金融机构资产管理业务的指导意见》（以下简称《资管新规》）	标志着资产管理行业功能性监管正式进入落地实施阶段，资管行业步入统一功能性监管新时代。《资管新规》系统全面地构建了中国资产管理业务监管的新范式：明确刚性兑付认定与词例，实现净值化管理；消除多层嵌套和通道业务，建立穿透式监管；准确认定非标准化债权资产，并设立相关投资原则；对资金池进行规范
2018年11月	首届中国国际进口博览会开幕式宣布，将在上海证券交易所设立科创板并试点实施注册制，不断完善资本市场基础制度，以支持上海国际金融中心和科技创新中心建设，更好发挥上海等地区在对外开放中的重要作用	2019年6月13日，第十一届陆家嘴论坛在上海开幕，科创板正式宣布开板
2019年3月	央行发布《关于进一步加强支付结算管理，防范电信网络新型违法犯罪有关事项的通知》	

续表

时间	事件	说明
2019年3月	银保监会官网发布文章表示，批准3项市场准入和经营地域拓展申请	分别为中英合资恒安标准人寿保险筹建首家外资养老保险公司恒安标准养老保险，美国安达集团增持华泰保险集团股份，香港友邦保险公司参与跨京津冀区域保险经营试点。2019年以来，银保监会还批准了新加坡大华银行（中国）筹建中山分行，中法合资中航安盟财产保险公司筹建山东分公司，中美合资华泰人寿保险公司筹建重庆分公司等8项外资银行和保险机构筹建省级分支机构申请。此外，还批准外资银行、保险机构增加注册资本或营运资金共计108.72亿元
2019年5月	证监会正式批准中日ETF互通中方产品的注册申请	东向ETF由国内基金管理人在境内设立，在上海证券交易所上市交易。基金以合格境内机构投资者（QDII）形式，将不低于90%的基金资产投资于日本单只目标ETF，实现跟踪投资日经225、TOPIX指数。本质上看，东向ETF所投资的目标ETF穿透到底层资产仍是标的指数成分股，符合QDII-ETF分散化投资的原则和要求
2019年6月	证监会正式发布《期货公司监督管理办法》	
2019年6月	证监会就修改《上市公司重大资产重组管理办法》公开征求意见	

185

三、构建与现代金融体系相匹配的金融监管模式

(一) 当前金融监管模式

2017年下半年以来,中国金融监管体制经历了重大改革,通过统筹协调监管努力解决"一行三会"体制下存在的诸多问题,并通过提升中央银行的角色强化审慎监管以及对系统重要性金融机构的监管。虽然分业监管模式没有本质转变,但引入了功能监管的理念。功能监管可以克服机构监管的一些缺陷,包括对于同一功能的金融行为的监管套利问题,不列入金融机构范畴的实体企业从事金融行为的监管缺位问题(集中体现在目前的互联网金融领域),以及金融机构经营活动的人为限制问题等。这些都是我国当前金融监管的急切问题,需要尽快应对,而从机构监管转向功能监管,无需对现有的监管体制进行重大改革,非常契合我国目前的现实需要,能够以尽量快的速度和尽量小的成本解决迫切问题,将机构监管转变为功能监管并作为当前的改革策略是符合我国国情的。我国金融混业经营还处于初级阶段,跨行业的金融组织、产品和业务有限,在分业监管模式的基础上进行逐步改良,即从我国的现实情况出发,建立分业监管基础上的协调机制是明智之举。

然而长期而言,功能监管也有自身的重大局限。功能监管与机构监管在本质上都属于分业监管,按照金融行业划分监管职责,只是在界定行业属性时采取的标准不同。因此,在实际操作中,即使在功能监管模式下,还是需要面对如何界定行业监管领域的问题。与机构监管相比,有时功能监管面临的困难可能还更大:在机构监管体制下,金融机构的属性可以根据其行业执照进行判定,通常比较清晰;在功能监管体制下,金融功能的认识带有很大的不确定性,尤其是涉及金融创新产品。譬如,P2P网贷在美国被视为证券产品,归口美国证监会监管,而在我国被视为借贷行为,归口中国银监会监管。

(二) 金融监管模式的改革原则、目标与路径

未来一段时期,在中国金融市场发展到一定阶段后,金融监管体制应当考虑更

加根本性的改革,实现监管模式转变,从分业监管转为混业监管。考虑到金融监管体系的路径依赖及中国金融市场未来的发展,中国金融监管体制改革的目标可设定为双峰(目标)监管模式,并同时构建三个层次的监管机构。三个层次是指顶层为国务院金融稳定发展委员会,中间层为具体的金融监管机构,基层为相应的地方监管部门;双峰(目标)则是指在中间层内部,将具体的监管职能分为审慎监管机构和行为监管机构。

1. 改革的基本原则

第一,坚持与时俱进。一方面,金融监管体系要适应金融业态的演进。监管者要基于机构的公司治理水平和自身的监管能力确定综合经营的步伐与形式。2008年金融危机之后,大多数国家金融监管都非常重视对金融业综合经营加以规范和完善。另一方面,监管者应适应技术革命和金融科技的飞速发展,引入监管沙盒和监管科技。既要重视机构监管,也要重视功能监管;既要重视审慎监管,也要重视行为监管。

第二,把握两个平衡。一是守住不发生系统性风险底线与市场出清之间的平衡。对系统性风险和非系统性风险要采取差异化的应对政策,遵循"安全与效率"界定的监管与市场的边界。二是鼓励金融创新与服务实体经济之间的平衡。金融监管既要鼓励创新,又要明确引导金融创新服务实体经济,对不同形式的金融创新采取差异化的应对措施。

第三,坚持激励相容。首先,目标专一,依法监管。监管部门要避免身兼发展与监管两个职能,容易发生目标冲突,导致重发展、轻监管。其次,将监管的规制与执行分开,弱化监管者的相机决策权,避免监管俘获,偏离监管目标。其自由裁量权应与监管机构的独立性,即坚守监管目标的能力相匹配。最后,要建立有效的薪酬机制和问责机制。即通过合理的薪酬机制实现监管者有效履职的内在激励,通过问责机制来实现对监管者履职的外部约束。

2. 改革目标:双峰(目标)监管模式

金融监管政策目标需要与政策工具相匹配,需要尽量发挥协同效应,避免冲突效应。行为监管和审慎监管的政策目标存在重大差异,要求采用不同的监管理念和方式，甚至不同背景的监管人员，两者的冲突效应远远超过协同效应，故而不宜交由同一个监管部门负责。2008年金融危机的教训表明，金融监管既要重视维护金融机构健康、金融体系稳定的审慎监管，也要重视保护金融消费者权益的行为监管，"双峰监管"模式是国际发展趋势。我国改革后的"一委一行两会"结构已经为"双峰监管"模式奠定了基础，即以后只需要通过微调将"两会"改为"双峰"：证监会改为负责行为监管的金融行为监管委员会，银保监会改为负责审慎监管的金融审慎监管委员会。从逻辑上看，此次改革合并银监会和保监会、保留证监会的重要原因之一在于银保监会的监管对象主要是金融机构，监管目标是通过审慎监管保障金融机构安全，而证监会的监管对象不仅有金融机构，还包括上市公司和投资者，除了审慎监管之外更多的是通过行为监管保护投资者。因此，证监会在行为监管方面具有非常丰富的经验，而银保监会在审慎监管方面具有优势，未来将二者分别转变为金融行为监管委员会和金融审慎监管委员会是符合监管逻辑和改革进程的。

"双峰监管"的具体构造，即如何处理审慎监管特别是微观审慎监管（个体金融机构）的问题。一方面，让中央银行负责微观审慎监管有一定的合理性，将微观审慎与宏观审慎结合起来能够获得协同效应，货币政策和审慎监管也有协同效应。另一方面，中央银行负责执行货币政策，担任最后贷款人的角色，与微观审慎保证个体金融机构安全的目标存在冲突效应。譬如，如果中央银行也负责微观审慎监管，那么，当一家金融机构出现危机时，中央银行就可能会被迫提供流动性支持，从而导致道德风险问题。此外，从监管文化上看，中央银行通常对银行比较熟悉，但不适合监管其他类型的金融机构，从而导致所谓的认知俘获问题，即监管部门长期与某个行业接触和交往，在决策过程中过度依赖该行业提供的信息，逐渐受其影响而变得持有一致的价值观和世界观。认知俘获使得监管部门在潜移默化中认同某个金融行业对于有关问题的做法和看法，并将其不自觉地推广适用于其他领域，但实际上未必适合。

目前，国际上对于微观审慎监管权的分歧也反映在我国2017年以来的改革中，根据《国务院机构改革方案》，将银行业、保险业重要法律法规草案和审慎监管基本制度的职责划入中国人民银行，因而新成立的银保监会只是一个微观审慎监管的执行机构。即改革将微观审慎监管权一分为二，其中政策制定权归于中央银行，而政策执行权赋予一个单独的监管机构。这是中国对金融监管体制改革的一个大胆而有益的创新，虽然实践效果如何还有待时间检验，但却为未来的改革奠定了基础、指明了方向。

3. 金融监管模式改革路径

我国金融监管体制改革将遵循"四步走"的战略，渐进实现双峰（目标）监管模式＋三个层次监管的改革目标。

第一步，授权国务院金融稳定发展委员会统筹中国金融监管协调工作。作为统筹我国金融监管工作的最高层次的机构，应进一步提升其政策协调力度。通过逐步梳理各监管机构之间的冲突、重叠和真空地带，为进一步调整和理顺中间层次的机构奠定基础。

第二步，地方政府金融办陆续挂牌金融监管局，在进一步加强监管统筹、杜绝监管真空的基础上，夯实基层监管机构。

第三步，进一步理顺宏观审慎和微观审慎之间的边界，由央行负责货币政策、宏观审慎管理、系统重要性机构监管和金融基础设施建设。银保监会将加强审慎监管功能，证监会也将逐步剥离其宏观审慎与行业发展职能，主要担负起维护市场秩序与投资者保护的行为监管职责。朝着"双峰"模式更进一步。

第四步，在巩固三个层次监管框架的基础上，进一步健全"双峰"模式。进一步划清行为监管和审慎监管权限，通过部门的整合与拆分，做好与央行宏观审慎职能的配合。适时将证监会改为负责行为监管的金融行为监管委员会，银保监会改为负责审慎监管的金融审慎监管委员会。

第二节　稳步构建现代金融调控体系

一、发挥货币政策在维护金融稳定中的重要作用

金融市场的飞速发展，使货币政策与金融稳定关系理论不断深化，从早期的"维护金融稳定是一种货币职能"，到"货币政策与金融稳定职能分离"，再到明确二者的紧密关联共同发挥作用。

现在的中央银行是为维护金融稳定而产生的，早期的金融稳定政策又被视为货币职能。最早的中央银行源于政府融资，如1668年成立的瑞典中央银行、1694年成立的英格兰银行。现在意义上的中央银行则源于金融危机，如1913年成立的美联储，彼时中央银行的出现就是为了维护金融稳定，充当重要的最后贷款人。正如巴杰特指出，中央银行之所以要成为最后贷款人，是为了防止银行危机产生信贷紧缩，导致货币量大幅波动，因此"最后贷款人是一种货币职能"。换言之，金融是否稳定，直接决定了包括物价稳定在内的宏观经济的稳定。传统经济学理论就此构建了"金融稳定—货币稳定—物价稳定"的理论框架，中央银行被赋予的金融监管职能，主要是通过金融管制、金融抑制维持相对简单的金融业态，以防范金融风险。

随着现代金融市场的发展，货币政策与金融稳定职能出现分离。在凯恩斯的总需求管理框架下，新古典综合学派将菲利普斯曲线，即就业与通胀此消彼长的关联性，作为宏观调控的基本定律。货币政策作为重要的宏观调控政策，开始向就业和通胀两个目标收敛（即泰勒规则），甚至出现通胀单一目标制。同时，中央银行承担货币政策和金融稳定职责的"利益冲突说"甚嚣尘上，中央银行为掩盖监管不力而实施救助和流动性投放，会加剧通胀，存在道德风险。在此背景下，货币政策与金融稳定职能二分，中央银行承担货币政策职责，专注于物价稳定等宏观经济目标；

中央银行剥离了金融监管职能，金融稳定更多由外生于中央银行的监管部门承担。

金融体系的进一步发展推动了对二者关系的认识深化，二者紧密关联，货币政策仅仅关注通胀是不够的，中央银行不管金融稳定是不行的。随着20世纪80年代以来的金融自由化和金融抑制的解除，金融体系快速演进发展，以下三个明显的发展趋势深刻影响了货币政策与金融稳定的关系：一是金融市场快速发展，在金融体系中的地位不断提升，流动性环境的松紧可能更多影响资产价格而非一般物价，削弱了货币政策与通胀的直接联系；二是居民财富不断积累并更多地配置到金融市场，对越来越多的人来说，金融财富的回报比个人收入更为重要，金融市场与经济的联系与互动愈加紧密，维护金融稳定对宏观经济稳定越来越重要；三是随着经济全球化、发展中国家不断融入全球市场，全球通胀压力走低，菲利普斯曲线趋于扁平化，高通胀不再成为货币政策的现实压力。在这些发展趋势的影响下，货币政策如果仅关注通胀而维持低利率，就会刺激金融市场过度膨胀，滋生泡沫，最终爆发金融危机。因此，把抑制通胀作为货币政策最主要甚至唯一的目标无法维护宏观经济的稳定。货币政策作为直接作用于金融体系，并经金融体系传导作用于实体经济的宏观调控政策，必须对金融周期、金融风险保持关注和警惕。

我国货币政策保持稳健中性是防范金融风险、维护金融稳定的重要保障。一方面，持续宽松的货币政策伴随信贷的易获性，导致信贷过度扩张和资产价格上扬相互刺激，进而引发资产泡沫和金融危机。因此，做好防范化解金融风险工作、守住不发生系统性风险的底线，关键是要调节好货币闸门，保持流动性总量基本稳定。另一方面，稳健中性的货币政策有利于平衡好维持金融稳定与防范道德风险之间的关系。长期以来，我国对金融风险的容忍度较低，一定程度上存在"花钱买稳定"的倾向，过度使用公共资源导致道德风险普遍存在。部分金融机构事实上享受隐性担保，导致成本外部化，缺乏审慎经营和控制风险的动力。部分金融产品仍存在刚性兑付，投资者缺乏风险意识，客观上助长了高风险活动。保持稳健中性的货币政策，合理引导利率水平，有利于在总量上防止资金"脱实向虚"以及不合理的加杠杆行为，在维护金融稳定的同时抑制道德风险，切断"事后无限救助—放松风险防控—爆发金融风险—事后无限救助"的恶性循环链条。

二、完善市场基准利率在货币政策调控中的基础作用

金融市场的发展、金融体系的日趋复杂推动了货币政策调控方式的转型。早期金融体系相对简单,中央银行可以精准把握货币流通、金融产品、金融活动的规模,这是货币政策数量型调控有效开展的前提。布雷顿森林体系瓦解之后,各国普遍实施了浮动汇率制度,以此推动金融自由化,鼓励金融创新,发展衍生品市场,允许金融业综合经营。金融市场快速发展,在金融体系中的地位不断提高,金融体系日趋复杂,原有的数量型调控框架与金融体系的发展不适应,调控效果越来越差。因此,主要经济体的货币政策框架开始向价格型调控转型。在我国的金融实践中,金融创新和金融市场的发展使 M2 等数量型指标与实体经济关键指标的关联度大幅下降,货币政策价格型调控转型势在必行。

在金融体系复杂化、货币政策转向价格型调控的背景下,市场基准利率的培育至关重要。货币政策价格型调控的基本传导路径是,中央银行影响货币市场基准利率,导致金融市场收益率曲线发生变化,并进一步传导至存贷款利率、资本市场价格、外汇市场定价等,从而影响实体经济的投融资行为。这一框架的核心是定价透明、传导有效的基准利率,包括货币市场基准利率和国债收益率曲线。

2008 年国际金融危机之前,伦敦同业拆借利率(LIBOR)是全球金融市场的价格基准,但 2009 年曝出了 LIBOR 操纵丑闻。如果金融市场的定价基准被人为操纵而扭曲,无法准确反映市场资金供求的基本面,那么中央银行基于此做出的货币调控决策就会偏离市场实际。美联储已于 2018 年第二季度,定期公布有抵押隔夜融资利率(SOFR),试图取代 LIBOR 的定价基准功能。

理想的市场基准利率应具有以下特征。一是可交易。LIBOR 被操纵的一个重要原因是其基于报价而非实际交易。在替代产品的选择上,美联储推出的 SOFR 就是基于真实交易数据,来计算隔夜美国国债回购交易的加权中值回购利率。二是定价透明。透明的定价机制不仅会降低被人为操纵的风险,还会增加投资者的信心和认可度,有利于增强该产品的市场代表性。三是传导有效。作为货币政策传导链条的重要一环,基准利率要与其他金融市场利率形成紧密的联动关系,才能将货币政策

对资金价格的调整有效地传导至整个金融市场。

今后应大力培育完善以上海银行间同业拆放利率(SHIBOR)、国债收益率为代表的金融市场基准利率体系，为浮动利率产品提供坚实可靠的定价基础。交易性与代表性有待提升是SHIBOR、国债收益率等金融市场基准面临的共性问题。SHIBOR是借鉴LIBOR、以报价为基础的基准利率，增强其交易性需要进一步完善报价和考核机制，使报价利率与交易利率结合得更紧密。同时，加强SHIBOR报价行在市场自律方面的表率作用，引导报价行继续加强财务硬约束，根据实际交易、资金成本及市场供求等因素合理定价，继续开展SHIBOR产品创新，有序扩大其应用范围，加强市场建设，稳步提升SHIBOR的代表性。当前市场主体更多地将发行量大、不免税的国开债作为定价基准。应重视调整和完善国债相关税收制度，引导国债的交易动机和流动性，提升国债的交易性和国债收益率曲线的代表性，使国债收益率曲线能充分发挥作为金融市场定价基准的作用。

三、促进货币政策与金融监管政策的有机协调

货币政策引导社会融资的重要功能以监管信息为基础。明斯基将融资分为三类：套期保值型、投机型和庞氏骗局。其中，套期保值型融资指依靠融资主体的预期现金收入偿还利息和本金；投机型融资指融资主体预期的现金收入只能覆盖利息，尚不足以覆盖本金，必须依靠借新还旧；庞氏骗局，即融资主体的现金流既不能覆盖利息也不能覆盖本金，必须出售资产或不断增加负债。一个稳定的金融系统必然以套期保值型融资为主，但若融资全为套期保值型，则过于僵化、失去活力，因此在以套期保值型融资为主的金融体系中引入部分投机型融资，能提高金融体系的效率。货币政策要有效引导社会融资，形成以套期保值型融资为主、辅以少量投机型融资的结构，兼顾稳定与效率，必然要求中央银行在法律上、管理上具备相应的能力，而这种能力建立在中央银行了解金融体系中各类型的融资及其相关风险的监管信息的基础上。

有效的货币调控离不开金融监管政策的协调配合。从现代货币创造理论看，中

央银行的货币供给是外在货币，金融体系内部创造的货币是内在货币，货币调控通过外在货币影响内在货币，从而实现调控目标。而监管政策直接作用于金融机构，权威性强，传导快，具有引发内在货币剧烈调整的威力，很大程度上决定了货币政策传导的有效性。即使中央银行可以调控外在货币，但如果没有有效的监管做保证，外在货币投向何处、效率如何，这是中央银行无法控制的，也无法保证金融支持实体经济。

最后贷款人职能需要金融监管政策的协调配合。最后贷款人的流动性救助职能赋予了中央银行作为危机救助最后防线的重要地位。"当经济受到系统性危机冲击并陷入衰退时，金融机构会出现挤兑，金融市场流动性迅速枯竭，金融体系功能受到严重损害，存在着危机应对的'黄金48小时'，越果断及时地救助，政策效果越好。"中央银行作为最后贷款人，如果不参与监管，且监管信息无法有效共享，就很难清楚掌握金融机构的资产状况，难以做出准确的救助决定，从而降低救助的效率，错失救助的时间窗口。2007年，英国北岩银行(Northern Rock Bank)爆发挤兑，英格兰银行由于缺乏第一手监管信息而未能及时救助。2008年，雷曼兄弟(Lehman Brothers)倒闭，由于缺乏中央对手方清算机制，美联储并没有完全掌握雷曼兄弟公司的金融市场交易信息，导致误判，认为雷曼兄弟倒闭不会对市场造成系统性冲击。相反，伦敦清算所引入中央对手方清算机制，迅速处置了包括雷曼兄弟在内的9万亿美元未平仓头寸，未给其他市场主体和伦敦清算带来损失。因此，风险"看得见、守得住、救得活"三位一体，事后救助必须与事前、事中监管紧密协调配合，尤其是监管信息要共享。

四、进一步加强宏观经济政策之间的协调配合

进一步加强财政政策与货币政策之间的协调配合。明确财政政策、货币政策的职能定位，完善财政部门与中央银行之间的合作机制，构建防范财政金融风险相互传递的"防火墙"。科学确定财政政策与货币政策的松紧配合。协调处理好财政收支、国债发行、国库现金管理与货币政策操作的关系。

加强金融监管与货币政策之间的协调配合。完善相关政策法规，协同做好金融体系建设的各项中长期规划。明确监管政策、货币政策的职能定位，加强监管部门与中央银行之间的信息交流和共享，引导金融业更好地处理支持经济发展和防范金融风险之间的关系。

第三节　万物互联背景下金融风险防范与安全建设

金融安全是国家安全的重要组成部分，在我国经济社会发展全局中发挥战略性、根本性的作用。党的十八大以来，习近平总书记反复强调要把防控金融风险放到更加重要的位置上，牢牢守住不发生系统性风险底线，采取一系列措施加强金融监管，防范和化解金融风险，维护金融安全和稳定，把握发展大势。万物互联背景下，互联网成为支撑经济社会发展的重要平台，大量的客体接入互联网，大数据、区块链、云计算和人工智能等技术的迅速发展，为金融服务带来更多样化的数据来源，更快的数据存储速度和更强的数据分析能力，为金融行业的巨大创新提供了前提。这一系列科技进步，有效地推进了金融服务标准化，降低了服务成本，提高了服务效率，但也同时强化了金融系统的风险传递，增强了风险隐蔽性，对金融风险防范和安全建设提出了更高要求。

一、我国金融业的风险概述

2018年我国实际GDP增速为6.6%，较上年下降0.2个百分点，经济增速持续小幅回落，经济景气仍处于下行阶段，总体经济运行下行压力增大。2019年经济下行压力依然巨大，上半年我国GDP平均增速为6.3%，后工业化时代向信息时代转型还需承受阵痛，新旧动能转换交替平台期的胶着特点仍然显著。基于当前的经济形势，国内金融业将面临以下几个方面的风险挑战。

一是外生性输入风险错综复杂，对国内的传导和影响不容低估。美国单边主义政策的强化、经济全球化共识的破裂、欧洲一体化的倒退、敏感地区的冲突对抗所引致的全球经济增长衰退、全球贸易格局异化、进出口低迷、汇率和利率的异常变动，都是外部输入性风险的主要体现。

二是内生性经济风险因素多重交织，金融需求和供给的结构性矛盾突出。传统经济实体企业的萎靡不振、产能过剩企业的转型阵痛、房地产投资的拉动衰退、资本市场价格预期不佳、民营企业家投资信心不足、内外需求疲软、地方财政困境等因素造成银行巩固和抵御存量客户发生违约的压力倍增，遴选和甄别新客户的能力面临挑战，支持和拓展中小客户的技术备受考验，结构转型的速度和空间预期不足。

三是监管合规风险不容忽视，风险内控压力持续加码。国际监管及各主要经济体的监管机构对银行的资本、计量、数据、反洗钱等方面的相关要求日渐严苛，迫使银行集团对海外机构的安身立命和存续发展策略不得不进行诸多调整，对海外分支利润贡献的刚性要求难以持续提升，应对各国监管的能力和水平亟待提升。同时国内监管仍会继续强化，处罚力度仍会持续加大，各银行合规内控的压力空前，金融创新的意愿和动力不再旺盛。

四是资本充足风险面临挑战，风险拨备水平难以持续提升。无论是国际监管还是国内监管，对银行资本充足水平的要求在持续提升，在当前国内外整体经济形势式微及资本市场低迷的背景下，银行利润的持续增长受限较多，资本补充的来源进一步受到挤压，也同时影响银行的拨备水平。

二、万物互联背景下的金融风险变化

万物互联很大程度上重构了金融业务模式，大数据瓦解了传统的信息体系架构，数字化技术深度发展，海量、多源、异构、非结构化、连续性、网络结构、精准映射的数据将实现人类行为和物理世界特征的真实还原。金融科技化、互联网化对金融风险的影响表现在以下四个方面。

第一，传统的金融体系中，银行类金融设施主要通过债务人提供抵押担保跨期平滑处置各类风险，市场类金融设施基于预期收益与风险承受能力的协调即期分散各类风险。受信息不对称和未来不确定性制约，市场不易辨别债务人的风险情况，所以才会有一系列关于市场、机构、工具和交易方式等不同的制度安排，以确保金融债务安全，这些制度限制了传统金融机构与小微企业、低收入人群及农村群体等长尾人群的对接。而当开放、共享的大数据成为整个社会的基础设施以后，信息不对称及其带来的问题将在相当大的程度上得到解决，金融机构将通过互联网的方式触达传统金融难以触达的人群。由于不确定性和信息不对称状况在万物互联社会里有望得到极大改善，对风险管理、信息提供及解决激励问题等金融功能的需求会大幅消减，降低了金融机构的获客成本。

第二，大数据会帮助人们通过合理计算来更好地安排生活和消费，人与人之间的物质转移有一部分将通过共享的形式实现，金融活动场景化，现有金融功能中的即时性支付及全球范围的清算需求会得到强化。

第三，互联网改变了触达方式和商业逻辑，在流程运营层面，金融机构将以用户为核心，可以基于更好的用户洞察能力、产品洞察能力，实现从客户申请、授信、放款、贷后的全流程贯通，能极大地改善客户体验。

第四，监管层面需要更多创新，促使行业里各主体相互之间的合作，从而使技术、信息和数据能够得到更多的共享。同时，需要提高金融风险甄别、防范和化解能力，保护金融消费者合法权益，维护金融秩序。

三、万物互联背景下的金融风险识别

万物互联背景下的金融风险识别，一方面，是传统金融风险在互联网化金融中的体现，包括流动性风险、信用风险、操作风险、经营风险等。另一方面，是在互联网、新技术迅猛发展背景下，伴生的一系列新风险。而其是否对系统性风险有所影响，是在整体上增加还是减少了系统性风险，还需要进行缜密的理论研究和实证分析。金融体系的脆弱、资产价格的波动等内部因素，经济的周期波动、政策的大起大落、制度的变迁等外部因素，都会对系统性风险产生影响。

面对系统性风险,要审视三个方面。一是同时性,会不会在某个时间节点同时对整个金融体系带来巨大的金融风险冲击?比如像e租宝之类的非规范平台,目前是极少数的,尚不能冲击整个体系,因为其他大多数平台并非这种性质。二是同因性,各个机构之间集中暴露类似的风险原因。三是链式反应,一两个机构出问题没有关系,如果进一步传染,把风险扩大就可能带来系统性风险和影响。例如,在大量小额、网络分散的金融模式出现之后,是否会出现"网而不倒"的问题,还需进一步观察。

此外,需关注金融科技对于非系统性风险的影响。其中,在各类金融科技应用产业链中,不同参与者正在制造风险或者面临风险,例如,企业面临的风险有非法集资风险、财务管理风险等。当然,从风险特征来看,与金融科技发展相关的风险,很多并非是真正的金融风险,而是非金融因素所造成的。正如当前我们在探讨的金融业的高杠杆风险,其实质则是存在于非金融企业部门,尤其是国有企业部门产生的杠杆结构与效益的失衡。

四、万物互联背景下金融风险防范与安全建设

党的十九大把防范化解重大风险尤其是金融风险列为三大攻坚任务之首。随着我国经济发展进入新时代,复杂多变的国际政治环境和经济环境,不断加速的金融改革和创新,进一步加深了我国金融业对外开放程度,维护和保障金融安全的迫切性和重要性更加明显。在此新形势下,履行好金融风险防范职责,就是对金融安全这一战略性、根本性任务的落实,从而为国家安全做好坚实后盾。

与传统金融不同,互联网本身的电子化、网络化、虚拟化等特点,使依托其的金融创新和现代金融体系的数字化特点延展了金融风险管理的内涵,使风险更具隐蔽性、传染性和外溢性。这就要求风险防范和安全建设,既不能循规蹈矩也不能对风险视而不见。一方面,金融风险防范不能过度。过度会扼杀金融创新,甚至阻碍金融市场多元化的发展。另一方面,要从现代金融体系的特点出发,从技术融合角度出发找到金融风险防范的突破口。对于现代金融市场体系要坚持适度创新同时严

守风险,重点突出金融风险防范的前瞻性。

(一)完善金融风险的防范体系

1.构建完善的金融风险预警体系

确保金融整体安全的首要条件是准确判断风险隐患,即首先要密切关注金融风险因素,最终构建金融风险的预警指标体系,从而建立健全与之相适应的金融监管机构框架。要有效识别我国金融体系隐藏的系统性风险就要做到分析包括金融体系每个部门、每个区域、不同时间点的金融承压指数及其长期发展趋势,实时监测金融体系的承压能力状况,使各金融部门能够真正负起责任,形成全国统一的金融防控体系。更进一步是将反映金融市场整体的承压能力指标进行有效整合,构建金融压力指数,量化反映金融体系的承压变化,进而准确评价各个部门、各个区域以及金融体系承压能力。

2.坚持金融机构服务实体经济是防范金融风险的根本举措

准确判断风险隐患是完善金融风险防控体系的基本前提,只有这一前提得到保障,才能快速排除金融安全隐患,有效化解和防范金融系统风险。坚持金融机构服务实体经济是防范金融风险的根本举措。一方面,金融是整个实体经济的血液,要求各个金融部门始终以协调、创新、绿色、开发、共享的发展理念积极响应供给侧改革,从创新创业、结构升级和动能转换三方面推动实体经济健康稳定发展;另一方面,应防止经济过度金融化或金融部门过度膨胀。唯有金融服务实体经济,实现产业与金融相融合,在金融创新过程中为实体经济服务、发现价值,并获取合理的金融利润,才能最终实现实体经济与金融的健康发展。

3.大力加强金融系统性风险处置能力

首先,构建金融风险应急管理方案,建立风险快速反应机制及灵活高效的金融安全操作规程。大量事实研究证明,清晰完善的应对方案在降低金融危机对金融经济破坏力度方面具有显著效果。其次,建立金融系统的风险隔离机制。适时对货币政策工具的使用频率和对象、交易对象和条件进行调整,使用相应的财政政策和金融市场的工具进行配合,对风险隔离的机制进行完善,面对金融机构的流动性风险时，确保整个金融系统的稳定性，防止挤兑现象发生。最后，由于问题金融机构的金融风险具有一定的传染性，对金融整体安全产生一定的威胁，因此应对问题金融机构妥善处置，防止金融风险传染，同时金融监管部门对问题金融机构处置程序和处置权限尽快予以明确，保护债权人利益，以市场机制为主、行政手段为辅处置问题金融机构，减少问题金融机构对金融体系稳定性的冲击，确保金融市场稳定运行。在市场冲击过大或市场失灵时需实施必要的行政手段，保证市场机制平稳运行，提高金融系统运行效率。

4. 形成政府监管和行业自律有机互补

政府的风险防范是建立在底线基础上的，而行业自律有更大的作用范围和空间，也更有弹性，能对行业的发展有更强的促进作用，政府监管和行业自律是有机互补的关系。行业协会能依据行业的现实情况制定出更适合行业发展的服务标准和规则，达到使联网金融企业能够主动发挥自律作用，履行社会责任。同时建立新兴金融行业内部的自我约束机制，强化对各类风险的管控能力，奠定可持续发展的基础。为了使政府监管部门得到最准确的行业发展数据和发展情况来进行科学合理的监管，金融企业需要保持与政府监管机构的有效沟通，建立机制进行沟通与协商，从而有效降低相关企业的成本，使金融风险防范和行业风险匹配，也能够使行业的规则得到逐步的建立。

在此过程中，作为最高监管机构的人民银行起着举足轻重的作用，可以尝试有建设意义的负面清单的模式，同时要设计融资的监测指标体系，努力做到信息数据的公开化，实现数据的透明化；加强风险及资金流向的监测和风险预警，同时也要强化利率检测，同时对窗口指导加强指导力度，风险防范体系要做到层次化和立体监管结构，有效引导社会资金的流动，分析货币的流程、监测网络货币交易，最大限度地保障国家利益。

5. 加强对新技术的监管

对新技术的监管要从技术与法律相结合的制度建设、软硬件的安全建设、人才的培养和对金融科技机构的核心防护技术能力进行检查和培训这几个方面入手。

首先，技术治理与法律治理相结合。监管科技要站在科技的高点，用科技的力量武装金融监管，利用 AI、云计算、大数据等前沿技术加强金融监管，提高对跨行业、跨时域、跨地域、跨市场等交错复杂的金融风险的精准识别、有效防范的水平。

其次，监管软硬件的安全系统建设方面，最好可以打造出监管综合治理平台，使平台可以监视到贯穿整个金融的业态环境，监管到有关网络安全、数据安全和隐私保护等诸多问题。还有在核心数据安全方面，建立完善的信息系统全生命周期的安全管理机制，促使数据资源分类分级，增加安全策略，清晰权限和责任，利用边界防护、认证等方法，有效防范重要数据泄露、篡改、丢失和非法访问等风险。

最后，人才的培养和对金融科技机构的核心防护技术能力进行检查和培训。科技是由人创造出来的，通过招聘高尖端人才和培养人才是监管的基础之一，同时配以对各机构科技防御技术的检查，看其的运行安全防范是否到位，如维护操作系统安全、防火墙技术、入侵检测技术、金融信息和数据安全防范技术等，还有如何应对黑客攻击、病毒植入等技术风险；对做得不好的技术团队给予惩罚和培训，提高业界整体防护能力。

（二）加强全方位金融安全建设

1. 健全货币政策框架，为经济繁荣发展保驾护航

健全货币政策框架可为经济繁荣发展创造良好的货币环境和政策机制，进而有效防控金融风险，保障金融安全。货币政策的有效实施，要求金融部门对国内外宏观环境和金融市场形势分析，并健全适合中国的货币政策框架。在健全货币政策框架的前提下，各金融部门不仅要完善货币政策传导机制，同时也要相机抉择。一方面，使货币政策的实施能够稳定人民币汇率，推动供给侧结构性改革全面实施，进而促进经济快速稳定增长；另一方面，坚持货币政策的相机抉择，确保其针对性、前瞻性和灵活性，为经济稳健发展提供良好的货币环境。

2. 构建紧密牢固的金融安全网

维护金融安全需从国内国际同时着手。一方面，国内金融安全网包括存款保险制度、市场退出政策等，首先，金融监管部门应对金融安全隐患进行实时排查，对金融风险的预警、监控和处置体系予以完善，落实监管部门具体职责，加强对跨金

融行业、跨金融市场、跨金融交易国界风险及其传染趋势的监测和判断；其次，深入整治扰乱金融市场秩序的金融违法行为，由金融监管部门、司法部门和公安部门联手打击金融行为中的腐败行为，以及金融腐败衍生的金融违法、违规行为，防止实体经济中的金融资源配置扭曲，进一步深化金融改革，完善各金融相关企业和机构的制度建设和治理结构；最后，积极加快推动我国的金融市场对外开放，对资本项目自由兑换和人民币国际化稳步推进。另一方面，国际金融安全网包括用于各个国家自我保险的外汇储备、不同央行之间的货币互换及依靠国际货币基金组织的全球货币危机预防和干预机制等，因此我国的金融管理部门应深化国际金融安全网方面的合作，明确其他国家的各层次金融安全网在不同危机状况下的分工策略、机制以及合作重点，将各个国家金融安全网的作用充分发挥；对国际货币基金组织的金融资源分配比例和使用状况进行改革，增加国际货币基金组织可使用金融资源的供给量，推动其在维护全球金融安全方面发挥积极作用。

3. 平衡尊重市场规律与鼓励金融创新之间的关系

加强金融监测要在处理好风险和发展的关系的基础上进行，完善金融风险防范宏观管理协调机制，同时形成兼顾政策、措施及执行的组合防范。互联网金融的快速崛起导致金融领域内跨行业组合，这些企业进行各种创新尝试，出现了金融产品百花齐放的创新格局。消费者逐渐接受了互联网金融投资，开始参与到金融投资活动中，其深度、广度和频度都在扩展，但是互联网金融投资由于本身的不健全和薄弱的消费者保护体系，造成侵权行为屡见不鲜。因此我国应积极制定规范的消费者权益保护措施，加强对信息安全的保护，最大限度地优化互联网金融的生态，不但需要明确信息披露范围和详细程度，而且保护消费者信息也是重要方面，金融企业及消费者要增强风险概念，构建投资者信息和资金的安全，出台相应的法律法规保护投资者权益，构建投诉受理渠道以解决金融纠纷，保护投资者的合法权益是互联网金融规范有序发展的基础。

4. 利用网络科技加强监管的科技建设与策略

人工智能、大数据等新技术和科技手段的突破和应用，驱动了现阶段金融的智能化，也让风险管理的实现方式呈现新的变化，通过新技术甄别风险和信用比传统的手段更加精密、科学。由于传统评级体系存在一定的滞后效应，大数据与风险管理相结合的风险预警，可以更好地响应周期效应，优化信贷管理和信用风险管理体系。将人工智能、大数据与现代风险管理体系结合起来，是值得努力的方向。

一方面，银行外部大数据包罗万象、涉猎众多，如工商、税务、司法、宏观、行业、海关、环保、土地、抵质押品、运输、交通、舆情等相关信息。但是当前由于行业主管部门众多认识不一，很多数据也并未对社会主体全面公开共享，因此外部大数据的合法全量获取成为首要的瓶颈制约，加快企业信息共享公开进程应列为国家议程。数据的交互共享并且在最大范围的公开，是诚信社会建设的必由之路和最佳路径。工商企业存在合理性的基本逻辑是其运用资源、聘用人力、产出增值、服务需求、利润实现并且纳税贡献社会，因此其从设立之初就应该最大化信息公开，将其置于社会全方位的监督透视之下，一个透明或半透明的企业或社会机构，其违法动机和意愿都是最低的，企业的就业创造、纳税贡献、环保遵从都是其获得社会尊重的基本前提，其存留于各个行业主管部门的相关信息数据不应列入企业商业秘密和技术秘密的范畴而加以过度保护，其应该属于社会公开数据，应该在最大范围内公开，并且要通过政府主导，实现企业社会信息的融会贯通并公之于众。

另一方面，银行内部大数据的整合仍然任重道远，数据仓库、数据集市、数据湖建设仍然是科技竞争力比拼的核心要素，因此银行内部的IT框架、数据框架仍然是人工智能大数据深度应用的现实条件，加快银行内部数据仓库等核心架构的升级优化是难以规避的不二选择。由于历史发展阶段的天然局限，大型银行集团内部业务复杂度高，国别地域广阔，业态条线众多，产品流程纷繁，信息系统建设起步时点不一，功能定位多样，形成统一数据仓库的共识和实践大相径庭，因此内部数据现状距离规范统一、来源一致、路径明晰、标准严格、全面覆盖、机控高效的理想状态还需假以时日，这些都成为大数据和人工智能深度应用的内在制约。

第四节 完善适应现代金融发展的法律体系

法治是现代金融体系的核心前提，金融体系的运行必须受到法律法规的约束和规范。适应金融业发展的金融立法是建设面向2049年的现代金融体系的重要保障。经过20多年的发展，我国金融法律体系从无到有，逐渐完善，成为我国金融体系的重要部分。党的第十八届四中全会在《中共中央关于全面推进依法治国若干重大问题的决定》中明确指出："加强市场法律制度建设，编纂民法典，制定和完善发展规划、投资管理、土地管理、能源和矿产资源、农业、财政税收、金融等方面法律法规。"我国的金融法律体系形成于20世纪90年代中期，伴随着我国金融改革开放不断深化，形成了以银行三法、证券、保险、信托基本法为核心，金融法律、行政法规及规章为主体，司法解释进行补充的体系框架。随着经济发展方式转换和金融业加快转型，现有金融法律体系的不适应性日益凸显，制约了我国金融市场和金融行业的健康发展。应进一步提高科学立法、民主立法水平，努力使各项法律制度反映和符合金融市场规律，增强针对性，为提升证券金融市场服务实体经济功能，深化金融领域改革开放，提供充分法律保障，也为构建完善的现代金融体系提供保障。

一、我国金融法律体系框架及法律体系现状

（一）我国金融法律体系框架

金融法律体系框架包括两个大类：一类是货币的法律，另一类是以法律关系为基础的行为规范的法律。在货币的法律方面，中央银行制度建立以后，央行成为信用货币创造的调控机构，各国都有一部"中央银行法"，主要研究的是央行的

职责和法定货币的创造。还有一部法律是"票据法"。票据包含商业票据、银行票据，还有银行承兑的商业票据。1995年起，我国陆续颁布了一系列金融法律法规，其中包括《中国人民银行法》《商业银行法》《票据法》。在行为规范法律方面，1995年，我国颁布了《担保法》和《全国人民代表大会常务委员会关于惩治破坏金融秩序犯罪的决定》，"四法一决定"的出台和实施是我国金融法制建设的里程碑。

按照法律关系的基础对金融活动进行分类，可分为四类。第一类，间接债权债务关系（信贷市场），主要指银行吸收存款业务。第二类，直接债权和权益关系，主要指证券市场产品。第三类，信托关系，主要指资产管理市场。第四类，互助关系，主要指保险市场。

（二）我国金融法律体系现状

1. 多层次证券金融法律制度框架

截至目前，我国已经形成了包括法律、行政法规、司法解释、部门规章和规范性文件及行业自律规则等在内的多层次证券金融法律制度框架体系。

一是全国人大及其常委会制定了包括《中国人民银行法》《商业银行法》《保险法》《票据法》《证券法》《信托法》《证券投资基金法》《银行业监督管理法》《反洗钱法》等12部金融类专门法律，以及《民法总则》《物权法》《合同法》《刑法》《公司法》等基础性法律。

二是国务院制定了《期货交易管理条例》《证券公司监督管理条例》《证券公司风险处置条例》《非法金融机构和非法金融业务活动取缔办法》《外汇管理条例》《存款保险条例》等证券及其他金融类专门行政法规。

三是高检院、公安部出台了《关于经济犯罪案件追诉标准的规定》，高法院出台了《关于审理证券市场因虚假陈述引发的民事赔偿案件的若干规定》《关于审理期货纠纷案件若干问题的规定》《关于审理洗钱等刑事案件具体应用法律若干问题的解释》，高法院、高检院出台了《关于办理内幕交易、泄露内幕信息刑事案件具体应用法律若干问题的解释》等金融类专门司法解释。

四是人民银行、银保监会、证监会、外汇局等金融监管部门制定规章和规范性文件。

五是金融行业协会等自律组织制定了大量的自律规则。

2. 金融活动四部门基本法

（1）信贷市场基本法：商业银行法。

我国现行的《商业银行法》是改革开放初期仅针对国有商业银行设计的。立法的主要目的是规范国有银行的经营，但截至2018年年末，我国银行业金融机构有4588家，其中绝大部分是非国有银行业机构，不仅包括商业银行，还包括合作银行、政策性银行、村镇银行和信用合作社，以及大量的准银行和类银行性银行业金融机构，这些银行业金融机构的组织制度、业务制度和监管制度都已经相对成熟。我国各级立法机关制定的相关法规制度也都已基本成型，《商业银行法》已经不适应目前社会发展的要求，亟待对各法规进行体系性整合。

（2）资本市场基本法：证券法。

《证券法》于1998年12月29日被第九届全国人大常委会第六次会议通过，共经历3次修正和1次修订，分别是：2004年8月28日第一次修正；2005年10月27日修订；2013年6月29日第二次修正；2014年8月31日第三次修正。2015年4月和2017年4月，第十二届全国人大常委会第十四次会议、第二十七次会议分别对修订草案进行了两次审议。2019年4月第十三届全国人大常委会第十次会议审议证券法草案的修订。4月26日，证券法修订草案三次审议稿在中国人大网公布，开始公开征求社会各界意见。

（3）信托市场基本法：信托法。

2001年10月1日，《信托法》的正式施行，意味着中国的信托制度正式确立。当时我国的信托业务还处于初步发展阶段，信托业的业务经营比较混乱，因此也就没有在《信托法》中对信托业进行具体的规范。随着中国经济快速发展和居民财富的积累，人民群众通过信托服务进行财富管理和传承的需求不断增加，2001年10月开始实施的《信托法》一些条款已经相对滞后了，无法适应信托行业快速发展的节奏。

（4）保险市场基本法：保险法。

1995年6月30日，第八届全国人民代表大会常务委员会第十四次会议通过了

《保险法》，这是 1949 年 10 月以来中国的第一部保险基本法。其后经历了 2002 年、2009 年、2014 年和 2015 年四次修订，形成了以《保险法》为核心，行政法规和部门规章为主体，规范性文件为补充的中国特色的保险法治体系。我国现有金融法律体系框架及部分法律如表 5-4 所示。

表5-4　我国现有金融法律体系框架及部分法律

分类	制定单位	法律名称
基本法（共12部）	全国人大及其常委会	中国人民银行法（1995年）
		商业银行法（2015年）
		银行业监督管理办法（2004年）
		证券投资基金法（2013年）
		反洗钱法（2007年）
		证券法（2006年）
		信托法（2001年）
		保险法（2009年）
		票据法（1996年）
		担保法（1995年）
		全国人民代表大会常务委员会关于惩治破坏金融秩序犯罪的决定（1995年）
		公司法（1994年）
行政法规（共142部）	国务院	期货交易管理条例（2007年489号令）
		外资银行管理条例（2006年478号令）
		人民币管理条例（2000年280号令）
		金融资产管理公司条例（2000年297号令）
		金融违法行为处罚条例（1999年260号令）
		外汇管理条例（1997年211号令）

续表

分类	制定单位		法律名称
部门规章（共3524部）	证监会	部门规章（以主席令签发同样具备法律效力）	货币市场基金监督管理办法（2015年120号令）
			证券交易所管理办法（2017年136号令）
			期货公司风险监管指标管理办法（2017年131号令）
			外商投资证券公司管理办法（2018年140号令）
		规范性文件（统一签发）	证券期货投资者适当性管理办法
			修改上市公司非公开发行股票实施细则的决定
			上市公司规章指引
			资本市场交易结算系统核心技术指标
			证券投资基金销售管理办法
	银保监会	部门规章	商业银行净稳定资金比例信息披露办法（2019年11号令）
			商业银行理财子公司管理办法（2018年7号令）
			金融资产投资公司管理办法（2018年4号令）
			信托公司管理办法（2007年2号令）
			信托公司净资本管理办法（2010年5号令）
			保险公司股权管理办法（2018年5号令）
			保险资金运用管理办法（2018年1号令）
		规范性文件	关于规范民间借贷行为维护经济金融秩序有关事项的通知
			关于规范银行业金融机构异地非持牌机构的指导意见
			关于加强保险公司中介渠道业务管理的通知
司法解释（共47部）	最高法和最高检	最高法	关于进一步加强金融审判工作的若干意见
		最高检	关于公安机关办理经济犯罪案件的若干规定

二、我国金融法律体系存在的缺陷

（一）立法问题

1. 重点领域法律存在空白和漏洞

一是一些新兴金融业务领域的法律制度不够完备。如互联网金融、金融控股公司、新三板证券市场、场外衍生品市场等方面，存在一些法律制度规定的空白。

二是一些重要金融领域立法的层级较低，效力和权威性不够，不完全适应实际需要。例如，期货市场的主要法律依据是《期货交易管理条例》，但是，按照《立法法》规定，行政法规难以对期货交易涉及的基本民事法律关系、民事法律责任，以及中央对手方、终止净额结算等衍生品核心交易机制，做出必要安排；私募债、私募股权投资基金、场外衍生品市场等领域，大多只有部门规章、规范性文件和行业规则，难以适应加强监管、规范市场、促进发展、保护投资者、金融消费者合法权益的实际需要。有的还习惯用通知、指导意见，乃至内部函件的形式来取代规范的立法。

三是一些金融立法内容过于原则，针对性、可操作性不强。特别是一些层级越高的立法往往越原则，而在实践中大量发挥作用的制度往往层级较低，导致立法的规制力较弱。

四是对一些金融违法行为的规制不够周延、完备。法律对金融违法行为的规定总体偏向于粗疏，对许多具体的金融行为缺乏有针对性的严密规范；对一些扰乱金融市场秩序的新型社会危害行为缺乏明确规定，监管执法实践中难以将其纳入行政处罚和刑事追责的范畴；有些违法行为构成要件不能有效覆盖新的违法行为情形和手段，难以根据现行立法规定进行认定处罚。

2. 以分机构、分行业为基础，划分主体类型的监管立法模式，难以完全适应市场发展的要求

一是按主体类型来制定规则的思路无法实现功能监管，容易导致监管套利。以理财产品为例，长期以来银行理财、证券公司资管计划、证券投资基金、信托公司集合资金投资计划等业务性质相同或相似,但因发起主体和监管部门不同,分别适用不同的监管规则、接受不同的监管。人民银行会同有关部门制定并发布的《关于规范金融机构资产管理业务的指导意见》,对该类活动的规范做了统一规定,有了很大进步。又如,债券发行交易分别适用《证券法》《中国人民银行法》《企业债券管理条例》等规定,实行不同的发行交易管理制度,准入规则不统一、监管规则不统一。这类情况,容易导致市场主体寻求"监管套利",钻法律空子,并极易导致金融风险的跨行业传递、扩散。

二是按主体分类的做法,容易导致人为割裂市场,扭曲市场信息传导机制,造成信息失真与受阻,出现监管"盲区"。例如,在2015年股市异常波动中,大量理财产品、互联网P2P资金及其他民间资金,通过伞形信托、私募结构化产品及其他各种形式的配资实现场外杠杆交易,导致入市资金过度杠杆化,从而造成市场风险不断积聚,市场波动持续放大。由于分业监管体制下,各个监管部门难以对其进行单独监控,容易造成整治举措滞后。

三是重主体审批,轻行为规范。许多制度偏重于对主体进行规范,如对金融机构的设立条件、业务资格审批、内控制度等方面规定的较为全面,但对金融机构业务行为方面的规范比较缺乏,导致实践中对金融机构行为进行监管法律依据不足。

四是不同行业金融立法之间有效协调、统一的机制有待进一步健全。在我国当前立法机制下,法律由全国人大及其常委会制定,行政法规由国务院制定,司法解释由司法机关制定,规章由各监管部门制定,层次较多;同时,在不同行业的立法过程中,有关部门会受到部门利益、行业利益影响而产生分歧,突出表现为:一方面,一些本来应当统一的金融制度得不到统一规定。如《证券投资基金法》的制定目的本就包括统一这类活动规则,但是并未得到全面落实。又如融资融券业务,《证券法》规定未经批准不得从事融资融券业务,但是以配资方式融资炒股等非正规融资融券曾经不同程度存在。另一方面,立法过程中的意见分歧往往得不到有效统一。在立法过程中一般需要形成共识才能做出规定,形不成共识就不做规定,但能够形成共识的制度,往往是磨去"棱角"的制度,常常难以有效解决实际问题。特别是对于立法过程中一些需要及时做出决断的问题,往往因无法形成共识而无法及时做出决断，导致问题久拖不决。

3. 金融立法的效率低、适应性差

一是法律法规的"立改废释"机制未能有效运转，导致部分法律制度滞后于实践发展，部分法律制度长期缺失。一方面，一些制定时间较早的金融法律法规一直未做修改，有不少还是二十世纪八九十年代制定的，部分规定内容已与当前实际情况严重脱节，很多条款已无法执行。另一方面，一些金融市场监管急需的法律法规却难以及时出台。

二是缺少快速、有效弥补制度与实践之间差距的立法机制。例如，《证券法》从1998年制定至今，仅有过一次大修、三次小修，无法满足快速发展创新的金融业务和持续深化的金融领域改革对制度供给的需求；并且，由于采用集中修法的方式修法，导致积累的问题多、争议大，修法周期长，成本高，进一步拉大了制度规范与实践创新之间的距离。

三是金融市场的授权性立法安排总体偏少、效用发挥不足，导致金融市场中存在大量的规范性文件和自律性规则。而自律性规则的法律地位、法源效力均缺乏明确的制度安排，进一步彰显了立法供给机制适应市场发展变化需求的能力不足。

（二）执法问题

保障和约束"一行二会一局"依法履行监管职责的程序性规范和实体性标准存在欠缺。明确的法律授权、公正的执法程序、清晰的执法标准是金融主管部门依法履行监管职责的基础与保障。但目前规范金融主管部门监管执法权力运行的规则尚不完备。例如，各国的货币政策委员会是决策机构，但在我国，人民银行是政府组成部分，其货币政策委员会是咨询机构，可以提出货币政策调控取向的建议，但不能做出决策，央行宏观调控独立性无法实现，那么在政府调控经济的条件下，其货币政策的操作便受到限制。没有法律对央行进行货币政策调控中依托的支付结算系统、金融产品登记、托管系统等基础设施进行保障。

三、完善我国金融法律体系的政策建议

金融法律体系是金融体系的重要组成部分，完善适应现代金融发展的法律体系是金融业自身进一步改革发展的内在需要，更是我国金融改革的重要一环。要完善好金融法律体系建设，必须摒弃既往运动式、碎片化的立法方式和思路，讲求系统性、整体性、协调性。在做好金融法律体系建设的顶层设计与总体规划的基础上，通过"健全基础法律、填补制度空白、改善执法环境、整合法规资源"等措施，坚持"立、改、废"并举，尽快构筑起以法律为基础，行政法规和法规性文件、司法解释文件、部门规章为主体、规范性文件和自律规则为配套的金融法律体系。

（一）金融立法

1. 立法层面的基本原则

第一，努力推动金融立法与重大金融改革决策无缝链接，做到重大金融改革于法有据，金融立法主动适应国家金融改革与经济社会发展需要，尊重和体现经济金融发展规律。

第二，在提供必要立法资源和提高专业性的基础上，更充分地发挥全国人大财经委和国务院法制办的作用，统筹推进金融基础法律法规的制定和修改工作。在起草新的法律和修订法律过程中，应完善与利害相关者的多渠道磋商机制。为保证各个层级的法律、法规和行政规章之间的协调统一，应建立行之有效的协调机制。

第三，在充分论证的基础上，加快推进起草一系列金融领域的基本法律法规以弥补法律空白。更多运用"法律修正案"的立法方式，及时对现有金融基本法律进行必要的修改以反映金融格局的深刻变化，有效解决法律制度供给问题。

2. 具体立法建议

（1）信贷市场立法。

信贷市场是间接融资市场，以吸收存款、发放贷款为主要特征，中介机构是银行。结合我国当前金融监管体制机制进一步调整的需要，按照进一步放开货币市场的要求，应将现行《商业银行法》全面修订为"银行业法"。将现行《商业银行法》

整合成统一的"银行业法",从外部关系上来讲是可行的和必要的,避免分别立法导致的矛盾和重复,补充监管、机构或业务等规范空白,使规范"银行业"的法律与《证券法》《保险法》《信托法》形成对应,构成协调一致的金融法律体系。无论实行分业经营、分业监管,还是实行混业经营、综合监管都是立法的合理选择。

政策性银行是特殊牌照银行。在其他国家,政策性银行基本上都是单独立法,政策性银行作为特殊法人单独立法是最理想的立法状态。但在三大政策性银行的改革落定的前提下,按照现在改革方案已经确定的原则写到《银行业法》当中来,是节约立法资源比较好的做法。

《银行业法》中应包括规范融资租赁业务的物权保障和融资租赁行为的内容,使负债方能够让融资租赁公司和其他想做信贷业务的金融机构吸收大额存款,能够给它们一个有限持牌银行的牌照,这样可以减少很多信贷市场上的扭曲行为。

(2)资本市场立法。

资本市场作为金融体系中市场化程度最高的领域,对于宏观经济发展具有不可替代的功能。始于2015年的《证券法》修订,已经历时四年多。2019年8月21日全国人大常委会法工委发言人臧铁伟在国新办发布会上的最新表态,《证券法》修订案草案的议案,已经经历了常委会三次审议,下一步将继续做好修订草案的审议修改工作。

完整的证券发行制度应包括证券发行和证券上市两个阶段。证券发行是证券上市的必然前提,发行人只有取得发行的许可才可以申请将证券公开上市交易;但证券上市只是证券发行的可能结果而非必然结果,所以发行制度的"市场化"改革应该允许发行通过但上市失败的情况;"注册制"背景下的监管改革应彻底将由政府主导的证券公开发行监管与由市场主导的上市监管在程序上分离开来;政府通过注册制与披露制实现对证券发行的监管;而证券交易所通过上市规则设定上市标准与上市条件对证券上市的申请进行核准;既然科创板已经推出"注册制",之前的修法总体思路也是立足于"注册制"改革方向,我们认为还是应该在证券公开发行方面全面推行"注册制"改革。这种"注册制"改革不仅包括股票,其实也还针对其他一些公众投资者发行的那些权益类证券凭证(比如艺术品分割份额、可自由转让的房地产售后回租合同等)。

提高上市公司质量是资本市场改革的重点,完善法治保障亦是提高上市公司质量中关键的一环。根据目前《证券法》第一百九十三条规定,发行人、上市公司或者其他信息披露义务人未按照规定披露信息,或者所披露的信息有虚假记载、误导性陈述或者重大遗漏的,责令改正,给予警告,并处以30万元以上60万元以下的罚款。从A股市场频频出现财务造假、信披违规等"爆雷"现象来看,这样的顶格处罚显然不足以震慑。通过修改《证券法》等完善相应的法律法规,提高违法违规成本,建立良好的商业公司生态环境,吸引更多的投资者参与资本市场,更好地为优质企业的发展壮大提供金融支持。

(3)信托市场。

我国现行《信托法》是为适应设立证券投资基金的需要匆忙颁布的,许多重要问题没有进行认真研究,特别是随着社会财富的不断增长,信托业务的发展速度非常快,应在适当条件下对《信托法》进行修订,完善信托业务的具体操作制度,明确信托关系的认定标准、财产的独立性、受托人的具体义务和对委托人和受益人的保护制度。同时,在《信托法》修订过程中,加入"信托业务经营机构"一章,以法律的形式规范信托业的经营行为,明确信托业的发展方向,保护信托业正常的经营权利和利益。研究修改与信托相关的各项税收制度,使信托各方当事人税收负担合理,以促进信托业的发展。

如果通过《银行业法》在资产方的管理,能够把银行现在所做的各类业务都加以规范的话,对于未来金融市场的健康发展非常有好处。现在我们的资产管理业务,已经成为银行存贷之外非常重要的服务业务和非信贷服务的收入。资金信托应该遵循的原则就是私募由私人银行部管理,公募由银行遵循公募基金的管理办法,领取公募管理资格去经营,如果能形成这样一种共识,把银行理财产品、资产管理业务纳入规范轨道,就可以和证券公司、资金管理公司平等竞争。现在实际上是不平等的,虽然同样做了公募的事情,但是在信息披露和资金监管的尺度上是有很大差别的。

（4）保险市场。

我国保险法体系存在的主要问题是对投保人或受益人的利益保护不到位，应建立"保险合同格式文本许可制度"，任何保险公司出具的保险合同格式文本，都应由保险监督管理机构审核许可，非经许可不得作为格式文本使用。另外，应尽快制定《保险公司危机处置条例》或相关法律文件，系统地规范保险公司的解散、撤销、整顿、接管、破产等行为。同时，应制定政策性保险管理制度，建立政策性保险经营体系。

（二）金融执法

一是根据金融监管执法的特殊性，在基本法中做出特殊安排。明确行政证据、行政认定在刑事案件中的运用，以及行政处理与刑事处罚之间的衔接问题，进一步提高严重损害金融消费者权益的犯罪行为的查办效率和打击效果。

二是明确监管职责，加强监管合作。进一步明确一行二会之间、中央金融管理部门与地方政府之间在金融监管上的职责职能分工，从制度上消除监管职能交叉甚至打架的现象。

三是完善监管执法程序、执法标准的相关规定。包括制定现场检查办法，制定调查取证实施办法，细化调查取证、询问当事人、查阅复制资料、封存文件资料等执法行为的实施程序；制定行政处罚实施办法、监管措施施行办法等部门规章，提高监管执法效率和公信力。

（三）金融司法

在金融司法方面，要有效维护金融秩序，关键在于平衡交易双方的整体权利，既赋予投资人可行的司法诉讼渠道，使之能通过司法途径有效维权，同时强化融资者责任，加大对各类金融违法犯罪行为的打击力度，发挥刑罚威慑作用。

配合司法体制改革的推进，充实司法资源，改革司法机构内部管理体制，提高司法有效化解和解决金融领域争端的能力。落实党的十八届四中全会有关"对人民法院依法应该受理的案件，做到有案必立、有诉必理，充分保障当事人诉权"的要求，以证券民事诉讼为突破口，取消不必要的前置程序，探索法院直接受理的有效模式。逐步减少和取消事实上存在的金融领域纠纷案件筛选机制。落实《民事诉讼法》有关人数不确定的代表人诉讼制度，并在证券类民事赔偿诉讼中引入机关、团体代表诉讼安排。借鉴近期成立知识产权法院的经验，鼓励各地特别是金融改革实验区试点建立专门的金融法院、金融法庭和金融执行庭，提高金融案件审判的专业性和执行的及时性，减少来自企业和地方政府的不当干预。以推进金融仲裁为重点，完善金融争议的多元化解决机制。扩大"金融法院"的试点范围，设立更多的金融法院，逐步探索金融法特殊的纠纷解决机制，以适应这些变革和修护金融投资者权益的需要。

加强包括科创板在内的A股投资者保护，完善上市公司出现欺诈行为后中小投资者法律纠纷处理机制，完善上市公司信息披露不完善导致中小投资者损失后的处罚机制，还要加大对上市公司的违法违规的处罚力度。集体诉讼制度是成熟市场普遍采取的一种制度，对于造假者有极大的威慑力，现在国内一些中小投资者利益受到侵害之后，面对旷日持久以及高昂的诉讼成本，往往无法维护正当权益。形成稳定的集体诉讼制度后，只要有一个投资者获得胜诉，那么同等类型的投资者都可以获得同样的赔偿。

第六章

开放的市场导向型金融体系改革路径

第一节 市场导向型金融体系的缘起和基本理念

金融体系是一个复杂的系统,由金融机构、金融市场、金融工具及一系列显性或者隐性规章制度构成。金融体系的形式千差万别,但其基本功能万变不离其宗,就是资金融通和资金跨期配置。从金融交易的结构来看,可将金融体系分为商业银行导向型和资本市场导向型两类,前者主要由银行承担资金跨期配置的功能,典型国家是德国和日本;后者则主要依靠资本市场尤其是股票市场发挥资金跨期配置的功能,典型国家是美国和英国。从资源配置的机制来看,可将金融体系划分为市场机制和政府干预两类,前者主要靠自由市场包括价格实现跨期资金配置;后者则主要由政府通过对金融机构、金融业务和金融价格的直接管制或间接影响,将储蓄引导到政府意向的经济部门和行业中。

追溯历史,放眼世界,各国不同特征的金融体系是其政治、经济等因素长期互相作用的结果。资本市场导向型金融体系的鼻祖是英国,其形成的一个基础是17世纪光荣革命和金融革命,前者使资产阶级崛起为抗衡封建君王的利益集团,后者则促成了统一有序的政府债券市场，而这又为随后的工业革命奠定了基础。另外一个基础是公司制度的产生，1844年，英国颁发了第一部现代公司法《合股公司法》（Joint Stock Companies Act）。商业银行导向型金融体系的鼻祖是法国，法国金融市场落后于英国，一是因为封建君王不受约束的借款和征税行为，二是因为法国在1720年密西西比泡沫之后限制股份制公司的成立。由于资本市场受限制而出现的"运河热"和"铁路热"大多由银行提供资本。1852年成立的动产抵押信贷银行，则标志着现代银行导向型金融的诞生。在19世纪后期陆续崛起的西方国家中，美国继承了英国的传统，德国则承袭了法国的传统。日本在明治维新后，既学英国又学德国，兼具商业银行导向和资本市场导向的特点。

不同的金融体系折射出不同的经济思想理念，从而决定了不同的基本经济模式。资本市场导向型金融体系所秉持的是英国古典的自由市场理念：一切应该由市场来决定，政府只应该扮演"守夜人"的角色，公司治理中股东利益至高无上。而商业银行导向型金融体系所秉持的是李斯特强调的集中统一和共同利益的思想：对于后发国家，政府应该实施积极干预，通过立法、保护贸易投资基础设施等措施加快推动工业化进程。如以德国为代表的"社会市场经济模式"和以日本为代表的"法人资本主义模式"，在这两种模式中，政府都不只是扮演"守夜人"的角色，都是"善意地"对市场进行干预，但干预的手段、方式和程度很不同。"社会市场经济模式"强调经济的活力应该建立在市场基础上，市场应该享有充分的运转自由，但市场机制不是支配整个社会关系的唯一机制，社会运行需要考虑不同利益群体的平衡和制约。"法人资本主义模式"的基本特点是企业本位和政府主导。企业本位的核心是生产至上，公司股东的利益并不是第一位的，其三大法宝为终身雇佣制、年金制和企业组织工会。政府主导不仅仅是指政府通过经济计划、经济政策、行政指导等手段干预企业活动。

从金融交易的结构与资源配置的机制视角划分的金融体系，实际上是相互统一、紧密联系的。结合中国国情，伴随中国特色社会主义市场经济体制的充分发展，市场导向型金融体系的构建将是渐进的、长期的过程，必须要与经济发展阶段相适应，立足商业银行导向型的金融体系的改革和演进。

但从经济发展的角度看资本市场导向型的金融体系更能适应新兴技术革命,因而资本市场导向型的金融体系常常是技术领先国家的标配,而商业银行导向型的金融体系则更能适应成熟技术的大规模推广与传播,因而商业银行导向型的金融体系常常在技术后发国家赶超中发挥不可替代的作用。总之,从技术革命和经济发展的长周期看,最优的金融体系应当满足两个标准:第一,应该具有完备的金融功能,以适应经济发展的技术革新和产业升级;第二,应该是高度竞争、富于弹性的、风险可控的,能够适应经济结构性变化,并实现金融体系的结构性调整。

第二节 市场导向型金融体系改革路径

当前和未来一段时期,我国现代金融体系的构建应坚持发挥市场对金融资源配置的决定作用,坚持金融服务于经济结构调整和经济动能体系转换,加大竞争、促进金融创新、提高金融体系运作效率,以满足实体经济对金融结构的内在要求。同时,政府要积极主动制定并维护顺应市场机制发展的金融监管和金融法律体系,加强国内金融监管协调和国际金融监管合作,发挥中国在世界经济可持续发展的金融体系中的应有作用。中国经济的结构性转型必然要求与之相匹配的现代金融体系构建。金融体系"现代性"的核心含义是发挥市场机制的作用,即提高资本市场在金融交易中的比重;实现市场化的资金定价,充分反映风险偏好和市场供求,形成各类期限的金融市场基准收益率曲线;守住不发生系统性金融风险的底线,维护金融稳定。"开放"的核心含义是对内和对外同时放开金融业的准入限制,并逐步放开对资本金融账户的管制。"市场导向"的核心含义是改革由政府主导的金融资源配置机制,发挥市场在金融资源配置中的决定性作用。一方面是把政府的功能限制在宏观调控、维持秩序、支持稳定和弥补市场失灵等方面;另一方面是发展资本市场以及与资本市场发展休戚与共的机构投资者。

此外，在构建现代金融市场体系的过程中，需要考虑中国国情所面临的制度与市场约束：一是国家掌控金融体系的根本要求；二是设置局部或额外的规则制度来约束一些经济主体的非市场行为，控制风险；三是发展多层次的资本市场是一个长期的过程，银行主导地位的弱化和转型不是一蹴而就的。具体而言，市场导向型金融体系改革路径如下。

一、建立市场发挥决定作用的金融资源配置机制

市场机制是现代金融体系的基础制度，其核心包含机构的准入与退出，资金的定价与配置。建立现代金融体系首先政府要明确定位，有所为而有所不为，坚持公司治理的基本原则并尊重市场经济规律，将资源配置的主动权交给市场，消除金融定价的扭曲，明确定位宏观经济管理或微观金融监管的范围和职能，避免干预金融市场运行与金融机构经营。彻底打破刚性兑付，形成市场化退出机制，金融部门和实体经济部门共同建立市场化的风险处置机制。2000—2016年，银行业法人机构从3769家增加到4398家，从业人员从299万人增加到409万人，资产规模从95万亿元扩大到232万亿元。其间，迅猛发展的银行业法人机构主要是中小型机构，这导致我国银行业的行业集中度进一步降低。中小型机构的大量兴起也是在政府主导的经济发展模式下事权集中于地方的必然结果：地方政府一边靠城投公司、平台公司进行基建投资，一边靠城市商业银行、农村商业银行等中小型金融机构获得融资。可以预见，随着未来经济结构和金融结构的调整，必然会有一些中小型银行机构经营失败。让失败机构退出市场不仅是优胜劣汰的必然要求，也是建立市场纪律乃至建立正确的激励约束机制的必然要求。

二、积极发展功能健全的资本市场

发展资本市场，首先，需要改变过往资本市场为国有企业脱困解忧的职能，建立市场发挥决定作用的发行、退出和交易机制；需要改变资本市场尤其是债券市场

的分割状况，实现统一互联的多层次市场体系。打破银行间债券市场与交易所市场间的分割。其次，国外的经验表明，资本市场的发展需要依靠包括养老金、共同基金和保险公司等在内的机构投资者。机构投资者不仅可以推动资本市场的规模扩张，而且可以改善公司治理结构，通过长期持有公司证券降低市场的波动性。

我国机构投资者欠发达的首要原因在于"三支柱"的养老保障体系存在严重缺陷。未来需要通过立法和税收体制改革，在不加重企业和家庭负担的前提下，大力发展第二支柱和第三支柱养老金。除了企业年金之外，具备改造为第二支柱养老金的体系就是我国的住房公积金体系。可以预见，随着我国城市化进程和住房市场发展已经进入相对成熟的阶段，住房公积金的使用率将会越来越低，住房公积金余额的规模将会越来越庞大，而如此之低的增值收益率是难以令人接受的。由于住房公积金覆盖的企业职工范围、募集的资金规模都远超企业年金，可以考虑将住房公积金单独或者与现有企业年金合并，将其改造成企业补充养老金。此外，在我国以银行为绝对主导的金融体系中，将银行的理财业务改造成打破刚性兑付、以委托—代理关系为基础的机构投资者业务，应该是发展机构投资者的一个捷径。2017年中国人民银行颁布的《关于规范金融机构资产管理业务的指导意见（征求意见稿）》体现了这一改革方向，但其中依然存在许多现实问题。

三、加快推进银行业的商业化改革

银行在未来的金融体系中依然举足轻重，需要立足以银行为主导的现实，推动银行业的市场化派生机制改革，促进其积极参与资本市场。商业银行规模巨大但竞争力不强的现状亟待改变，银行类金融机构自身的准入与退出机制必须改革，存款保险制度应当从中央银行独立出来运行，真正发挥支持市场化退出的作用。加快推进银行的公司治理结构改革，内部形成有效的制衡机制。建立新型的银企关系。要提升商业银行的风险定价能力，真正实现借贷利率市场化，消除信贷市场的机制扭曲，实现在效率与风险之间把握平衡。

四、货币政策要从数量型向价格型框架转变

在转型过程中,必须提高政策利率调控的有效性,理顺政策利率的传导机制,完善市场化利率的调控和传导机制。一是确立央行的政策利率以锚定与引导预期;二是稳定央行流动性操作机制,推进创新工具常态化,提高操作的规律性,稳定市场预期;三是促进央行资产负债表从被动管理向主动管理型转变,通过调整央行资产负债表结构,进一步提高调控市场利率的有效性;四是进一步疏通利率传导渠道;五是完善货币政策的决策机制和操作机制,建立健全货币政策信息公开制度,提高央行信息透明度。

市场发挥决定性作用的机制和强大、开放的资本市场是人民币成为关键储备货币的前提和基础。与此同时,响应"一带一路"倡议,以人民币作为计价结算和储值货币,加强与"一带一路"沿线国家的贸易投资关系,是打破当前国际货币体系僵局的必要举措。除此之外,当前需要改变的一个基本制度安排就是人民币的发行机制。自2001年中国加入世界贸易组织以来,形成了中国生产、美国消费,然后中国以外贸盈余购买美国国债的所谓"中美国"关系。在这种机制下,人民币事实上是以美元为发行准备的——美元盈余增加,央行用于购买美元以形成美元外汇储备的人民币发行就增加。为了对冲美元增加形成的流动性冲击,央行自2004年以来先是采取成本高、效率低的央票模式,后来就直截了当、不断地提高商业银行的法定存款准备金率。除了高额法定准备金率造成的严重市场扭曲之外,这种以美元为准备的发行机制是人民币成为关键储备货币的障碍。一是随着"中美国"关系的破裂,中国经济正在发生结构性变化,以往"双顺差"格局将彻底改变;二是这种机制客观上使人民币钉住美元的汇率制度,通过中国在国际产业链中的地位带动形成亚洲美元区,进而强化了美元的霸权地位。当前需要对央行资产负债表进行"切割手术"(殷剑峰,2017),同时,在强化财政政策和货币政策配合的基础上,建立基于通货膨胀目标制的公债发行机制。

五、金融监管必须守住不发生系统性金融风险的底线

积极建立以市场为导向、法治化的监管机制。积极推进机构监管与功能监管并重、行为监管与审慎监管共进。避免只强调机构监管，导致监管套利行为频发，加剧了金融风险的累积。加快监管部门改革，将行业发展的职责移交出去，明确维护金融稳定的职责。适时增加监管资源，改善监管资源配置，伴随金融资产规模的不断翻番，复杂性日益提升，监管能力亟待与之相适应，提升监管力量。

参考文献

[1] 谢平. 中国金融改革思路：2013—2020 [M]. 北京：中国金融出版社，2013.

[2] 中国金融四十人论坛. 中国金融改革报告——中国经济发展与改革中的利率市场化 [M]. 北京：中国金融出版社，2015.

[3] 盛松成，刘西. 金融改革协调推进论——论中国利率、汇率改革与资本账户开放 [M]. 北京：中信出版集团，2015.

[4] 刘纪鹏. 中国金融改革模式 [M]. 北京：东方出版社，2018.

[5] 张超. 金融改革创新启示录 [M]. 北京：经济日报出版社，2018.

[6]《荆山报告》课题组. 中国金融改革路线图：构建现代金融体系 [M]. 北京：中信出版集团，2019.

[7] 贾康，等. 中国政策性金融向何处去 [M]. 北京：中国经济出版社，2010.

[8] 李扬，胡滨. 金融危机背景下的全球金融监管改革 [M]. 北京：社会科学文献出版社，2010.

[9] Qian Jun, Philip E Strahan. How Laws and Institutions Shape Financial Contracts: The Case of Bank Loans [J]. The Journal of Finance, 2007（6）：2803-2834.

[10] Li Kai, Heng Yue, LongKai Zhao. Ownership, Institutions and Capital structure: Evidence from China [J]. Journal of Comparative Economics, 2009（37）：471-490.

[11] Metrick, Andrew, Ayako Yasuda. Venture Capital and Other Private Equity:

a Survey [J]. European Financial Management, 2011 (17): 619−654.

[12] 李扬. 全球和中国金融市场风险简析 [J]. 国际金融, 2018 (1): 5-6.

[13] 应宜逊. 调整管理体制, 促进小金融机构发展 [J]. 上海金融, 2003 (3): 23-24.

[14] 鲁政委. 发展非公开定向发行, 加快资本市场多层次体系建设 [N]. 21 世纪经济报道, 2011-05-04.

[15] 杨超. 非金融企业债务融资工具非公开定向发行研究 [J]. 上海金融, 2001 (7).

[16] 杨高宇. 中国股市制度缺陷与股市功能异化 [J]. 中国经济问题, 2013 (2): 91-100.

[17] 平一. 非公开定向债务融资工具的法律规制及风险防范 [J]. 中国城市金融, 2013 (3).

[18] 王绳力, 李建军. 中国影子银行的规模、风险评估与监管对策 [J]. 中央财经大学学报, 2013 (5).

[19] 王永海, 徐纯.《多德·弗兰克法案》与美国联邦政府金融审计制度创新 [J]. 审计研究, 2014 (2).

[20] 张苏江, 李心丹, 俞红海. 中国私募股权功能及未来发展模式探析 [J]. 南经社会科学, 2016 (6).

[21] 刘秀光. 公司高管"减持套现"的经济学分析 [J]. 武汉科技大学学报 (社会科学版). 2015 (2).

[22] 殷剑峰. 非银行金融部门的崛起 [J]. 中国金融, 2017 (4): 19-21.

[23] 丁志杰, 严灏, 丁玥. 人民币汇率市场化改革四十年: 进程、经验与展望 [J]. 管理世界, 2018, 34 (10): 24-32+231.

[24] 于凤芹, 王智明. 中国汇率制度改革 40 年: 变迁与发展 [J]. 经济与管理研究, 2018, 39 (12): 14-25.

[25] 谢伏瞻, 余永定, 李扬, 张宇燕, 高培勇. 改革开放 40 年汇率改革理论与实践探索 [J]. 经济学动态, 2018 (9): 4-18.

［26］刘薇．美国联邦储备系统的简况与股权结构［R］．财政部财政科学研究所研究简报，2011（11）．

［27］巴曙松，慈庆琪，郑焕卓．金融科技浪潮下银行业如何转型［J］．金融改革．2018（2）：22-29．

［28］何大勇，陈本强，程轶．银行业智慧运营转型［J］．中国金融，2017（24）：68-69．

［29］巴曙松．中国银行业应对3.0时代挑战［N］．国际金融报，2017（8）：1-3．

［30］徐音音．股票市场直接融资促进实体经济发展［J］．经济论坛，2019（4）：35-36．

［31］王馨卉．新形势下金融管理体制改革研究［J］．中国商论，2018（10）．

［32］周小全．深化金融供给侧改革路［J］．中国金融，2019（5）．

［33］Kim Sunjin. Electronic Money Laundering in International Transactions［J］. Study of Law Theory, 2014, 2（1）: 179-207.

［34］马骏，唐晋荣．重大国际金融危机对中国的启示［J］．清华金融评论，2019（3）．

［35］巴曙松，沈长征．国际金融监管改革趋势与中国金融监管改革的政策选择［J］．西南金融，2013（8）．

［36］程合红．我国证券金融法律制度的现状、特点与完善［J］．中证金融与法律研究，2019（1）．

［37］鲁政委，汤维祺．协同推进绿色金融与普惠金融发展［J］．银行家，2017（12）：11-14．

［38］王胜邦．后危机时期国际金融监管改革［J］．中国金融，2018（9）．

［39］伍聪．重点关注全球金融风险的六大问题［J］．社会科学报，2018（6）．

［40］杨东．监管科技：金融科技的监管挑战与维度建构［J］．中国社会科学，2018（5）：69-91+205-206．

［41］周仲飞，李敬伟．金融科技背景下金融监管范式的转变［J］．法学研究，2018（5）：3-19．

［42］陈梦涛，王维安．系统性金融风险指标是否能改善货币政策有效性？［J］．金融发展研究，2019（10）．

［43］何青，钱宗鑫，刘伟．中国系统性金融风险的度量——基于实体经济的视角［J］．金融研究，2018（4）：53-70．

［44］杨子晖，周颖刚．全球系统性金融风险溢出与外部冲击［J］．中国社会科学，2018（12）：69-90+200-201．

［45］吕家进．关于我国金融安全问题的若干思考［J］．中国城市金融，2017（8）：21-24．

［46］刘沛，卢文刚．金融安全的概念及金融安全网的建立［J］．国际金融研究，2011（11）：50-56．

［47］刘少军．我国金融法体系的建立与完善［J］．中国金融家，2014（12）：127-129．

［48］杨东．互联网金融风险规制路径［J］．中国法学，2015（3）：80-97．

［49］宫建华，周远祎．我国互联网金融发展现状与风险治理［J］．征信，2019（8）：89-92．

［50］钟震，董小君，郑联盛，董梦雅．国际金融监管规则演变的逻辑演绎及我国应对之策［J］．宏观经济研究，2017（1）：31-41+155．

［51］鲁篱，熊伟．后危机时代下国际金融监管法律规制比较研究——兼及对我国之启示［J］．现代法学，2010（4）：148-158．

［52］夏逸开．经济新常态下的金融安全问题及风险防范方法分析［J］．科技经济导论，2019（24）：229．

后　记

本书是《走向2049的国家发展战略研究》丛书之一，力图从中长期发展的视角思考中国现代金融体系框架的构建与实施路径，探讨伴随中国从大国走向强国的金融制度供给研究。金融改革专题的研究重点在于为中国现代化的长期战略提供金融体系改革发展视角的智力支持。出于主客观条件的局限，研究成果一定还存在种种不足之处，敬请广大读者指正。

在本书研究过程中，不乏吸收、借鉴国内外金融领域研究者的思想和金融管理者的洞见，比如，受到《荆山报告》课题组关于构建现代金融体系的思路启发，虽尽力标注，仍免挂一漏万，在此向前人的研究硕果致以深深的敬意！

在本书的成稿过程中，曲丹阳、王乐、张晶晶提供了宝贵的技术性支持。本书的出版得到国家出版基金项目的支持，并得到企业管理出版社郑亮先生、徐金凤女士和黄爽女士的真诚帮助，在此一并致以深深的感谢！

作者
2019年10月